Ursula Grüninger

Das schwäbische Kochbuch

Ursula Grüninger

Das schwäbische Kochbuch

J. F. Steinkopf Verlag
Stuttgart

Quellennachweis der zitierten Texte und Gedichte:
Karl Lerch: Das Spätzle-Brevier, Verlagshaus Reutlingen.
Heinz-Eugen Schramm: Maultasche, Verlag Karl Knödler, Reutlingen.
Friedrich E. Vogt: Schwäbisch mit Schuß, Verlag Karl Knödler, Reutlingen.

Bildquellen: Die Bilder sind aus folgenden Bänden der Kochbuchsammlung von Frieder Weitbrecht, Stuttgart, entnommen:
Allgemeines illustrirtes Kochbuch für die deutsche Küche, von deutschen Hausfrauen unter Mitwirkung hervorragender Autoritäten der Koch- und Backkunst, Neuer Allgemeiner Verlag G.m.b.H., Berlin 1904.
Mary Hahn: Illustriertes Kochbuch für die einfache und feine Küche, M. Hahn, Verlagsbuchhandlung, Frankfurt am Main-Niederrad und Leipzig 1912, 2. Auflage.
Löffler-Bechtel: Großes Illustriertes Kochbuch, völlig neu bearbeitete, reich illustrierte Ausgabe, J. Ebner's Verlag, Ulm 1897.
Kochkunst und Tafelwesen, moderne illustrirte Halbmonatsschrift für Hotels, Restaurationen und herrschaftliche Haushaltungen, Herausgeber und Verleger: Internationaler Verband der Köche, Frankfurt am Main, 10. Jahrgang 1908, 13. Jahrgang 1911, 15. Jahrgang 1913.
Kulturgeschichtliches Bilderbuch aus drei Jahrhunderten, herausgegeben von Georg Hirth, Verlag G. Hirth, Leipzig & München, 3. Band 1885.
L. Kurth: Illustrirtes Kochbuch für bürgerliche Haushaltungen, wie auch für die feine Küche, Literarisches Institut, Leipzig 1866, 7. Auflage.
Das Schwein. Seine Zucht, Haltung, Mastung und Pflege. Bearbeitet von U. Junghanns und U. Schmid. Mit 32 Holzschnitten. Des Landmanns Winterabende, 32. Bändchen. Verlag von Eugen Ulmer, Stuttgart 1885.

CIP-Kurztitelaufnahme der Deutschen Bibliothek
Grüninger, Ursula:
Das Schwäbische Kochbuch / Ursula Grüninger. – Stuttgart: Steinkopf, 1979.
ISBN 3-7984-0503-4

Einbandgestaltung unter Verwendung von Bildern aus dem im Bildquellennachweis aufgeführten »Kulturgeschichtlichen Bilderbuch aus drei Jahrhunderten«: Seite 979 für die Vorderseite, Seite 769 für die Rückseite.
Reproduktionen: Erwin Fleischmann, Stuttgart.
Gesamtherstellung: Mohndruck Graphische Betriebe GmbH, Gütersloh.

ISBN 3 7984 0503 4

Inhalt

Alle Rezepte sind, wenn nicht anders vermerkt,
für 4 Personen berechnet

»Wer ein gutes Weib will haben,
nimmt ein Mädchen sich aus Schwaben.«
Ottilie Wildermuth

Die Schwaben und ihre Küche

Im Schwabenland, dem Land der Häuslesbauer, der Viertelesschlotzer und Häberles und Pfleiderers, hat man trotz der sprichwörtlichen Sparsamkeit der Bewohner immer schon verstanden gut zu essen, zu trinken und auch zu genießen. Das ist wohl dem Fleiß und guten Wirtschaften der Schwäbin zu verdanken.
Bekommt man die Düfte der stets gefragten Hausmannskost in die Nase, ist es zu verstehen, daß der Schwabe auf das Heimatbetonte, das Bodenständige nicht verzichten will. Er ist zwar keinesfalls zimperlich, schätzt aber das Deftige und Rustikale, denn was nützt's, wenn's net schmeckt.
Dieser Hausmannskost, den Leibgerichten und den kulinarischen Spezialitäten, die die schwäbische Küche hervorgebracht hat, bin ich nachgegangen und habe sie hier niedergeschrieben. Dabei versucht das Buch zu beweisen, wie abwechslungsreich der Speisezettel ist.
Keineswegs ernährt sich der Schwabe allein von den Spätzle, was in Unkenntnis der Dinge vielleicht manchmal angenommen wird. Und doch sind sie das Nationalheiligtum und marschieren mit den »Maultaschen« an der Spitze. Ohne sie ist die Küche einfach nicht denkbar. Die eben zuletztgenannten werden oft mit dem Wesen der Schwaben verglichen. »In ihrem bescheidenen Gewand, verbirgt sich ein guter Kern«, so Thaddäus Troll. Nun, er muß es wissen.
Zugegeben, daß die schwäbische Küche auch eigenwillige Gerichte aufweist. Ich denke dabei an den »Gaisburger Marsch«, dessen Zusammensetzung, Kartoffelschnitz und Spätzle, für einen Nichtschwaben oft schwer zu verstehen ist. Ein Versuch allerdings hat schon manchen überzeugt und im Nachhinein wurde dieser Eintopf dann doch für sehr gut befunden.
Alle Gerichte in diesem Buch zeigen, wie vortrefflich es die Schwäbin versteht, den Kochlöffel zu schwingen. Neben guten Suppen und Eintöpfen gibt es den Braten, »ohne den der Sonndich koi Sonndich isch«, gibt es sehr gute Wild-, Fisch-, Sauerkraut- und Kartoffelge-

richte, Aufläufe, Salate und köstliche Mehlspeisen. Bei Flädle, Eierhaber, Wargelnudeln & Co., Dampfnudeln, Ofenschlupfer und Pfitzauf können wir nicht widerstehen. Die Vorliebe für diese Gerichte ist leicht zu erklären, wenn man bedenkt, daß in Württemberg immer viel Ackerbau betrieben wurde. Mehl und Kartoffeln gab es dann allemal.

Der alltägliche Speisezettel ist wie die Landschaft und wie der Wein, kernig, kräftig und ehrlich. Letzterer ist für die Vierteleschlotzer der ideale Begleiter zum Vesper, zur Laugenbrezel, die sich weit über die Grenzen des Landes hinaus großer Beliebtheit erfreut, zum Zwiebelkuchen und natürlich auch an Festtagen zu einem guten Essen.

Wenns ans Backen geht, das habe ich immer wieder festgestellt, überbietet sich die Schwäbin selbst. Sie hat hier eine Perfektion erreicht, die ihresgleichen nicht kennt. »No net hudle«, ist ihr Leitspruch, und dem ist sie bis heute treu geblieben. Ihre Kuchen und Gutsle sind weithin bekannt. »So guet wie ihre, send onder Garantie sonscht keine«, wird sehr treffend dazu gesagt. Es kann also gar nicht anders sein, als daß ein Kapitel zum Thema Backen dieses Buch abschließt.

Bei der Schwäbin wird außer mit Feuer auch mit Liebe gekocht und gebacken. Sie weiß nur zu gut, daß diese durch den Magen geht. Und gerade das ist es, was sie so liebenswert macht. Immer wieder kommt zum Ausdruck, daß die Küche von einst, die Vorliebe für den heimatlichen Herd, für Mutters Kost trotz unseres technisierten Zeitalters mit allen modernen Hilfsmitteln geblieben ist. Dies wohl kaum aus einer nostalgischen Verehrung heraus.

Alle Rezepte, die die Schwäbin in ihrer Küche verwendet, basieren auf oft alten Überlieferungen, Erzählungen und handgeschriebenen Kochbüchern. Es sind bewährte Hausrezepte, bei denen ich ganz bewußt auf die Kalorien- und Jouleangabe verzichtet habe. Das wäre wider die schwäbische Küche, wider deren Spezialitäten. Außerdem gibt es ja auch nicht jeden Tag Spätzle, Knöpfle, Knöchle, Ripple oder eine süße Mehlspeise. Es sind weiter Rezepte aus der Spezialitätenküche vereinfacht oder modernisiert, aber originalschwäbisch, damit sie jede, die einen Schwaben zum Mann hat, leicht nachkochen und ihn mit seinen Leibgerichten verwöhnen kann.

Das ist der Sinn des Buches. Es gilt das Brauchtum zu erhalten, um es an die nächste Generation wieder weitergeben zu können.

Ursula Grüninger

Schwäbische Speisekarte

Knöchla
Sauerkraut ond Spätzla
Niernla, Kuttla
Kipf ond Brezla

Griabawurst
ond Peitschastecka
Schwartamaga
Laugawecka

Gaisburger Marsch
viele Salätla
Blonza, Soitawürstla
Flädla

Schneiderfleck
ond Zwetschgaschnitzla
Metzelsupp
ond Buabaspitzla

Ochsamaulsalat
ond Rippla
Pfannakuacha
guate Süppla

Oierstich
Pfitzauf, Mutschla, Sääla
Ofaschlupfer
brennte Mehla

Guatsla
Hefakranz ond -zöpfla
Fasnetsküechla
Gsälz ond Knöpfla

Leberspatza
Brät ond Sooß
Maultascha, Dampfnudla
riesagroß!

Guglopf
Sprengerla
ond Waffla
Leber-, Bachstoi'-, Luckeleskäs . . .

Älles dees,
en Abständ gspachtelt,
ist ons Schwòba
„artgemäß"!

Friedrich E. Vogt

Zum Auslöffeln
Suppen, süße Suppen, Eintopfgerichte, Suppeneinlagen

»D'Supp' und's ander ist's best«, so heißt es im Volksmund. In der schwäbischen Küche spielt die Suppe eine große Rolle. Sie ersetzt die Vorspeise, die selten, im allgemeinen nur bei Festlichkeiten, auf den Tisch kommt. Warum der Schwabe die Suppe so sehr liebt, ist auf seine Sparsamkeit, den heimischen Boden, der nicht allzu viel hergibt, und auf den früheren Kinderreichtum der Familien zurückzuführen, in denen oft Schmalhans Küchenmeister war. So wird der Schwabe, auch »Suppenschwob« genannt, mit der Suppe groß. Sie ist mehr oder weniger das Hauptgericht.
Die Streiche der Sieben Schwaben sind allgemein bekannt. Eine nicht ganz unbedeutende Rolle spielt hierbei der »Knöpflesschwob«, der auf die Wanderschaft Häfen und Pfannen mitgenommen hat, um sich nicht von seinen geliebten »Knöpfle« trennen zu müssen. Nun waren es aber nicht nur die »Knöpfle«, die er gerne aß, nein, auch die Milchspätzle hatten es ihm angetan. Nach Ludwig Auerbachs Buch »Abenteuer der 7 Schwaben« besteht im gesegneten Schwabenland die löbliche Gewohnheit, täglich fünfmal zu essen, und zwar fünfmal Suppe und zweimal dazu Knöpfle oder Spätzle. Daher also wohl der Name »Suppen- oder Knöpflesschwob«.
Die schwäbischen Suppen bieten sich in breiter Palette an. Es gibt einfache Suppen und habhafte, Suppen für den Alltag sowie Suppen für den Festtag. Wer kennt sie nicht, die Flädlessuppe, die Leberspätzlessuppe, die Riebelessuppe, die Fleisch- und Nudelsuppe, die gebrannte Mehlsuppe, die Linsensuppe, die Weckmehlsuppe, die Metzelsuppe, die Markklößlessuppe und noch viele andere. Zubereitet werden sie alle mit viel Liebe und Sorgfalt, denn auch bei den Schwaben geht die Liebe durch den Magen. Das Suppenkarussell dreht sich.

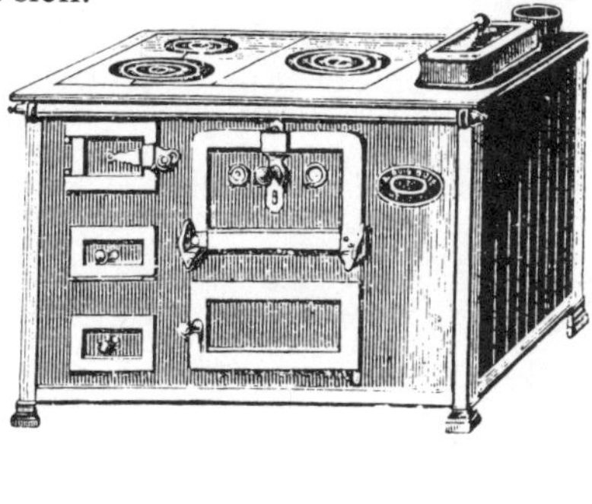

Dr Suppe'schwob

Vor Spätzle', Gräuchtem, Sauerkraut
brauch i-n e Supp, e gscheite',
sust wär dr ganze Tag versaut,
ond s Weib net zom Beneide'.

E gscheite' Supp mit Auge' druf
ond ällerhand dren drenne',
dui schliaßt so reacht de Mage-n uf.–
Bloß löffle' muaß mr könne'!

I ben e Suppe'schwob, jawoll,
ond hao-n au sust noh Mucke'.-
Wem des net paßt, hano, der soll
von mir aus trocke' schlucke'!

Heinz-Eugen Schramm

Suppen

Fleischbrühe

375 g Siedfleisch (Mittelschwanzstück, Brustkern, Überzwerch, Wadenfleisch, mürber Schoß oder Bugstück vom Rind oder Ochsen), einige Suppenknochen, 1–2 Markknochen, 2 l Wasser, Salz, Suppengrün (Karotte, Lauch, Sellerie, Petersilienwurzel), ½ geschälte und ½ ungeschälte Zwiebel, Muskatnuß

Das Fleisch und die Knochen gut waschen und in kaltem Salzwasser zum Kochen bringen. Das Suppengrün vorbereiten, mit den Zwiebelhälften dazugeben und bei geringer Hitze 1½ Stunden kochen lassen. Die Brühe durchsieben. Das Mark aus den Markknochen herausnehmen, in die erhitzte Brühe geben und zuletzt mit etwas geriebener Muskatnuß abschmecken.
Die Brühe wird besonders kräftig und gut, wenn 1 Stückchen Leber mitgekocht wird.
Soll das Fleisch zu einer Hauptmahlzeit verwendet werden, bleibt es saftiger, wenn es erst dem kochenden Salzwasser zugesetzt wird.
Hühnerbrühe wird genauso zubereitet. Fleisch und Knochen werden durch 1 Suppenhuhn ersetzt.

Knochenbrühe

1–2 Markknochen, 750 g zerkleinerte Rinderknochen, Suppengrün, 25 g Butter oder Margarine, 1 geschälte, in Scheiben geschnittene Zwiebel, 2 l Wasser, Salz

Das Mark aus den Knochen entfernen. Die Knochen gut waschen und das Suppengrün vorbereiten. Butter oder Margarine erhitzen, die Knochen mit dem Suppengrün und den Zwiebelscheiben hell bräunen, das Wasser zugießen, Salz dazugeben und bei geringer Hitze 1½ bis 2 Stunden kochen lassen. Die Brühe durchsieben, das zerkleinerte Mark dazugeben, erhitzen und dann abschmecken.

Brieslessuppe

1 Kalbsbriesle, 2 Zwiebeln, Salzwasser, 1 Eßl. kleingewiegte Petersilie, 40 g Fett, 80 g Mehl, 1 l Fleisch- oder Würfelbrühe, Salz, Pfeffer, 1 Ei

Das Brieschen gut wässern und mit einer geschälten und in Stücke geschnittenen Zwiebel in Salzwasser etwa 30 Minuten kochen. Dann häuten und in kleine Würfel schneiden. Die zweite Zwiebel schälen, kleinhacken und mit der Petersilie in dem heißen Fett glasig dünsten. Das Mehl dazugeben, hell rösten, mit der Fleischbrühe ablöschen und gut durchkochen lassen. Die Brieslesstücke dazugeben und die Suppe würzig abschmecken. Erst ganz zum Schluß das verquirlte Ei darunterrühren.
Wenn die Suppe sättigen soll, kann noch eine Handvoll gegarte Suppennudeln daruntergemischt werden.

Leberknöpfle in der Brühe

150 g Rindsleber, 150 g Mehl, 1 kleingehackte Zwiebel, 1 Eßl. feingewiegte Petersilie, 1 Ei, Salz, Pfeffer, etwa 2 Eßl. Milch, 1½ l Fleischbrühe

Die Leber feinwiegen. Mehl, Zwiebel, Petersilie, Ei und Gewürze zugeben. Mit etwas Milch zu einem glatten Teig rühren. Er darf nicht so fest wie der normale Spätzlesteig sein, daher die Milch gut dosiert dazugeben. Etwas Teig auf ein mit Wasser befeuchtetes Spatzenbrett geben, mit dem Messer dünne Spatzen in die kochende Fleischbrühe einlegen und diese kurz aufkochen lassen.

Markklößchensuppe

60 g Mark, 20 g weiche Butter, 2 Eier, 80 g Weckmehl, 1 Teel. feingewiegte Petersilie, 1 Teel. geriebene Zwiebel, Salz, Muskat, 1 l Fleischbrühe

Das Mark waschen, zerkleinern, mit 3–4 Eßl. Wasser unter Rühren schmelzen lassen und zu einer glatten Masse rühren. Die sehr weiche Butter in kleinen Stückchen dazugeben und schaumig rühren. Eier, Weckmehl und Gewürze daruntermischen. Mit nassen Händen kleine Klößchen formen, in die kochende Fleischbrühe legen und etwa 5 Minuten bei mäßiger Hitze garziehen lassen.

Bratknödelsuppe

250 g Bratwurstbrät, 2 Eier, 5 Eßl. Weckmehl, 1 Teel. geriebene Zwiebel, Fleischbrühe

Das Bratwurstbrät mit den Eiern, dem Weckmehl und Zwiebelmus zu einer glatten Masse rühren. Mit einem Teelöffel kleine Knödelchen abstechen, in die kochende Fleischbrühe geben und etwa 5 Minuten mehr ziehen als kochen lassen.

Ländliche Wurstsuppe

4 größere, rohe Kartoffeln, 1¼ l Fleischbrühe, 200 g gemischte Wurst (Schwartenmagen, Blutwurst, Leberwurst, Schinkenwurst), Salz, Pfeffer, Muskat, 1 kleingeschnittene, hellgeröstete Zwiebel

Die Kartoffeln schälen, waschen, in Würfel schneiden und in der Fleischbrühe garen. Die einzelnen Wurststücke kleinschneiden, zugeben, die Suppe kräftig würzen und mit den Zwiebelstückchen garnieren.
Dazu wird Schwarzbrot gereicht.

Zwiebelsuppe

300–400 g Zwiebeln, 80 g Butter, 1¼ l Fleischbrühe, Salz, Pfeffer, Paprika, 4 in Würfel geschnittene und geröstete Scheiben Weißbrot

Die Zwiebeln schälen, in dünne Scheiben schneiden und in der heißen Butter hell dünsten. Die Fleischbrühe zugießen und bei geringer Hitze etwa 20 Minuten kochen. Die Suppe abschmecken und die Weißbrotwürfelchen darauf anrichten.
Nach Belieben kann die Suppe noch mit etwas Rotwein verfeinert werden.

Sonntagssuppe

1¼ l Fleischbrühe oder Hühnerbrühe, 80 g Suppennudeln, 1 Eigelb, Salz, Muskat, 2 Eßl. feingewiegte Petersilie

Die Brühe zum Kochen bringen, die Nudeln zerkleinert zufügen und in etwa 8 Minuten bei geringer Hitze garen. Verquirltes Eigelb unter Rühren in die Suppe einlaufen lassen, diese würzen und mit der Petersilie bestreuen.

Schwäbische Spargelsuppe besondere Art

500 g Suppenspargel, Salzwasser, 1 Stück Würfelzucker, 60 g Butter, ½ Sträußchen feingewiegte Petersilie, 1 Eßl. Mehl, Fleischbrühe, Pfeffer, Muskat, 1–2 Flädle (Rest)

Die Spargel sorgfältig schälen, holzige Teile abschneiden, die Spargel waschen und in etwa 3 cm lange Stücke schneiden. Salzwasser mit Zucker zum Kochen bringen, Spargelstücke zugedeckt 20 Minuten darin kochen und dann auf einem Sieb abtropfen lassen. Butter erhitzen, Petersilie zufügen, Mehl darüber streuen, dämpfen, mit Spargelwasser ablöschen und mit Fleischbrühe bis zu einem Liter auffüllen. Gut durchkochen. Die Spargelstücke zufügen und die Suppe abschmecken. Das in dünne Streifen geschnittene Flädle auf Suppenteller verteilen und die Suppe darüber anrichten.
Wer's mag, mischt noch einige kleingeschnittene, frische Sauerampferblätter darunter.

Hohenloher Festtagssuppe

Ulmer Klößchen, Rezept Seite 34, Markklößchen, Rezept Seite 14, Bratknödel, Rezept Seite 14 und Mehlerbsen, Rezept Seite 34, kräftige Fleischbrühe, feingewiegte Petersilie

Die verschiedenen Klößchen in der heißen, würzig abgeschmeckten Fleischbrühe in einer großen Suppenschüssel mit Petersilie darüber anrichten.

Diese Suppe ist eine Hochzeitssuppe, die sehr sättigend ist. Jeder Gast bedient sich selbst und ist ganz besonders auf die Einlagen erpicht.

Auch Grießklößchen können noch in der Suppe schwimmen. Sie vertragen sich gut mit den anderen Klößchen.

Ländliche Schlachtfestsuppe

80–100 g Schwarzbrotreste, 30 g Fett, 1 kleingehackte Zwiebel, abgeschmeckte Brühe einer Metzelsuppe

Das Brot in Würfel schneiden. Das Fett, auf dem Land wird gern Schweineschmalz genommen, erhitzen und die Brotwürfelchen knusprig rösten. Die Zwiebelstückchen dazugeben und hell rösten. Beides auf Suppenteller verteilen und die heiße Brühe darüber gießen. Darauf achten, daß die Brühe würzig abgeschmeckt ist.

Dazu werden im Hohenlohischen zum Beispiel Schalkartoffeln, und zwar aus der Hand, gegessen.

Diese Suppe schmeckt besonders gut, wenn der Inhalt von aufgeplatzten Würsten darin herumschwimmt.

Käsklößles-Suppe

¼ l Milch, 40 g Butter oder Margarine, Salz, 125 g Mehl, 3–4 Eier, 3 Eßl. geriebener Emmentaler oder Parmesan, Backfett, 1 l Fleischbrühe, kleingehackte Petersilie oder kleingeschnittener Schnittlauch

Milch mit Butter oder Margarine sowie Salz zum Kochen bringen. Mehl auf einmal zugeben und das Ganze so lange mit dem elektrischen Handrührgerät rühren, bis sich ein Kloß bildet und dieser sich vom Topf löst. Den Topf dann von der Herdplatte nehmen und nach und nach, wenn die Masse etwas abgekühlt ist, die Eier und den Käse darunterrühren. Backfett erhitzen, von dem Teig mit einem Teelöffel kleine Klößchen abstechen und in dem heißen Fett unter Wenden hell backen. Die Käsklößchen abgetropft in einer Schüssel anrichten und die heiße Fleischbrühe gesondert dazu reichen.

Jeder bedient sich dann der Klößchen je nach seinem Hunger und bestreut sie je nach Belieben mit Petersilie oder Schnittlauch.

Abgeschmälzte Einlaufsuppe

50 g Mehl, 1½ Eßl. Wasser, 1 Ei, Salz, 1 l Fleischbrühe, 1 Eßl. in Butter hell geröstetes Weckmehl, 2–3 Eßl. Petersilie

Das Mehl mit Wasser glatt rühren, Ei und Salz zufügen und den Teig durch ein großlöchriges Sieb unter Rühren in die kochende Fleischbrühe einlaufen lassen. Kurz aufkochen. Die Suppe mit geröstetem Weckmehl und kleingehackter Petersilie anrichten.

Älbler-Suppe, Restesuppe

Handgemachte Spätzle (Rest), weichgekochte Gemüsereste, Fleischbrühe, 1–2 Eßl. frische, kleingehackte Küchenkräuter oder Petersilie

Die Spätzle aufgelockert in eine Suppenschüssel geben. Das Gemüse mit einer Gabel zerdrücken, in der Brühe erhitzen und über die Spätzle gießen. Die Suppe würzig abschmecken und die Küchenkräuter darüber streuen.

Nach Belieben können auch ausgelassene Speckwürfelchen darunter gemischt werden.

Laugenbrezelsuppe

4 Laugenbrezeln, 1 l Würfelbrühe, 50 g Butter, 3 gelbe Rüben, Salz, Pfeffer, 2 Eigelbe, 1/10 l Dosenmilch oder Rahm

Die Laugenbrezeln in kleinere Stücke schneiden und diese in der Brühe unter Zugabe der Butter weichkochen. Das Ganze durch ein Sieb streichen und nach Bedarf noch mit etwas Brühe verdünnen. Die gelben Rüben säubern, reiben, daruntermischen, die Suppe würzig abschmecken, noch einmal aufkochen und mit Eigelb und Dosenmilch oder Rahm legieren.

Fleischsuppe

3 gekochte Kartoffeln, 30–40 g Butter/Margarine, 1 kleine, feingewiegte Zwiebel, 3 Eßl. kleingehackte Petersilie, 250 g Hackfleisch oder feingewiegte Bratenreste, 1 l Fleischbrühe, 2 Eigelbe, 2 Eßl. Rahm, Streuwürze, Salz, Pfeffer

Die Kartoffeln schälen und reiben. Butter oder Margarine erhitzen, Zwiebel und Petersilie glasig dünsten, das Hackfleisch oder die Bratenreste dazugeben und ersteres unter Rühren Farbe annehmen lassen. Die geriebenen Kartoffeln daruntermischen, mit der Fleischbrühe auffüllen, noch einige Minuten kochen lassen und die Suppe zuletzt mit Eigelb und Rahm verfeinern. Nach Belieben würzen.

Tübinger Weckeiersuppe

2 Milchbrötchen, 40 g Butter/Margarine, 1 kleinere, feingewiegte Zwiebel, 1½ Bund kleingehackte Petersilie, 1–2 Eier, 1 l Fleisch-, Instant- oder Würfelbrühe, Salz, Pfeffer, Muskat

Die Brötchen einweichen, ausdrücken und zerzupfen. Butter oder Margarine erhitzen und die Zwiebel und Petersilie kurz dünsten. Die zerkleinerten Brötchen und die verquirlten Eier dazugeben, alles gut mischen und unter Rühren kurz backen und die kochendheiße Brühe zugießen. Die Suppe kurz ziehen, aber nicht mehr kochen lassen. Vorsichtig abschmecken, wenn die Brühe schon gewürzt ist. Die Suppe kann mit 2 Eßlöffel Rahm noch verfeinert werden.

Badische Kartoffelsuppe mit »Krachele«

1 kleingehackte Zwiebel, 2–3 Eßl. feingewiegte Petersilie, 40 g Fett, 1½ l Wasser oder Fleischbrühe, 500 g rohe Kartoffeln, 2 gelbe Rüben, 100 g Landleberwurst, 4 Scheiben in Würfel geschnittenes, geröstetes Schwarzbrot

Die Zwiebelstückchen mit der Petersilie in dem heißen Fett hell dünsten und mit Wasser oder Brühe ablöschen. Die Kartoffeln schälen, waschen, in Würfel schneiden, die vorbereiteten gelben Rüben kleinschneiden, beides zugeben und etwa 25 Minuten kochen. Die Leberwurst in kleine Stücke schneiden, unterrühren und die Suppe dann abschmecken. Schwarzbrotwürfel, die »Krachele«, in eine Schüssel geben und die Suppe darüber anrichten.

Diese Suppe wird gern an fleischlosen Tagen aufgetischt. Manche lieben sie dünn, wieder andere dick, und zwar so dick, daß einem Sprichwort im Schwarzwald zufolge »die Katze darauf schlafen kann«.

Zu der kräftigen Suppe wird gern ein »Chriesewässerli« (Kirschwasser) getrunken.

Spargelcremesuppe

500 g Suppenspargel, Salzwasser, Zucker, 40 g Butter, 50 g Mehl, Fleischbrühe, Salz, Muskat, 1–2 Eigelbe, 4 Eßl. Dosenmilch oder Rahm. – Geröstete Weißbrotwürfelchen

Die Spargel schälen, in kleine Stücke schneiden und die holzigen Teile weglassen. Das Gemüse in Salzwasser, dem auch ein wenig Zucker zugesetzt wird, garen. Butter erhitzen, Mehl zugeben, eine dicke Einbrenne bereiten und mit dem Spargelwasser und etwas Fleischbrühe ablöschen. Die Suppe durchkochen, würzen, mit Eigelb, Dosenmilch oder Rahm legieren, Spargelstücke zufügen und mit Weißbrotwürfelchen darüber anrichten.

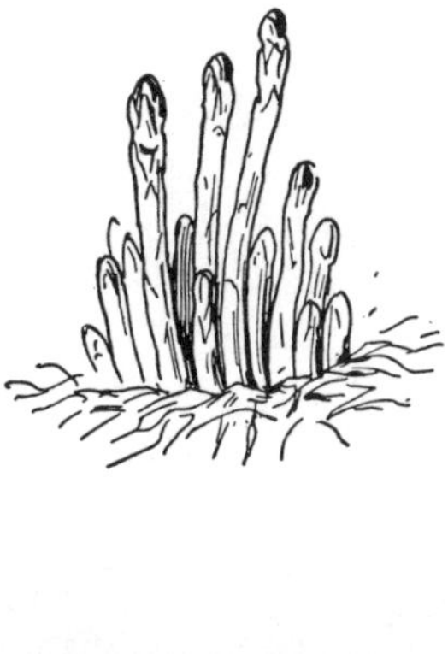

Allgäuer Käsesuppe

1 Karotte, 1 Stange Lauch, 40 g Fett, 40 g Mehl, 1 l Fleisch- oder Würfelbrühe, 1 Tasse grüne Erbsen, Salz, Pfeffer, ⅛ l süße Sahne, 3–4 Eßl. geriebener Kräuterkäse

Die Karotte säubern, waschen und in kleine, dünne Stifte schneiden. Das Weiße der Lauchstange waschen und in dünne Scheiben schneiden. Das Fett erhitzen, das Mehl unter Rühren zufügen, hell rösten, mit der Brühe auffüllen, Karotten- und Lauchstückchen mit den Erbsen dazugeben und bei geringer Hitze 15 Minuten kochen lassen. Die Suppe nach Geschmack würzen. Die Sahne steif schlagen und den Kräuterkäse unter die Sahne mischen.

Die Suppe in eine Terrine oder in Suppenteller füllen und Häufchen von Kräuterkäsesahne darauf anrichten.

Weckmehlsuppe

40 g Butter/Margarine, 1 größere, feingewiegte Zwiebel, 6 Eßl. Weckmehl, ¾–1 l Fleischbrühe, 1–2 Eigelb, 3 Eßl. Rahm, Selleriesalz, Pfeffer, Schnittlauch

Die Butter oder Margarine erhitzen, die Zwiebelstückchen mit dem Weckmehl dazugeben und leicht bräunen. Mit der kalten Brühe ablöschen und auffüllen und die Suppe bei geringer Hitze 10 Minuten kochen. Kurz vor dem Anrichten mit Eigelb und Rahm abziehen, abschmecken und mit Schnittlauch bestreuen.

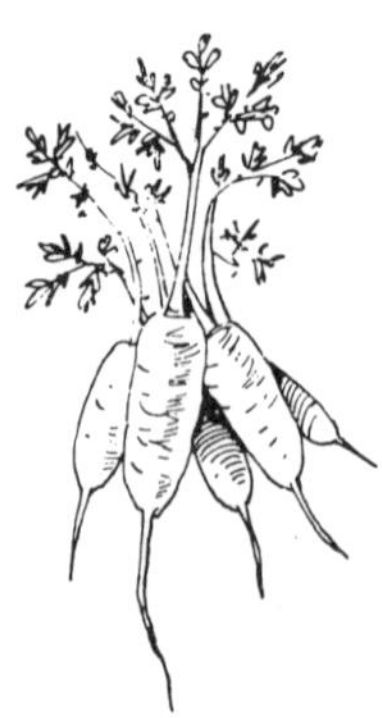

Frühlingssuppe

30–50 g frischer Kerbel oder Sauerampfer, 20 g Butter/Margarine, 30 g Mehl, 1 l Fleischbrühe, Salz, Pfeffer, Muskat, 2 Eigelbe, 1 Becher saurer Rahm. – Geröstete Weißbrotwürfelchen

Kerbel oder frisch gepflückten Sauerampfer verlesen, waschen, mit Küchenkrepp abtrocknen und kleinhacken. Butter oder Margarine erhitzen, den vorbereiteten Kerbel oder Sauerampfer dazugeben, kurz dünsten, dann das Mehl darunterrühren, hell rösten und unter Rühren mit der kalten Fleischbrühe ablöschen. Die Suppe etwa 10 Minuten bei geringer Hitze kochen und nach Belieben abschmecken. Die Eigelbe mit dem sauren Rahm verrühren und zu der Suppe geben. Geröstete Weißbrotwürfelchen darüber anrichten.

Brockelessuppe

30 g Butter/Margarine, 30 g Mehl, 1 feingewiegte Zwiebel, 2 Eßl. kleingehackte Petersilie, 1 l Fleischbrühe oder Wasser, 500 g tiefgekühlte Brockele (Erbsen), 4 Eßl. gegarter Reis, Salz, Pfeffer, Muskat. – 50 g geröstete Speckwürfelchen

Die Butter oder Margarine erhitzen, das Mehl zufügen, hell rösten, die Zwiebelstückchen und Petersilie dazugeben und kurz mitrösten. Mit Fleischbrühe oder Wasser ablöschen, die Brockele (Erbsen) zufügen und etwa 20 Minuten bei geringer Hitze kochen. Dann den Reis darunterrühren. Die Suppe mit Salz, Pfeffer und nur einem Hauch Muskat würzen und die Speckwürfelchen darüber anrichten.

Gebräunte Mehlsuppe

30 g Fett, 60 g Mehl, 1 l Wasser oder Würfelbrühe, Salz, Pfeffer, Muskat. – Geröstete Zwiebelringe und Brotwürfelchen

Das Fett erhitzen, Mehl dazugeben und unter Rühren bräunen. Mit Wasser oder Brühe ablöschen, salzen und pfeffern und etwa 20 Minuten bei geringer Hitze kochen. Zuletzt mit Muskat würzig abschmecken, und geröstete Zwiebelringe und Brotwürfelchen darüber anrichten.

Badische Grünkernmehlsuppe

60 g Grünkernmehl, 50 g Butter oder Margarine, 1½ l Fleischbrühe, Eigelb, Rahm, Salz

Das Grünkernmehl mit der Butter hell anschwitzen, mit der Fleischbrühe auffüllen und etwa 20 Minuten kochen lassen. Vor dem Anrichten die Suppe mit Eigelb und Rahm legieren und würzig abschmecken. Bratwurstbrätklößchen (Bratwurstbrät aus Bratwürsten ausdrücken) in der Suppe ziehen lassen und servieren.

Ochsenschwanzsuppe

500 g in Stücke geschnittener Ochsenschwanz, 1 kleine Sellerieknolle, 80 g Fett, 1 kleingehackte Zwiebel, 1½ l Wasser, einige Pfefferkörner, 1 Lorbeerblatt, Salz, 30 g Mehl, Rotwein

Die Ochsenschwanzstücke gut waschen. Die Sellerieknolle schälen, waschen und in kleine Stücke oder Scheiben schneiden. Die Hälfte des Fettes erhitzen, die Ochsenschwanzstücke mit den Zwiebelwürfelchen und den Selleriestücken hell rösten. Das heiße Wasser zugießen und mit den Pfefferkörnern und dem Lorbeerblatt sowie etwas Salz so lange kochen, bis das Fleisch weich ist. Die Kochzeit beträgt etwa 2 Stunden. Dann durchsieben. Das restliche Fett erhitzen, Mehl dazugeben, leicht bräunen und mit der Brühe unter Rühren ablöschen. Das Fleisch von den Knochen lösen, in kleine Stücke schneiden und in der Brühe erhitzen. Die Suppe abschmecken und ganz zuletzt zur Verfeinerung etwas Rotwein zugießen.

Brotsuppe aus dem Schwarzwald

200 g alt gewordenes Schwarzbrot, Suppengrün (1 Stange Lauch, Petersilienwurzel, 1 gelbe Rübe), 1½ l Salzwasser, 30 g Fett, ½ kleingehackte Zwiebel, 2 Eßl. feingewiegte Petersilie, 1 Eßl. Mehl, Streuwürze, Pfeffer, Salz, Paprika. – 75 g Rauchfleischwürfel

Das Brot einweichen, ausdrücken, mit dem vorbereiteten Suppengrün in Salzwasser weichkochen und durch ein Sieb streichen. In dem heißen Fett Zwiebel und Petersilie kurz dünsten, Mehl darübergeben und hell bräunen. Mit dem durchgesiebten Brotgemisch ablöschen. Die Suppe noch einmal aufkochen, würzig abschmecken und mit Rauchfleischwürfeln darüber anrichten.

Die Suppe erhält einen würzigeren Geschmack, wenn ihr noch Wurststückchen oder 100 g grobe Landleberwurst untergerührt werden.

Anstelle der Einbrenne können der Suppe auch 200 g weichgekochte und zerdrückte Kartoffeln oder 4 Eßlöffel Kartoffelpüreepulver untergemischt werden.

Dazu gibt es Schalkartoffeln aus der Hand.

Süße Suppen

Milchsuppe mit Klößchen

1½ l Milch, 1 Stück Zimt, Zitronenschale, Zucker, 1 Eßl. Mondamin, 30 g Butter, 1 Eßl. geriebene Schokolade, 2–3 Eßl. Weckmehl, 2 Eier, 1 Eigelb

Milch mit Zimt, Zitronenschale und etwas Zucker zum Kochen bringen, Mondamin mit wenig Wasser glattrühren und die Milch damit binden. Unter die warme Butter für die Klößchen Schokolade, Weckmehl, Eier und Eigelb rühren. Kleine Klößchen abstechen und in der leise kochenden Milch garen.

Hägenmarksuppe (Hagebuttenmarksuppe)

6 Eßl. Hägenmark, ¼ l Rotwein, ½ l Wasser, Zitronenschale, 1 Stück Zimt, Zucker, 3 Scheiben in Würfel geschnittenes und geröstetes Weißbrot

Das Hägenmark (Hagebuttenmark) mit Wein und Wasser verrühren, Zitronenschale und Zimt sowie Zucker zugeben und bei geringer Hitze etwa 5–10 Minuten kochen. Zitronenschale und Zimt entfernen und die Suppe über den Weißbrotwürfelchen anrichten.

Schwarzwälder Heidelbeersuppe

750 g Heidelbeeren, etwas Wasser, Zucker, 1 Stück Zimt, 2 Nelken, ½ l Weißwein. – Geröstete Weißbrotwürfelchen oder Schneeklößchen

Die Heidelbeeren verlesen und mit etwas Wasser, Zucker, Zimt und Nelken weichkochen. Weißwein zugießen, nochmals kurz erwärmen und Zimt und Nelken entfernen. Suppe mit Weißbrotwürfelchen oder Schneeklößchen (Häufchen von sehr steif geschlagenem Eischnee mit wenig Zucker) darauf anrichten.

Knöpfle in Hutzelbrühe

Gedörrte Zwetschgen, gedörrte Birnen, Rindfleischbrühe, Mehlknöpfle (Teig Rezept Seite 90)

Die Zwetschgen und Birnen in der Rindfleischbrühe weichkochen und über den Mehlknöpfle anrichten.
Dem Erzählen nach wurde diese Suppe früher auf dem Land an Sonntagen gegessen. Anschließend gab es dann Fleisch und Kartoffelsalat.

Biersuppe

40 g Butter, 40 g Mehl, 1 l helles Bier, 2–3 Eßl. Zucker, Zitronenschale, 1 Nelke, 2 Eigelbe, geröstete Weißbrotwürfelchen

Die Butter erhitzen, das Mehl hell anrösten, mit Bier ablöschen, Zucker und Gewürze zugeben und kurz aufkochen. Suppe durchsieben, verquirlte Eigelbe darunterrühren, nochmals aufkochen und über den Brotwürfelchen anrichten.
Anstatt mit Bier kann die Suppe auch mit Wein zubereitet werden.

Obstsuppe

750 g Obst (Kirschen, Johannisbeeren, Stachelbeeren, Aprikosen, Pfirsiche, Himbeeren), 1½ l Wasser, Zucker, Zimt, Zitronenschale, 1 Eßl. Mondamin

Das Obst entsprechend vorbereiten und mit Wasser zum Kochen bringen. Werden Erdbeeren verwendet, müssen sie wie auch Himbeeren und Johannisbeeren erst ganz zuletzt dazugegeben werden. Zucker, Zimt und Zitronenschale mitkochen. Mondamin mit wenig Wasser anrühren und die Suppe damit binden. Zuletzt das Ganze abschmecken.
Die Suppe schmeckt warm und kalt sehr gut, wenn ihr noch etwas Wein untergerührt wird.

Aprikosen-Kaltschale

500 g Aprikosen, Zucker, 1 Päckchen Vanillezucker, Milch

Die Aprikosen entsteinen, süßen und in wenig Wasser weichkochen. Das Kompott durch ein Sieb streichen, mit Vanillezucker würzen, mit Milch verdünnen und kalt servieren.

Mandel-Kaltschale

1 l Milch, 30 g Zucker, 80 g geschälte, geriebene Mandeln, 2 Teel. Mondamin, 500 g Stachelbeeren

Die Milch mit dem Zucker erhitzen, Mandeln zugeben und mit dem mit etwas Wasser angerührten Mondamin binden. Gesäuberte, vorbereitete Stachelbeeren in Suppenteller verteilen und die Mandelmilch darübergießen. Gut gekühlt servieren.

Wein-Kaltschale

2–3 Eigelbe, 1 l Weißwein, 2 Päckchen Vanillezucker, 1 Eßl. Rosinen

Die Eigelbe mit wenig Wein verquirlen, erhitzen und mit dem restlichen Wein vermischen. Rosinen zugeben und mit Vanillezucker abschmecken und kalt servieren.
Die Kaltschale schmeckt auch mit Schneeklößchen darauf sehr gut.

Schokoladen-Kaltschale

1 Tafel Blockschokolade, 1 l Milch, Zucker, 1–2 Teel. Mondamin, 1–2 Eigelbe, Löffelbiskuit

Die Schokolade zerkleinern, Milch zugießen und aufkochen. Nach Geschmack süßen, mit dem angerührten Mondamin binden, verquirlte Eigelbe zufügen und kaltstellen.
Mit Löffelbiskuit servieren.

Eintopfgerichte

Linsenschüssel

200 g Linsen, 1½–2 l Wasser, einige Nelken, 40 g Fett, 1 kleingehackte Zwiebel, 50 g Mehl, 4–5 weichgekochte Kartoffeln, Salz, Pfeffer, Tabasco. – Geröstete Weißbrotwürfelchen

Die Linsen in reichlich Wasser mit den Nelken bei geringer Hitze weichkochen. Das dauert etwa 50 Minuten. Dann durch ein Sieb passieren. Das Fett erhitzen, die Zwiebel und das Mehl dazugeben, bräunlich dämpfen, mit etwas Wasser, gut ist Kochbrühe, ablöschen und die pürierten Linsen sowie die in Würfel oder Scheiben geschnittenen Kartoffeln daruntermischen und erhitzen. Die Suppe würzig, aber nur mit einem Hauch Tabasco, abschmecken und die Weißbrotwürfelchen darüber anrichten.

Krautsuppe

1 feingewiegte Zwiebel, 50 g Speckwürfel, 500 g in Streifen geschnittenes Weißkraut, 1½ l Wasser, 2 Brühwürfel, 4 größere Kartoffeln, Salz, Kümmel, 4 Eßl. saurer Rahm

Die Zwiebelstückchen mit den Speckwürfelchen hell bräunen, das Kraut dazugeben, mit Wasser auffüllen, Brühwürfel zufügen und bei geringer Hitze 30 Minuten kochen. Die Kartoffeln schälen, in Würfel oder Scheiben schneiden, daruntermischen, salzen und die Suppe weitere 25 Minuten kochen. Etwas Kümmel mitkochen lassen. Die Suppe dann abschmecken und mit dem sauren Rahm verfeinern.

Gurkensuppe mit Kartoffeln

1 Salatgurke, 40 g Fett, 60 g Mehl, 1 ½ l Wasser, Salz, Pfeffer, 500 g Kartoffeln, 1 Schuß Essig. – Gebräunte Zwiebelstückchen, kleingehackter Dill

Die Gurke schälen, der Länge nach halbieren und die Kerne entfernen. Die Gurke in kleinere Stücke schneiden. Das Fett erhitzen, Mehl dazugeben, eine helle Einbrenne bereiten, ablöschen, Gurkenstücke zufügen und etwa 20 Minuten kochen. Salzen und pfeffern. Die Kartoffeln schälen, in kleine Würfelchen schneiden, mitkochen lassen und garen. Die Suppe würzig noch mit etwas Essig abschmecken. Mit gebräunten Zwiebelstückchen und etwas kleingehacktem Dill darüber anrichten.

Das Gericht ist sättigend, wenn kleingeschnittene Fleischwurst daruntergemischt wird.

Pichelsteiner Topf

Je 250 g in Würfel geschnittenes Rind- und Schweinefleisch, 1 Zwiebel, 250 g Weißkraut, 4 größere gelbe Rüben, 2 Stangen Lauch, 750 g Kartoffeln, 40 g Fett, 75 g in Würfel geschnittenes Rauchfleisch, Salz, Paprika, 1 l Würfelbrühe, flüssige Pfefferwürze. – Tomatenviertel, kleingewiegte Petersilie

Die Fleischwürfel waschen und mit Küchenkrepp abtrocknen. Die Zwiebel schälen und kleinhacken. Das Weißkraut in dünne Streifen hobeln oder schneiden, die gelben Rüben waschen, schaben, in Scheiben und das Weiße der Lauchstangen auch in Scheiben schneiden. Die Kartoffeln schälen und in kleinere Stücke schneiden. Das Fett erhitzen, die Fleischwürfel mit den Zwiebelstückchen anbraten, Rauchfleischwürfel dazugeben, darüber das Gemüse und zuletzt die Kartoffelstücke schichten. Etwas Salz und Paprika darüberstreuen, die Würfelbrühe dazugießen und das Ganze zugedeckt etwa 1 ½ Stunden garen. Das Eintopfgericht noch mit flüssiger Pfefferwürze abschmecken und mit Tomatenviertel und Petersilie darüber anrichten.

Gelbe Rüben und Lauch können jederzeit durch 1 Packung tiefgekühltes Suppengemüse ersetzt, und es kann auch einmal Hammelfleisch verwendet werden.

Kartoffelgulasch

40 g Fett, 2 kleingehackte Zwiebeln, 350 g in Würfel geschnittenes Schweinefleisch, 1 kg Kartoffeln, Fleischbrühe, 250 g gelbe Rüben, Salz, Pfeffer, Tabasco

Das Fett erhitzen, die Zwiebelstückchen hell bräunen, die gewaschenen und abgetrockneten Fleischwürfel dazugeben und unter Wenden anbraten. Die Kartoffeln schälen, in Würfel schneiden und dazugeben. Mit Fleischbrühe auffüllen und garen. Die gelben Rüben schaben, waschen, in Stifte oder Würfel schneiden und mitgaren. Das Gericht würzig abschmecken, mit Tabasco aber ganz vorsichtig, einige Tropfen genügen, da es sonst zu scharf wird.

Saure Kartoffelrädle

75 g Fett, 100 g Mehl, 1 Prise Zucker, 1 l Fleischbrühe oder Wasser, Salz, 2 Lorbeerblätter, 1 kg in der Schale gekochte Kartoffeln, 4 Eßl. gebräunte Zwiebelstückchen, Wein- oder Estragonessig, 1 Bund kleingewiegte Petersilie

Das Fett erhitzen, Mehl dazugeben und mit einer Prise Zucker unter Rühren bräunen. Die Mehlschwitze mit der Fleischbrühe oder Wasser ablöschen, etwas salzen und zusammen mit den Lorbeerblättern etwa 20 Minuten bei geringer Hitze kochen. Die Soße durchsieben. Die Kartoffeln schälen, in Scheiben schneiden und mit den Zwiebelstückchen in der Soße kurz erhitzen. Die Kartoffelrädle nach Belieben mehr oder weniger würzig mit Wein- oder Estragonessig und Salz abschmecken und mit Petersilie darüber anrichten.

Das Eintopfgericht schmeckt besonders gut, wenn ihm noch in kleinere Stücke geschnittenes Siedfleisch untergerührt wird.

In ländlichen Gegenden sind die sauren Kartoffelrädle auch heute noch ein beliebtes Eintopfgericht.

Krautspatzen (Katzenschrei, Riedemer Gmootz)

50 g Fett (Schweineschmalz), 1 geschälte, feingewiegte Zwiebel, 1 größere Dose Sauerkraut, Teig: 500 g Mehl, 4 Eier, 2 Teel. Salz, ¼ l Wasser. – Salzwasser, Fett

Das Fett erhitzen, Zwiebelstückchen hellbraun rösten, gelockertes Sauerkraut dazugeben, kurz andünsten, etwas Wasser dazugießen und garen. Für die Spatzen das Mehl mit den Eiern, mit Salz und Wasser zu einem festen Teig verrühren und diesen schlagen, bis er Blasen wirft. Nacheinander etwas Teig auf ein nasses Brett geben und mit einem langen Messer möglichst dünne Spatzen in kochendes Salzwasser schaben. Wem es schwer fällt, nimmt die Spätzlesmaschine. Sobald die Spatzen an der Oberfläche schwimmen, sie mit dem Sieblöffel herausnehmen, mit kaltem Wasser abschrecken und auf eine Platte legen. Die Spatzen sodann in der benötigten Menge in einer Pfanne mit heißem Fett rösten und mit dem Kraut vermischt in einer größeren Schüssel oder auf einer Platte anrichten.
Ausführliche Zubereitung der Spätzle siehe Grundrezept, Seite 85.

Pilzspätzle

500–750 g frische Champignons oder 1 größere Dose gemischte Pilze, 40–50 g Fett, 1 Beutel weiße Soße, ¼ l süße Sahne, Spätzle, Grundrezept Seite 85, gebräunte Zwiebelringe oder Rauchfleischwürfel, kleingehackte Petersilie

Die frischen Champignons säubern, in Scheiben schneiden und in dem heißen Fett 10 Minuten dünsten. Die weiße Soße wie auf dem Beutel angegeben zubereiten, statt Wasser aber Sahne verwenden. Die Champignons dazugeben, erhitzen, dann über die frisch gekochten, auf einer Platte oder in einer Schüssel angerichteten Spätzle verteilen und leicht daruntermischen. Gebräunte Zwiebelringe, sehr gut sind leicht geröstete Rauchfleischwürfel, darüber anrichten. Petersilie gibt dem Gericht noch Farbe.
Anstelle der selbstgemachten Spätzle können auch vorgefertigte, jedoch gegarte Spätzle aus dem Beutel verwendet werden.

Lauchtopf

750 g Lauch, 6 größere Kartoffeln, 1 größere, kleingehackte Zwiebel, 40 g Fett, Salz, frisch gemahlener Pfeffer, Muskat, ¾ l Fleischbrühe (Würfel oder Instant), 250–300 g Fleischwurst oder 4 Rote Würste

Die grünen Blätter und die Wurzeln von den Lauchstangen abschneiden. Das Weiße in dickere Ringe schneiden, gut waschen und abtropfen lassen. Die Kartoffeln schälen und in dünne Scheiben schneiden. Die Zwiebelstückchen in dem heißen Fett glasig dünsten, die Lauchringe und Kartoffelscheiben zufügen und gelb rösten. Die Gewürze darüberstreuen, Fleischbrühe zugießen und zugedeckt 25 Minuten bei nicht zu großer Hitze kochen. Aufpassen, daß der Lauch nicht anhängt. Wenn nötig, noch etwas Fleischbrühe zufügen. In die Fleischwurst oder die Roten Würste mit einer Gabel einige Male einstechen, die Wurst zu dem Gemüse geben und, damit es kräftig schmeckt, 10 Minuten mitkochen lassen. Die Fleischwurst oder Roten Würste herausnehmen, in dicke Scheiben schneiden und auf dem gut abgeschmeckten Gemüsetopf verteilen.

Endersbacher Nudeltopf

30 g Fett, 250 g gemischtes Hackfleisch, 2 Eßl. kleingewiegte Petersilie, 1 kleingehackte Zwiebel, 1/1 Dose gelbe Rüben und Erbsen, 1½ l Würfelbrühe, 150 g Fadennudeln, Pfeffer, Streuwürze

Im heißen Fett das Hackfleisch, die Petersilie und die Zwiebelstückchen anbraten. Das Fleisch Farbe verlieren lassen, dann das abgetropfte Gemüse dazugeben und mit der Würfelbrühe, gut ist natürlich auch Fleischbrühe, auffüllen. Fadennudeln zerkleinert dazugeben und einige Minuten bei geringer Hitze kochen lassen. Den Nudeltopf zuletzt würzig abschmecken.
Geriebener Käse kann gesondert noch dazu gereicht werden.

Gulaschsuppe

375 g in kleine Würfel geschnittenes Schweinefleisch, 100 g Fett, 200 g feingewiegte Zwiebelstückchen, 50 g Mehl, 1½ l Wasser, 2 Eßl. Tomatenmark, Salz, Pfeffer, 1 Prise Zucker, Paprika

Das Fleisch in der Hälfte des Fettes anbraten, die Zwiebelstückchen dazugeben und bräunen. Aus dem Topf nehmen. Das restliche Fett in diesem Topf erhitzen, das Mehl zufügen, eine dunkle Einbrenne bereiten, mit dem Wasser ablöschen, Fleisch- und Zwiebelstücke sowie Tomatenmark unterrühren und etwa 60 Minuten bei geringer Hitze kochen. Mit Salz, Pfeffer und einer Prise Zucker abschmecken und erst ganz zuletzt, wenn die Suppe nicht mehr kocht, mit Paprika würzen.

Oberländer Kartoffelsuppe

1,5 kg Kartoffeln, Salzwasser, Fleischbrühe, 150 g Speck, 2 in Scheiben geschnittene Zwiebeln, 150 g würfelig geschnittene Fleisch- oder Schinkenwurst, Salz, Muskatnuß, kleingehackte Petersilie

Die Kartoffeln schälen, in Scheiben schneiden und in Salzwasser weichkochen. Kochbrühe abgießen und die Kartoffeln mit dem Schneebesen zu einem glatten Brei schlagen. So viel Fleischbrühe zugießen, als Suppe benötigt wird. Speck in kleine Würfel schneiden, auslassen, die Zwiebelscheiben darin hell rösten und mit den Wurststückchen zu der Suppe geben. Diese noch würzig abschmecken und mit der Petersilie bestreuen.

Krautknöpfle

Frischgekochte Mehlknöpfle, Rezept s. Seite 90, Bratfett, 500 g gekochtes Sauerkraut, 100 g geröstete Speckwürfel

Die Mehlknöpfle in heißem Fett rösten, unter das heiße, abgeschmeckte Sauerkraut mischen und die Speckwürfel darüber anrichten.

Kartoffelgemüse mit Äpfeln

750 g Kartoffeln, Salzwasser, 500 g Äpfel, Salz, Pfeffer, 20 g Fett, 1 kleingehackte Zwiebel

Die Kartoffeln schälen, in Scheiben schneiden und in Salzwasser garen, dann abgießen. Die Äpfel schälen, vierteln, das Kernhaus entfernen und die Viertel in kleine Stücke schneiden. In wenig Wasser weichkochen. Dann unter die Kartoffelscheiben mischen und abschmecken. Das Fett erhitzen, die Zwiebelstückchen hell bräunen und darüber anrichten.

Spätzle in Tomatensoße

Frisch gekochte Spätzle, Tomatensoße, Speckwürfelchen, kleingehackte Petersilie

Die Spätzle in der heißen Soße ziehen lassen und mit ausgelassenen Speckwürfelchen und reichlich Petersilie bestreut anrichten.
Diese Spätzle kommen in einer großen Schüssel auf den Tisch und werden, so komisch es klingen mag, mit dem Löffel gegessen.

Stirum

Schweineschmalz oder Butter, gekochtes Sauerkraut (Rest), gekochte Spätzle (Rest)

Fett erhitzen und Kraut und Spätzle in der Pfanne braten. Stirum ist ein Resteessen von einst, ein Essen ohne besonderen Arbeitsaufwand, das bei den Bauern auf der schwäbischen Alb ab und zu auf dem Tisch stand.

Oder

Gekochte Spätzle in der Fleischbrühe, geriebene Karotten oder anderes gekochtes Gemüse (Reste)

Spätzle in einer Suppenschüssel anrichten und darunter geriebene Karotten oder das restliche, erhitzte Gemüse, gleich welcher Art, mischen.

Suppeneinlagen

Mehlerbsen

125 g Mehl, 2 Eier, 1 Teel. Öl, Salz, Muskat, etwas mehr als 1/8 l Milch oder Wasser, Backfett

Mehl, Eier, Öl, Gewürze mit Milch oder Wasser zu einem glatten dickflüssigen Teig rühren. Backfett erhitzen und den Teig durch ein großlöcheriges Sieb eintropfen lassen und dann goldgelb backen. Die Mehlerbsen mit einem Sieblöffel herausnehmen und auf Küchenkrepp abtrocknen lassen.
In heißer Fleischbrühe anrichten.

Ulmer Klößchen

2 Eier, 50 g Mutschelmehl, Salz, Pfeffer, 1 l Fleisch- oder Würfelbrühe, kleingeschnittener Schnittlauch

Die verquirlten Eier unter das Mutschelmehl rühren, würzen und etwa 10 Minuten auf die Seite stellen. Mit einem Kaffeelöffel kleine Klößchen abstechen und in die kochende und gewürzte Fleisch- oder Würfelbrühe einlegen. 10 Minuten ziehen lassen. Schnittlauch darüber streuen.

Goldwürfel

2 Milchbrötchen vom Tage zuvor, 2 Eier, 1/8 l Rahm, wenig Milch, Salz, Pfeffer, Backfett

Die Brötchen in Würfel schneiden. Die Eier verquirlen, den Rahm, etwas Milch und die Gewürze dazugeben, über die Brötchenstücke gießen und einziehen lassen, und zwar so lange, bis diese feucht aber nicht ganz weich sind. Die Würfel in heißem Fett goldgelb backen und in heißer Fleischbrühe anrichten. Geröstete Zwiebelringe geben der Suppe dann den Pfiff.

Riebele

1 Ei, 100 g Mehl, Salz, 1 ½ l Fleischbrühe

Das Ei verquirlen, Mehl und Salz zugeben und alles zu einem festen Teig kneten. Wenn notwendig, noch 1 Eßlöffel Wasser zugeben. Die Masse feinwiegen, trocknen lassen und anschließend etwas mit den Händen zerreiben oder auf dem Reibeisen reiben. Die Riebele dann in die kochende Fleischbrühe streuen und 10–15 Minuten ziehen lassen. Geröstete Zwiebelstückchen darüber schmecken immer gut und sehen appetitanregend aus.

Schwäbische Suppenflädle

3 Eier, 3 Eßl. Mehl, ¼ l Milch, 1 Prise Salz, 3 Eßl. kleingeschnittener Schnittlauch, Backfett

Alle Zutaten zu einem dünnen Teig rühren. Jeweils etwas Fett in einer Pfanne erhitzen, mit einem Schöpflöffel wenig Teig dazugeben und nacheinander dünne Pfannkuchen (Flädle) backen. Die Flädle in schmale Streifen schneiden und in heißer Fleischbrühe anrichten.
Der badische Flädlesteig wird noch mit Muskat gewürzt. Anstelle von Schnittlauch wird Petersilie untergerührt.

Rehleberklößchen

1 Zwiebel, 15–20 g Butter, 125 g Rehleber, 125 g Rehfleisch, 50 g Speck, ½ Bund Petersilie, 1 Ei, 2 Eßl. Weckmehl, Salz, weißer Pfeffer, Fleischbrühe

Die geschälte Zwiebel sehr klein hacken, noch besser ist, feinwiegen und in der heißen Butter glasig dünsten. Die Rehleber und das Rehfleisch gut waschen, abtrocknen und mit dem kleiner geschnittenen Speck und der gewaschenen, getrockneten Petersilie pürieren (Fleischwolf oder Mixer). Die gedünsteten Zwiebelstückchen, Ei und Weckmehl sowie Gewürze dazugeben und alles gut vermischen. Mit einem Teelöffel kleine Klößchen abstechen und 10 Minuten in der kochenden Fleischbrühe garziehen lassen.
Festliche Klöße für eine festliche Suppe.

Backspätzle

20 g Mehl, 1 Ei, 2–3 Eßl. Milch, 1 Prise Salz, Fett, Würfel- oder Instantbrühe

Mehl, Eigelb und Milch mit etwas Salz zu einem glatten Teig rühren. Eiweiß steifschlagen, darunterziehen und den lockeren Teig durch ein großlöchriges Sieb in heißes Fett drücken. Die Backspätzle zu schöner Farbe backen, mit einem Sieblöffel herausnehmen, abtropfen lassen und in der heißen Brühe anrichten.

Alltags- und Sonntagsgerichte

Alles aus Fleisch

Auch beim Schwaben geht die Liebe durch den Magen. So fleißig wie er ist, so sehr legt er – verdientermaßen – großen Wert darauf, daß das Essen gut und herzhaft ist. Man könnte hinzusetzen, es soll auch einfach sein, denn ein Schwabe spart gerne. Kein Wunder, daß die schwäbische Hausfrau gut kocht, daß sie aber auch an neuen Einfällen nicht verlegen sein darf.

Fleisch gibt es nicht alle Tage, sonntags und an Festtagen aber soll es erwartungsgemäß auf dem Tisch stehen. Das war von jeher so, und die Tradition wird gewahrt. Ein urschwäbisches Sonntagsessen, herzhaft und gut wie die ganze schwäbische Kost, ist der Schweinebraten, möglichst vom »Hälsle«, mit »Spätzle« oder mit den etwas kürzeren und dickeren »Knöpfle« und einem saftig angemachten Kartoffelsalat, oder es gibt Schupfnudeln, auch »Buabaspitzle« genannt, und einen herzhaft angemachten Ackersalat dazu. Beliebt ist auch der Rostbraten mit viel Zwiebeln, der Schlachtbraten, eine Kalbsnuß mit einer Rahmsoße, ein Rahmschlegel oder Rahmschnitzel. Auch Innereien ißt man gerne, das Briesle, das Leberle, das Nierle, das Knöchle und das Ripple, wie man sie auch auf den Speisekarten der Gasthäuser und Weinstuben findet. Meist werden das Leberle und das Nierle in einer sauren Soße gereicht.

Soll das Fleisch gut geraten, muß es in einer guten Flüssigkeit schmoren. Seit eh und je ist die süddeutsche Küche durch die Qualität ihrer Soßen bekannt. Hier spielt das schwäbische »Rahmsößle« eine große Rolle. Es wird entweder saurer oder süßer Rahm dazu genommen, und das »Sößle« muß schön sämig sein. Es paßt immer zu einem Sauerbraten, einem Kalbsbraten, ganz besonders auch zu einem Rehbraten.

Doch was nützt es, wenn die Soße gut, aber in viel zu kleiner Menge vorhanden ist. Beim Schwaben kommt die gute Soße erst dann so richtig an, wenn entsprechend viel von ihr aufgetischt wird, damit er seine Spätzle so richtig darin baden kann. Selbst eine erfahrene Hausfrau hat es hier nicht immer leicht. Liebe zum Kochen und ein Schuß Phantasie sind vonnöten, denn die gewünschte Menge Soße steht in keinem Verhältnis zur Größe des Bratens. Am besten hilft man sich damit, zusammen mit dem Fleisch gleichzeitig auch einige gehackte Schweinsfüße oder Kalbsfüßle mitzubraten. Trotzdem darf

nicht mit zu großer Flüssigkeitsmenge abgelöscht werden, denn das Fleisch soll ja dämpfen, nicht kochen. Der Rahm wird deshalb auch erst später dazugegeben.
Beilagen sind außer den beliebten Spätzle mit Kartoffelsalat auch Klöße, Nudeln, Spaghetti und Bratkartoffeln.

Schwein

Schweinekeule

750 g Schweinefleisch von der Keule, Salz, 1 Msp. Rosmarin, 1 kleingehackte oder in Scheiben geschnittene Zwiebel, 30–40 g Fett, ¼ l heißes Wasser, einige grüne eingelegte Pfefferkörner, 2 Lorbeerblätter, 1 Eßl. Mondamin, ¼ l süßer oder saurer Rahm

Das Fleisch gut waschen, mit Küchenkrepp trocknen und mit Salz und Rosmarin einreiben. Die Zwiebelstückchen mit dem Fleisch in dem heißen Fett anbraten, das heiße Wasser zugießen, Pfefferkörner und Lorbeerblätter dazugeben und in etwa 80 Minuten garen. Mondamin mit dem Rahm anrühren, die Soße damit binden und würzig abschmecken. Anstelle von Rahm kann auch Rotwein verwendet und die Soße mit Fix-Soßenbinder für dunkle Soßen gebunden werden.

Kasseler Rücken Schwarzwälder Art

750 g Kasseler Rücken, 1/4 l Weißwein, 3/8 l Fleischbrühe, auch Würfel oder Instant, einige Nelken, 2 Lorbeerblätter, 1/2 in Stücke geschnittene Zwiebel, 1 Eßl. Mondamin, 1 Eßl. Schwarzwälder Kirschwasser, 150 g Sellerieknolle, 375 g Backpflaumen, 150 g Johannisbeergelee

Das Fleisch waschen, abtrocknen, mit dem Wein und der Fleischbrühe, den Nelken, Lorbeerblättern und Zwiebelstückchen in eine Kasserolle geben und bei geringer Hitze etwa 40 Minuten kochen lassen. Mondamin mit Kirschwasser anrühren und die Soße damit binden. Die Sellerieknolle schälen, in kleine Würfelchen schneiden und mit den Backpflaumen in einen Topf legen. Diesen bis zu zwei Dritteln mit Wasser auffüllen und das Obst in etwa 20 Minuten weichkochen. Die Flüssigkeit abgießen und das Johannisbeergelee darunterrühren. Das Fleisch in Scheiben aufschneiden und mit dem Backobst umlegt auf einer Platte anrichten. Dazu Herrenalber Kartoffelbällchen, Seite 166.

Cordon bleu

4 Schweine- oder Kalbsschnitzel, je 150 g, 4 Teel. französischer Kräutersenf, 4 Scheiben gekochter Schinken, 2 Scheiben Emmentaler Käse, Salz, Pfeffer, 1 Eßl. Mehl, 2 Eier, 4 Eßl. Weckmehl, 50 g Fett

Die Schnitzel abreiben und dünn mit Senf bestreichen. Zuerst mit Schinken, dann mit dem in 4 Scheiben geschnittenen Käse belegen. Die Schnitzel zusammenklappen, mit Holzspießchen zusammenhalten und außen nur wenig salzen und pfeffern. Dann in Mehl, den verquirlten Eiern und in Weckmehl wenden, in heißem Fett beidseitig anbraten und in etwa 12 Minuten bei geringer Hitze garen.
Da Cordon bleu sehr sättigend ist, gibt es als Beilage eigentlich nur einen Rohkostsalat.

Brätknöpflein

375 g Bratwurstbrät, 3–4 Eier, 4 Eßl. Weckmehl, 2 Eßl. kleingehackte Zwiebelstückchen, 2 Eßl. feingewiegte Petersilie

Bratwurstbrät mit Eiern, Weckmehl, Zwiebelstückchen und Petersilie zu einer glatten Masse rühren. Mit einem Teelöffel kleine Knöpflein abstechen, in kochendem Wasser 8 Minuten ziehen lassen. Abgetropft in einer hellen Soße anrichten.
Dazu gibt es Teigwaren, Salzkartoffeln oder trockenen Reis, Kopfsalat oder Gemüse.

Rind

Rindfleisch, gekocht

Suppenknochen, Suppengrün, 1 Zwiebel, 500 g Rindfleisch, Salz oder Streuwürze

Die gewaschenen Knochen mit dem Suppengrün und der zerkleinerten Zwiebel in reichlich Wasser zum Kochen bringen. Das gewaschene Fleisch einlegen und mit Salz oder Streuwürze zugedeckt bei geringer Hitze 2 Stunden kochen. Während des Kochens den Schaum abnehmen. Die Brühe durchsieben. Das Fleisch herausnehmen, gegen die Fasern aufschneiden und mit etwas Brühe übergossen anrichten.

Auf diese Weise wird das Fleisch gerne als Vorspeise bei Hochzeiten auf dem Lande mit kleingeschnittenen Gurkenstückchen, roten Rüben, eingelegten Kürbissen, Preiselbeeren und grünem Salat gereicht.

Gulasch bürgerlicher Art

750 g in Würfel geschnittenes Rind- und Schweinefleisch, Salz, Pfeffer, 4–5 kleingehackte oder in Scheiben geschnittene Zwiebeln. 60 g Fett, 3 Eßl. edelsüßes Paprikapulver oder 1–2 Eßl. Rosenpaprika, ¾ l Wasser, 3 geriebene gelbe Rüben, 1 Prise Zucker, 2 Eßl. Tomatenketchup, ¼ l saurer Rahm

Das Fleisch waschen, gut mit Küchenkrepp trocknen und etwas salzen und pfeffern. Die Zwiebelstücke in dem heißen Fett goldgelb dünsten, dann die Fleischwürfel dazugeben, ebenso Paprika und unter Rühren anbraten. Wasser zugießen, die geriebenen gelben Rüben unterrühren und das Fleisch etwa 70 Minuten bei geringer Hitze weich schmoren. Mit Zucker und Tomatenketchup, wenn notwendig, auch noch mit etwas Salz oder Paprika würzig abschmecken. Zuletzt den Rahm darunterrühren. Dazu darf aber das Gulasch nicht mehr kochen.

Damit das Fleisch während der Garzeit nicht anhängt, notfalls noch etwas Wasser zugießen.

Dazu gibt es Teigwaren, Knödel oder Kartoffelbrei und Gemüse. Werden noch 500 g in Würfel geschnittene Kartoffeln während der letzten 25 Minuten mitgekocht, ist das Eintopfgericht fertig.

Wer Gulasch ganz einfach und schnell zubereiten will, nimmt dazu Gulasch-fix. Das Zwiebelschneiden fällt dann ganz weg. Gulasch-fix enthält auch die Gewürze.

Schlachtbraten

1 kg gespickte Rinderlende, Salz, Pfeffer, 2 in Scheiben geschnittene Zwiebeln, 1 gelbe Rübe, 1 Stückchen Sellerie, 1 Tomate, Petersilienwurzel, 60 g Fett, ¼ l saurer Rahm, 1–2 Eßl. Mehl, ⅛ l Fleischbrühe, 100 g roher Schinken

Den Schlachtbraten abreiben, salzen und pfeffern und mit den Zwiebelscheiben und dem vorbereiteten Gemüse in dem heißen Fett anbraten, Rahm dazugießen und den Braten im vorgeheizten Backofen bei 225–250° unter öfterem Begießen garen. Wenn notwendig, etwas Fleischbrühe zugeben. Die Bratzeit beträgt etwa 50 Minuten. Dann den Braten herausnehmen und warm stellen. Mehl zu dem Bratenfond geben, dunkel rösten, mit Fleischbrühe ablöschen, die Soße noch etwas kochen lassen und sie dann durchsieben. Den kleingeschnittenen Schinken in die Soße geben und den Braten kurz darin erwärmen. Das Fleisch aufschneiden und in seiner ursprünglichen Form auf einer Platte mit beliebigem Gemüse umlegt anrichten.

Wird dem Braten nur wenig Fleischbrühe zugegossen, kann man die Soße zuletzt mit Madeira oder Rotwein verfeinern.

Zu diesem Sonntagsessen gibt es Pommes frites aus der Tiefkühltruhe.

Sauerbraten

750–1000 g gespicktes oder ungespicktes Rindfleisch, (mürber Schoß), ½–¾ l Weinessig, 2 Zwiebeln, 1 Messerspitze Zucker, 2 Lorbeerblätter, Nelken, 50–60 g Fett, ¼–½ l Wasser, 1–2 Eßl. Mondamin, 4 Eßl. Joghurt oder saurer Rahm

Das Fleisch waschen und in eine Schüssel legen. Weinessig, eine in Viertel geschnittene Zwiebel, Zucker, Lorbeerblätter und Nelken aufkochen, erkalten lassen und über das Fleisch gießen. Dieses einige Tage in der Beize unter Wenden liegen lassen, je länger, desto besser. Die zweite Zwiebel kleinhacken, in dem heißen Fett leicht rösten, das abgetropfte Fleisch dann dazugeben, anbraten, mit einem Teil der Beize, dies je nach Belieben, und mit Wasser ablöschen. Nun das Fleisch 90 Minuten bei geringer Hitze zugedeckt braten. Im Dampfkochtopf geht es schneller und der

Fleischverlust ist kleiner. Zuletzt das Mondamin mit Joghurt oder saurem Rahm anrühren und die Soße damit leicht binden, verfeinern und noch durchsieben.
Dazu gibt es die Nationalspeise Spätzle oder breite Nudeln und Kopfsalat.

Lindauer Hochzeitsbraten

1 kg fleischige Ochsenschwanzstücke, Salz, Pfeffer, gemahlene Nelken, Muskat, 2 Zwiebeln, 2–3 Lorbeerblätter, Essig, 100 g Speckwürfel, ¼ l Fleischbrühe (Würfel oder Instant), 30 g Fett, 4–5 Eßl. Mehl, 4–5 Eßl. geriebenes Schwarzbrot, 1 Eßl. Zucker, ¼ l Fleischbrühe, ¼ l Rotwein, 1 Eßl. Rosinen, ¼ Stange Zimt, Zitronenschale, 1 Glas Kirschwasser, 2 Eßl. in Stifte geschnittene Mandeln

Die Ochsenschwanzstücke mit Salz, Pfeffer, wenig Nelkenpulver und Muskat einreiben. Die Zwiebeln schälen, teilen, mit den Lorbeerblättern zu dem Fleisch geben, so viel Essig darübergießen, daß das Fleisch bedeckt ist und dieses zugedeckt einige Tage beiseitestellen. Ochsenschwanzstücke sodann mit den Speckwürfeln anbraten, mit etwa der Hälfte der Beize einschließlich der Zwiebeln und mit der Fleischbrühe ablöschen und zugedeckt etwa 2 Stunden garen. Aus Fett, Mehl, geriebenem Brot und Zucker eine dunkle Einbrenne bereiten, mit einem Teil der durchgesiebten Soße ablöschen, Rotwein zugießen, die gewaschenen Rosinen, Zimt und Zitronenschale zufügen und alles 15–20 Minuten kochen. Die Soße dann süßsauer abschmecken. Die Fleischstücke auf einer tiefen Platte anrichten, Soße und Kirschwasser darübergießen und mit Mandeln bestreut anrichten.

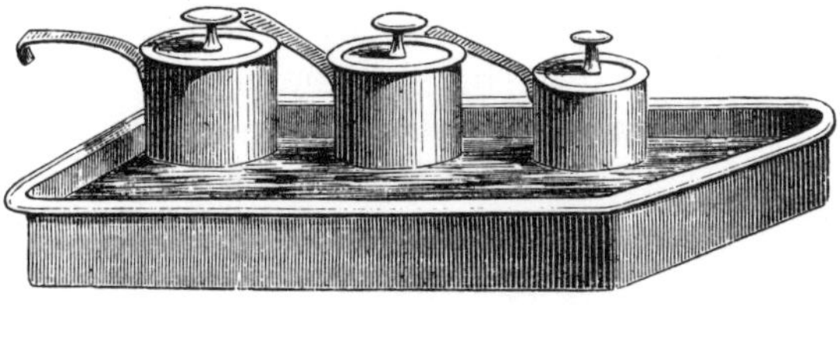

Schwäbischer Rostbraten mit Zwiebeln

2 größere Zwiebeln, 100 g Fett, 4 Scheiben Roastbeef, je 150 g, Salz, frisch gemahlener Pfeffer aus der Mühle

Die Zwiebeln schälen, in Scheiben schneiden und in etwa 40 g heißem Fett schön braun und knusprig rösten, dann aus der Pfanne nehmen und beiseitestellen. Das Fleisch mit Küchenkrepp abreiben, am Fettrand einige Male einschneiden und in dem restlichen heißen Fett von beiden Seiten je 4–5 Minuten braten. Darauf achten, daß das Fleisch innen noch rosa, also nicht ganz durch ist. Die Zwiebelringe ganz zuletzt mit erwärmen. Das Fleisch dann rasch mit Salz und frisch gemahlenem Pfeffer aus der Mühle würzen und die Zwiebelringe darauf anrichten.
Dazu gibt es, echt schwäbisch, Spätzle und Sauerkraut.
Es ist ein beliebtes Sonntagsessen und zählt zu den Leibspeisen.
Eine Variante ist, den Pfannenfond mit etwas süßem Rahm loszukochen und die Soße über den Roastbeefscheiben anzurichten.

Filetsteak für Feinschmecker

4 Rinderfiletsteaks von je 150 g, 4 Eßl. Öl, 2 Eßl. Kräutersenf aus dem Glas, 40 g Butter, 4 Eßl. Whisky

Die Fleischscheiben mit der Hand etwas flach drücken und von allen Seiten mit Öl bepinseln. Etwa eine Stunde auf die Seite stellen. Dann den Senf darauf verteilen. Die Filetsteaks in der heißen Butter auf beiden Seiten anbraten und langsam in etwa 10 Minuten fertig braten. Ganz zuletzt den Whisky zugießen. Ein köstlicher Duft!
Eine Variante ist es, die Filetsteaks nicht mit Senf zu bestreichen, sondern nach dem Braten zu salzen und mit frisch gemahlenem Pfeffer aus der Mühle zu würzen oder auf getoasteten Weißbrotscheiben anzurichten und mit etwas Mayonnaise zu überziehen.

Wacholder-Steak mit Feuerzauber

4 Rindsfilets, Salz, Pfeffer, 50 g Butter, 4 Eßl. zimmerwarmer Weinbrand, 1/8 l Rotwein, 5 zerdrückte Wacholderbeeren, 1/8 l Rahm, Salz, Pfeffer

Die Steaks mit Küchenkrepp abreiben, salzen und pfeffern oder statt Pfeffer mit Paprikapulver einreiben und in der heißen Butter auf jeder Seite kurz anbraten, 5–6 Minuten. Dann Weinbrand darübergießen, anzünden und abbrennen lassen. Steaks auf einer vorgewärmten Platte anrichten, Pfannenfond mit Rotwein aufkochen, Wacholderbeeren dazugeben, auch den Rahm, unter Rühren zum Kochen bringen, würzig abschmecken und über die Steaks gießen.

Dazu gibt es Pommes frites aus der Tiefkühltruhe und Chicoréesalat.

Anstelle von Wacholderbeeren, können auch eingelegte grüne Pfefferkörner mitgekocht werden. Wer es scharf liebt, ist begeistert.

Rumpsteak nach Onkel Hans

4 Scheiben Roastbeef zu je 150 g, 1–2 Eßl. Öl zum Bepinseln, 60 g Bratfett, 150 g Kalbsnieren in Scheiben geschnitten, Salz, Pfeffer, 4 Teel. Meerrettich, 4 Scheiben Kräuterbutter

Rumpsteaks mit Küchenkrepp abreiben, den Fettrand einige Male einschneiden, die Scheiben mit Öl bepinseln und zum Durchziehen für 30 Minuten auf die Seite stellen. Die Hälfte des Fettes erhitzen und die Rumpsteaks bei guter Hitze auf beiden Seiten 6–8 Minuten braten. Die Zeit wird durch das Braten bestimmt, je nachdem, ob man es rosa, noch blutig oder durchgebraten wünscht. Die Nierenscheiben in einer zweiten Pfanne in dem restlichen heißen Fett anbraten und leicht würzen. Die Rumpsteaks ebenfalls würzen und mit den Nierenscheiben darauf, als Abschluß Meerrettich und Kräuterbutter, auf einer vorgewärmten Platte anrichten. Sofort servieren, denn die Steaks müssen heiß gegessen werden.

Rindsrouladen

4 Scheiben Rinderrouladen, Salz, Pfeffer, 2–3 Eßl. Bratwurstbrät, 1 kleingeschnittene Gewürzgurke, 2 kleingehackte Zwiebeln, 1 Eßl. feingewiegte Petersilie, 40 g Fett, Fleischbrühe oder Wasser, 2 Teel. Mondamin, saurer Rahm

Die Rouladen waschen, mit Küchenkrepp trocknen, ganz leicht salzen und pfeffern, mit Bratwurstbrät bestreichen und mit den Gurkenstückchen und der Hälfte der Zwiebelstückchen sowie der Petersilie belegen. Die Scheiben aufrollen, mit Holzspießchen oder Rouladenklammern zusammenhalten und in heißem Fett mit den restlichen Zwiebelstückchen anbraten. Mit Fleischbrühe oder Wasser ablöschen und die Rouladen bei geringer Hitze etwa 70 Minuten schmoren. Zuletzt die Soße mit angerührtem Mondamin binden und mit saurem Rahm und Salz abschmecken. Vor dem Anrichten die Spießchen oder Klammern von den Rouladen entfernen.
Dazu gibt es Spätzle und Salat.

Gefüllte Kalbsbrust

1 kg ausgebeinte Kalbsbrust mit eingeschnittener Tasche, Streuwürze, Salz, Pfeffer, 2 Brötchen, ⅛ l heiße Milch, 1 kleingehackte Zwiebel, ½ Sträußchen gewiegte Petersilie, 60 g Fett, 150 g Bratwurstbrät, 2 Eier, 1 gelbe Rübe in Scheiben geschnitten, ⅜ l Fleischbrühe (Würfel oder Instant), ⅛ l süßer Rahm oder Dosenmilch

Die Kalbsbrust mit einem sauberen Tuch abreiben und mit Streuwürze, Salz und Pfeffer einreiben. Die Brötchen in kleine Würfel schneiden, mit der heißen Milch übergießen, ausdrücken und mit der feingewiegten Zwiebel und Petersilie in etwas Fett dämpfen. Bratwurstbrät und Eigelbe zufügen und alles gut vermischen. Eiweiße steifschlagen, darunterziehen, die Kalbsbrust damit füllen und die Tasche zunähen. Die Kalbsbrust in dem restlichen heißen Fett gut anbraten, gelbe Rübenscheiben dazugeben, die Fleischbrühe zugießen, zudecken und im vorgeheizten Backofen bei 200° unter öfterem Begießen etwa 90 Minuten weich schmoren. Wenn nötig, noch etwas Brühe zufügen. Die Soße zuletzt mit Rahm oder Dosenmilch verfeinern und abschmecken.
Dazu gibt es einen warmen Kartoffelsalat und breite Nudeln.

Eingemachtes Kalbfleisch

500 g Kalbfleisch, 40 g Fett, 40 g Mehl, ½ l Fleischbrühe, Wasser oder Weißwein, Salz, Zitronenpfeffer, 1 Lorbeerblatt, 2 Eigelbe, ⅛ l süßer Rahm, Muskat

Das Fleisch waschen, gut mit Küchenkrepp trocknen und in gulaschgroße Stücke schneiden. Aus Fett und Mehl eine helle Einbrenne bereiten, mit Fleischbrühe oder Wasser, auch Weißwein ablöschen, würzen, Lorbeerblatt zufügen und garen. Die Kochzeit beträgt etwa 60 Minuten. Wenn notwendig, noch etwas Flüssigkeit während des Garens zugießen.
Zuletzt die Soße mit den Eigelben legieren und mit Rahm verfeinern. Würzig auch mit Muskat abschmecken.
Dazu gibt es Spätzle und Salat.

Schwäbisches Rahm-Geschnetzeltes

40 g Fett, 1 kleingeschnittene Zwiebel, 500 g in dünne, kleine Scheibchen geschnittenes Kalb-, Rind- oder Schweinefleisch, 250 g blättrig geschnittene Champignons, ⅛ l süßer Rahm, Salz, Streuwürze oder Pfeffer

Das Fett erhitzen, die Zwiebelstückchen darin glasig dünsten, die Fleischscheibchen dazugeben und unter Rühren anbraten, bis sie die Farbe verloren haben. Champignons unterrühren und, je nachdem welches Fleisch man gewählt hat, etwa 10-15 Minuten bei geringer Hitze kochen. Mit Rahm verfeinern und zuletzt noch würzig abschmecken.
Dazu gibt es Spätzle (Teigwaren) oder Curryreis.

Schwäbische Kalbsvögel

4 Schweine- oder Kalbsschnitzel, Kräutersenf aus dem Glas, 4 Scheiben gekochter Schinken, 4 hartgekochte Eier, Backfett

Die Schnitzel, die nicht zu klein sein dürfen, mit Küchenkrepp abreiben und mit dem Kräutersenf gut bestreichen. Auf jedes Schnitzel eine Scheibe Schinken und ein hartgekochtes, geschältes Ei legen. Das Fleisch aufrollen, mit Rouladennadeln oder Bindfaden zusammenhalten und in heißem Fett braten. Die Garzeit beträgt bei Schweineschnitzel etwa 15 Minuten, bei Kalbsschnitzel etwa 10 Minuten. Nadeln oder Bindfaden entfernen.

Wiener Schnitzel

4 sehnenfreie Kalbsschnitzel von je 125 g, Salz, Zitronenpfeffer (gibt es zu kaufen), 1 Eßl. Mehl, 1–2 Eier, 3–4 Eßl. Weckmehl, 50 g Bratfett, 4 Zitronenscheiben

Die Schnitzel mit Küchenkrepp abreiben, salzen und pfeffern, zuerst in Mehl, dann in dem verquirlten Ei und zuletzt in Weckmehl so lange wenden, bis sie ganz trocken sind. Notfalls noch mehr Weckmehl verwenden. Die Schnitzel in so viel heißem Fett, daß sie fast schwimmen, auf beiden Seiten je etwa 5 Minuten knusprig braten. Die Schnitzel auf einer Papierserviette abtropfen lassen und mit den Zitronenscheiben darauf auf einer vorgewärmten Platte anrichten.
Dazu gibt es Kartoffelsalat.
Wer es ganz leicht liebt, läßt die Panade weg und ißt nur Kopf-, Feld- oder Chicoréesalat dazu.

Bottwarer Jägerschnitzel

4 Kalbs- oder Schweineschnitzel, Salz, Pfeffer, 1 Eßl. Mehl, 40 g Fett, ⅛ l süßen Rahm, Streuwürze, 250 g Pfifferlinge oder Champignons aus der Dose, 2 Eßl. geröstete Zwiebelstückchen

Die Schnitzel mit Küchenkrepp abreiben, salzen und pfeffern, in Mehl wenden und in einer Pfanne in heißem Fett auf beiden Seiten anbraten und bei geringer Hitze dann fertig braten. Bratzeit insgesamt etwa 15 Minuten. Rahm zugießen, Soße würzen und Pfifferlinge oder in Scheiben geschnittene Champignons in die Soße geben. Frische Pfifferlinge müssen zuerst in Butter gedämpft werden. Die Schnitzel in der Soße mit gerösteten Zwiebelstückchen darauf anrichten. Dazu gibt es Spätzle oder Pommes frites mit verschiedenen Salaten.

Panierte Kalbskopfscheiben

Gekochter, gepreßter Kalbskopf, Salz, Zitronensaft, 2 Eier, Weckmehl, Backfett

Den Kalbskopf in Scheiben schneiden, diese salzen, mit Zitronensaft beträufeln, in verquirlten Eiern und Weckmehl wenden und in reichlich Fett backen.
Dazu gibt es Kartoffelsalat und nach Belieben auch eine Tomatensoße.

Falscher Hase (Hackbraten) in Rahmsoße

1–2 Brötchen, 2 kleingehackte Zwiebeln, 1 Bund feingewiegte Petersilie, 1 Ei, Salz, Pfeffer, Muskat, Majoran, 375–500 g gemischtes Hackfleisch, 40 g Fett, ¼ l Fleischbrühe (Würfel oder Instant), 1 gestrichener Teel. Mehl, ⅛ l saurer Rahm

Die Brötchen zerkleinern, einweichen, ausdrücken und mit den Zwiebelstückchen von einer Zwiebel, der Petersilie, dem Ei und den Gewürzen unter das Hackfleisch mischen. Mit nassen Händen einen Laib formen und diesen in dem heißen Fett zusammen mit den restlichen Zwiebelstückchen auf beiden Seiten anbraten. Dann mit der Fleischbrühe ablöschen und den Hackbraten bei geringer Hitze etwa 50 Minuten braten. Die Soße mit dem angerührten Mehl binden, mit dem Rahm verfeinern und nach Belieben würzen.
Dazu gibt es Kartoffelsalat und Feldsalat, sowie gekochte, abgeschmälzte, breite Nudeln.
Als Würze für den Fleischteig eignen sich auch kleingehackte Sardellenfilets.
Ein Eßlöffel kleingehackte Salzmandeln unter den Fleischteig gemischt und 125 g kleingeschnittene Pfifferlinge frisch oder aus der Dose zu der Soße gegeben, machen aus dem Braten ein besonderes Gericht.

Königsberger Klopse in Kapernsoße

Hackfleischteig wie bei »Falscher Hase«, Salzwasser, ½ l helle Soße (Beutel oder Schächtelchen), 1 Eigelb, 1 Röhrchen Kapern, Zitronensaft

Aus dem Fleischteig größere Knödel formen, in kochendes Salzwasser einlegen und etwa 10–12 Minuten mehr ziehen als kochen lassen. Die Knödel sind im allgemeinen gar, wenn sie hochkommen. Die helle Soße mit einem Eigelb legieren, die Kapern darunterrühren und die abgetropften Klopse dazugeben, erwärmen und erst vor dem Anrichten mit Zitronensaft würzig abschmecken.
Dazu gibt es Teigwaren und Gemüse.

Fleischküchle

1 Brötchen oder 2 Eßl. Weckmehl, 1 kleingehackte Zwiebel, ½ Bund feingewiegte Petersilie, 1 Ei, 3–4 kleingehackte, gefüllte Oliven oder 50 g kleingehackte Champignons, Salz, Pfeffer, ½ Teel. wilder Majoran (Oregano), 375 g gemischtes Hackfleisch, 3 Eßl. Öl

Das Brötchen einweichen, ausdrücken, kleiner zupfen und mit sämtlichen anderen Zutaten unter das Hackfleisch mischen. Mit nassen Händen runde Küchlein formen und diese in dem heißen Öl auf jeder Seite etwa 5–6 Minuten braten.
Dazu gibt es Kartoffelsalat eventuell mit Salatgurkenscheiben vermischt.
Lecker sind auch die Fleischküchle mit einer Hartkäsescheibe belegt und zugedeckt so lange gebraten, bis der Käse zu schmelzen anfängt.

Gespickter Hammelschlegel

500 g Hammelschlegel oder Fleisch von der Keule, ½ l Buttermilch, 50 g Speckstreifen, ½ Knoblauchzehe, Salz, Pfeffer, 50 g Fett, ¼–⅜ l Wasser, 1 Eßl. Tomatenketchup, 1 Teel. Mondamin, 4 Eßl. Dosenmilch, 2 kleingehackte Zwiebeln

Das Fleisch häuten, dann waschen und über Nacht in Buttermilch legen. Vor dem Braten mit den Speckstreifen und Knoblauch spicken und mit Salz und Pfeffer einreiben. In dem heißen Fett, 30 g, auf beiden Seiten anbraten, Wasser zugießen, Tomatenketchup zufügen und das Fleisch garen. Die Bratzeit beträgt etwa 60 Minuten. Die Soße mit dem angerührten Mondamin binden, Dosenmilch zugießen und erhitzen. Das Fleisch herausnehmen, in Scheiben schneiden und warmstellen. Die Zwiebeln in dem restlichen Fett hell bräunen, auf dem Fleisch anrichten und die gut gewürzte Soße gesondert dazu reichen.
Dazu gibt es Nudeln. Aber auch Weckknödel oder Salzkartoffeln und Bohnengemüse schmecken gut dazu.
Anstelle des Spickens kann das Fleisch auch mit flüssiger Knoblauchwürze eingerieben oder die Soße damit gewürzt werden.

Hammelrippchen mit Kümmelsoße

750 g Hammelrippchen, Salz, Pfeffer, 1 gelbe Rübe, 1 Stückchen Sellerie, 1 Stange Lauch, 1 Tomate, 1 kleingehackte Zwiebel, 40 g Fett, ¾ l Wasser, 1–2 Eßl. Kümmel, 1 gestrichener Eßl. Mondamin, 3–4 Eßl. Rahm

Die Rippchen waschen, trocknen und mit Salz und Pfeffer einreiben. Mit dem vorbereiteten, kleingeschnittenen Gemüse und den Zwiebelstückchen in dem heißen Fett anbraten. Wasser zugießen und bei geringer Hitze 60 Minuten schmoren. Während der letzten 15 Minuten den Kümmel darunterrühren. Mondamin mit dem Rahm anrühren, die Soße binden und dann durchsieben. Würzig abschmecken.
Dazu gibt es Bratkartoffeln und Bohnensalat.

Lammragout in Zitronensoße

750 g in größere Stücke geschnittenes Lammfleisch, 1 Eßl. mittelscharfer Senf, 1 kleingeschnittene Zwiebel, 1 gelbe Rübe, 1 kleines Selleriestückchen, 1 Tomate, 50 g Frühstücksspeck in Würfel geschnitten, ½ l Wasser, 2 Eigelbe, Zitronensaft, ¼ l saurer Rahm, Zitronenpfeffer

Das Fleisch waschen, abtrocknen, mit Senf bestreichen und etwa 1 Stunde auf die Seite stellen. Die Zwiebelstücke zusammen mit der kleingeschnittenen gelben Rübe, dem vorbereiteten Selleriestückchen, der kleingeschnittenen Tomate sowie den Speckwürfelchen, notfalls noch mit etwas Fett, kurz dünsten, dann die Fleischstücke dazugeben, anbraten, Wasser zugießen und bei geringer Hitze etwa 60 Minuten braten. Die Eigelbe mit etwas Zitronensaft und dem Rahm verquirlen, wenig heiße Brühe vom Braten dazugeben und damit unter Rühren die Bratensoße verfeinern. Diese zuletzt noch mit Zitronenpfeffer würzig abschmecken.
Auch der Schwabe schätzt das gute Essen. Die Soße kann noch mit einigen halbierten und entkernten grünen oder blauen Trauben verfeinert werden.

Lammkotelett im grünen Bett

4 Lammkoteletts, Salz, Pfeffer, Thymian und Basilikum, 1 Eßl. Mehl, 40 g Butter oder anderes Fett zum Braten, Rotwein oder Bratensoße. – 1 Eßl. kleingehackte Petersilie. – Gedünstete Buttererbsen

Die Koteletts mit Küchenkrepp abreiben. Salz und Pfeffer mit Thymian und Basilikum vermischen, Koteletts damit einreiben, diese in Mehl wenden und in heißem Fett auf beiden Seiten anbraten. Zugedeckt in etwa 15 Minuten fertig braten. Die Koteletts können nach Belieben mit etwas Rotwein abgelöscht oder es kann zuletzt auch etwas Bratensoße dazugegeben werden. Mit kleingehackter Petersilie bestreut auf Buttererbsen anrichten.
Dazu gibt es kleine, gebratene Kartöffelchen. Genauso werden Hammelkoteletts gebraten. Man läßt dann allerdings die Soße weg und richtet sie mit Kräuterbutter darauf an.

Innereien

Leber bürgerliche Art

4 schöne Scheiben Kalbs- oder Rindsleber, Mehl, 40 g Fett, 1 in Scheiben geschnittene Zwiebel, Salz

Die Leber gut waschen, mit Küchenkrepp trocknen, in Mehl wenden und in heißem Fett auf beiden Seiten nur ganz kurz, etwa 6 Minuten, mit der in Scheiben geschnittenen Zwiebel braten. Erst kurz vor dem Anrichten salzen.

Leberspätzle

½ Bund kleingewiegte Petersilie, 500 g pürierte Kalbs- oder Rinderleber, 250 g gemischtes Hackfleisch, 3 Brötchen vom Tage zuvor, 1 kleingehackte Zwiebel, 20 g Butter/Margarine, 2–3 Eier, Salz, Pfeffer, Muskat, Majoran oder Streuwürze, Salzwasser. – Abgeschmälztes Weckmehl

Die Petersilie zu der Leber und dem Hackfleisch in eine Schüssel geben. Die Brötchen einweichen, sehr gut ausdrücken, zerkleinern und mit den Zwiebelstückchen in dem heißen Fett dämpfen. Dann mit den Eiern und den Gewürzen zu der Leber geben und alles gut vermischen. Mit einem Eßlöffel kleinere Klößchen abstechen, nicht zu viel auf einmal in das kochende Salzwasser geben und etwa 10–12 Minuten mehr ziehen als kochen lassen. Mit einem Sieblöffel herausnehmen, abtropfen lassen und mit geschmälztem Weckmehl darüber anrichten.

Dazu gibt es fast immer Kartoffelsalat. Wer es besonders gut machen will, mischt ihm noch etwas in Streifen geschnittenen Endiviensalat unter.

Die Spätzle können auch in Fleischbrühe als Suppe oder mit gegarten Kartoffelstückchen darunter als Eintopf gereicht werden.

Stettener Kalbsbriesle im Töpfle

200 g gekochtes Kalbsbriesle, 50 g Butter, ½ kleingehackte Zwiebel, wenig Mehl, ¼ l Fleischbrühe (Würfel oder Instant), 100 g Schinkenwürfel, 4 Eßl. Dosenmilch, süßer Rahm oder Weißwein, 1 Eigelb, ein paar Tropfen Weinessig, Salz, 3 Eßl. geriebener Käse, 4 Tomatenscheiben

Das Kalbsbriesle in kleine Stücke schneiden. Die Butter erhitzen, die Zwiebelstückchen glasig dünsten, Briesle zufügen, ganz wenig Mehl darüberstäuben, Fleischbrühe zugießen und etwa 5 Minuten bei geringer Hitze kochen. Die Schinkenstückchen daruntermischen und die Masse in gefettete, kleine Vorspeisenförmchen füllen. Dosenmilch, Rahm oder Weißwein sowie Eigelb verquirlen, mit Essig und Salz würzen und darüber verteilen. Bei 200° im vorgeheizten Backofen wenig Farbe annehmen lassen, dann den Käse darüberstreuen und weitere 5 Minuten überbacken. Mit Tomatenscheiben garniert anrichten.

Briesles-Pastetchen

1 Kalbsbrieschen, Salzwasser, 3/8 l Brühe (Würfel oder Instant), 40 g Fett (Butter oder Margarine), 1 feingewiegte Zwiebel, 1 Bund kleingehackte Petersilie, 1 Eßl. Mehl, 1 Eigelb, 4 Eßl. saurer Rahm, Salz, Pfeffer, Muskat, 2 Eßl. Zitronensaft, 4–6 Pastetchen (fertig gekauft)

Das Brieschen gut gewaschen wässern, in Salzwasser zum Kochen bringen, herausnehmen und dann in der kochendheißen Brühe etwa 20 Minuten garziehen lassen. Dann häuten, Röhren entfernen und in kleine Stückchen schneiden. Im heißen Fett die Zwiebelstückchen und Petersilie glasig dünsten, Mehl zugeben, hell anschwitzen und unter Rühren die Fleischbrühe, in der das Brieschen garte, dazugeben. Etwa 10 Minuten bei geringer Hitze kochen lassen. Die Soße mit Eigelb legieren, mit saurem Rahm verfeinern, Brieschenstücke darin erwärmen und zuletzt würzig, auch mit Zitronensaft abschmecken. Die Fülle in die im Backofen warmgemachten Pastetchen geben und diese sofort auf den Tisch bringen. Dazu Kopfsalat mit Kresse.

Überbackenes Hirn mit Käse

1 Kalbshirn, Salzwasser, Salz, Pfeffer, 2 Eier, Weckmehl, Backfett, 3 Scheiben Viereck-Hartkäse

Das Hirn in lauwarmes Wasser legen, die Haut abziehen und das Hirn auf einem Sieb etwa 5 Minuten in kochendes Salzwasser legen. Erkaltet in Scheiben schneiden, würzen, in Ei und Weckmehl wenden und beidseitig in heißem Fett hell backen. Käsescheiben darüberlegen und zugedeckt noch 5 Minuten überbacken. Dazu Kartoffelsalat.

Kutteln mit Variationen

500 g gekochte, in Streifen geschnittene Kutteln mit Speckwürfelchen anrösten, 2–3 verquirlte Eier darüber verteilen und stocken lassen, Salz und Pfeffer darüber streuen.

Gekochte, streifig geschnittene Kutteln mit Zwiebelstückchen leicht anbraten, dann würzig mit Salz und Pfeffer abschmecken und mit Küchenkräutern bestreut anrichten.

Gekochte Kutteln in dickere Streifen schneiden, in gut gewürzten Pfannkuchenteig tauchen und in heißem Fett zu schöner Farbe backen.

Rehbraten mit Rumtopffrüchten

1 große, zerteilte Zwiebel, 1 gelbe Rübe, 1 Stückchen Sellerie, einige zerdrückte Wacholderbeeren, 1 Lorbeerblatt, ¼ l Rotwein, 1 Eßl. Weinessig, ⅛ l Wasser, 750–1000 g enthäutetes, gespicktes Rehfleisch von der Keule, Salz, Pfeffer, 30–40 g Fett, ⅛ l saurer Rahm, 1 Eßl. Mondamin, 4 Eßl. Rumtopffrüchte

Für die Beize die Zwiebelstücke, die vorbereitete, kleiner geschnittene gelbe Rübe, das Selleriestückchen mit den Wacholderbeeren und dem Lorbeerblatt zu dem Rotwein geben. Weinessig und Wasser noch zugießen, einmal aufkochen, dann erkalten lassen und das Fleisch 2–3 Tage in die Beize legen. Dann das Fleisch herausnehmen, abtrocknen, salzen und pfeffern und in dem heißen Fett auf beiden Seiten anbraten und langsam mit der Beize ablöschen. Das Fleisch bei geringer Hitze in etwa 60 Minuten garen, dann herausnehmen, aufschneiden und warmstellen. Die Soße durchsieben, mit dem mit Rahm angerührten Mondamin binden, würzig abschmecken und gesondert dazu reichen. Die Fleischscheiben auf einer Platte mit den Rumtopffrüchten darüber anrichten.
Dazu gibt es Knödel oder Spätzle und Gemüse oder einen beliebigen Salat.

Rehmedaillons Baden-Baden

8 Rehmedaillons aus dem Rücken, 50 g Butter, ⅛ l saurer Rahm, 200 g Champignons, Salz, Pfeffer, 1 Eßl. Preiselbeerkonfitüre

Die Rehmedaillons mit Küchenkrepp leicht abreiben und in der heißen Butter kurz, etwa 5 Minuten, anbraten. Herausnehmen und warmstellen. Im Pfannenfond die gewaschenen, blättrig geschnittenen Champignons bei geringer Hitze etwa 5 Minuten dünsten, Rahm zugießen und mit Salz und Pfeffer würzig abschmecken. Die Champignons um die Rehmedaillons herum anrichten und die Medaillons mit Preiselbeerkonfitüre garnieren.
Anstelle von Champignons können auch Pfifferlinge verwendet werden.

Rehschnitzel in Cumberlandsoße

4 Rehschnitzel, Salz, Zitronenpfeffer (käuflich), 40 g Butter, einige zerdrückte Wacholderbeeren, ⅛ l süßer Rahm, 100 g Johannisbeergelee, 2 Eßl. Orangensaft, 5 Eßl. Rotwein, Senf, Salz

Die Rehschnitzel mit Küchenkrepp abreiben, salzen und pfeffern und in der heißen Butter auf beiden Seiten kurz anbraten, Wacholderbeeren und Rahm dazugeben und fertig braten. Darauf achten, daß die Schnitzel innen rosarot sind. Nicht länger als je 6–7 Minuten auf einer Seite braten, herausnehmen, warmstellen und mit dem durchgesiebten Rahm übergießen. Zur Soße Johannisbeergelee mit Organgensaft und Rotwein glatt rühren, mit Senf und Salz würzig abschmecken und die Soße gesondert zu den Rehschnitzeln reichen. Dazu gibt es Spätzle oder Pommes frites, auch Semmelknödel und einen beliebigen Salat.

Hasenrücken Hubertus

1 gehäuteter Hasenrücken, ¾ l Buttermilch, 50 g Speckstreifen, Salz, Pfeffer, 40 g Fett, 1 große, in Scheiben geschnittene Zwiebel, ⅛ l Fleischbrühe, ½ Tasse Rotwein, 1 Teel. Mondamin, 2 Eßl. Kirschwasser, ⅛ l saurer Rahm, Zitronensaft. – Preiselbeerkonfitüre

Den gut gehäuteten Hasenrücken waschen und für 2 Tage in Buttermilch legen. Dann abspülen, abtrocknen, mit den Speckstreifen spicken und salzen und pfeffern. In heißem Fett die Zwiebelscheiben und den Hasenrücken anbraten, Fleischbrühe zugießen und im vorgeheizten Backofen bei 200° etwa 40 Minuten garen. Öfters begießen. Nach dem Garen den Hasenrücken herausnehmen und warmstellen. Die Soße mit Rotwein verfeinern. Mondamin mit Kirschwasser anrühren, die Soße damit binden, durchsieben, sauren Rahm dazugeben, kurz erhitzen, nicht mehr kochen lassen, mit Zitronensaft, Salz und Pfeffer würzig abschmecken und gesondert zu dem Braten reichen. Diesen auf einer vorgewärmten Platte mit Preiselbeerkonfitüre garniert anrichten.

Dazu gibt es Spätzle oder Semmelknödel und Rotkraut oder Salat.

Badische Ente

1 Ente, Salz, Majoran, Pfeffer, einige Speckscheiben, 60 g Bratfett, 1 in Stücke geschnittene Zwiebel, Suppengemüse, ½ l Rotwein, ⅜ l Sauerrahm

Die Ente ausnehmen, Drüsen entfernen, dann die Ente waschen, mit Küchenkrepp abtrocknen und mit Salz, Majoran sowie wenig Pfeffer innen wie außen einreiben. Speckscheiben um die Ente binden. Diese dann im heißen Fett anbraten, Zwiebelstücke mitbräunen, vorbereitetes Suppengemüse dazugeben, leicht andünsten und dann mit Rotwein ablöschen. Die Ente im Backofen bei 200° unter häufigem Begießen etwa 70 Minuten braten. Herausnehmen, Speckscheiben abnehmen und diese in Würfel schneiden. Sauerrahm zu dem Bratensatz gießen, die Soße evtl. mit angerührtem Mondamin binden, durchsieben und die Speckwürfelchen dazugeben. Die Ente tranchiert auf einer Platte anrichten.
Auf dieselbe Art und Weise kann auch eine Gans zubereitet werden. Die Bratzeit richtet sich dann nach dem Gewicht.

Hühnerragout Wengerter Art

1 gekochtes Suppenhuhn, ¼ l Traubensaft, 1 Beutel Ragout & Frikassee Fix, ½ Glas Perlzwiebelchen, 1 kleine Dose Champignons

Die Haut von dem Huhn abziehen, dieses entbeinen und das Fleisch in kleine Stückchen schneiden. Den Traubensaft erhitzen und nach Anweisung die Ragoutsoße zubereiten. Das Hühnerfleisch, die Perlzwiebelchen und die Champignons dazugeben und anrichten.
Das Ragout kann noch mit saurem oder süßem Rahm angereichert werden.
Dazu gibt es Salzkartoffeln oder Teigwaren und Gemüse oder Salat.

Gefüllte Truthahnbrust

Etwa 800 g Truthahnbrust, Salz, Pfeffer, 1 Teel. Rosmarin, 100 g dänischer Steppenkäse (Danbo), 3 Scheiben gekochter Schinken, 3 Orangen, 40–50 g Fett zum Braten, 100 g in Scheiben geschnittener, durchwachsener Speck, 1 Teel. Mondamin, ⅛ l Sahne

Das Truthahnfleisch gut waschen, abtrocknen und mit Salz, Pfeffer und Rosmarin einreiben. Den Käse in 1 cm dicke Streifen und den Schinken in Würfel schneiden. Die Orangen schälen, das Weiße gut entfernen und die Früchte in Spalten teilen. Die Truthahnbrust mit den Spalten einer Orange und den Käse- und Schinkenstücken belegen. Den Braten aufrollen, mit Bindfaden zusammenhalten, in dem heißen Fett anbraten, mit Speckscheiben belegen und im vorgeheizten Backofen bei 175–200° etwa 50 Minuten braten. Bratensatz mit ¼ l heißem Wasser loskochen, mit angerührtem Mondamin binden, die Sahne und die restlichen Orangenspalten dazugeben, aufkochen lassen und würzen. Das Fleisch in Scheiben schneiden und mit den Speckscheiben sowie Orangenspalten auf einer vorgewärmten Platte anrichten. Soße gesondert dazu reichen.

Dazu gibt es Curryreis oder Salzkartoffeln, Gemüse oder Rohkostsalat.

Gefüllter Gänsehals

1 Gänsehals, 1 Gänseleber, 300 g gemischtes Hackfleisch, 1 kleingehackte Zwiebel, 1 Ei, 1–2 Eßl. Weckmehl, Salz, Pfeffer, Majoran, 30 g Fett zum Braten

Den Gänsehals direkt am Rumpf abschneiden, gut waschen, und die Haut mit dem Fett abziehen. An einem Ende zunähen, damit der Hals gestopft werden kann. Die Gänseleber durch den Fleischwolf drehen und mit den Zwiebelstückchen, dem Ei und dem Weckmehl unter das Hackfleisch mischen. Würzig abschmecken und die Masse in den Hals füllen. Das zweite Ende zunähen und den Hals in leicht kochendem Salzwasser etwa 25 Minuten ziehen lassen. Erkaltet und aufgeschnitten als Brotbelag verwenden oder in heißem Fett ringsum knusprig braten.
Dazu gibt es dann Kartoffelsalat oder Bratkartoffeln.

Sauer macht lustig
Gerichte mit dem »sauren Pfiff«

Saures Leberle mit Paprikastreifen

400 g Rinderleber, 60 g Fett, 1 Zwiebel, 2 Eßl. Mehl, Fleischbrühe oder Wasser, Salz, 1 in Scheiben geschnittene Gewürzgurke, Paprikastreifen aus dem Glas, Essig

Die Leber waschen, abtrocknen und in dünne Streifen schneiden. Die Hälfte des Fettes erhitzen, die kleingeschnittene Zwiebel dazugeben, hellbraun rösten, Leberstreifen zufügen, kurz braten, nur Farbe verlieren lassen, und herausnehmen. Aus dem restlichen Fett und Mehl eine dunkle Einbrenne bereiten, ablöschen, etwa 10 Minuten kochen, mit Salz würzen, Gurkenscheibchen und Leber- und Paprikastreifen zufügen. Das Ganze kurz erhitzen und zuletzt mit wenig Essig würzig abschmecken.
Dazu gibt es Kartoffelbrei und einen Salat nach der Jahreszeit.

»Saure Nierle, Sauerkraut,
Knöpfle, Saublut in der Haut
und ein Glas vom Besten!«
So genießt der Schwabe

Saure Nierle

4 Schweinenieren, 40 g Fett, 40 g Mehl, 1 kleingeschnittene Zwiebel, 3/8 l Wasser, 1–2 Eßl. Tomatenmark, Salz, Zitronenpfeffer (käuflich), Weinessig oder Zitronensaft

Die Nieren gut waschen, der Länge nach aufschneiden und die Sehnen sowie das Fett herausschneiden. Die Nieren blättrig (in dünne Scheiben) schneiden und in dem heißen Fett rasch, nur etwa 3–4 Minuten unter Rühren anbraten. Dann herausnehmen und warmstellen. Mehl und Zwiebelstückchen zu dem Pfannenfond geben, bräunen, mit dem Wasser ablöschen, etwa 10 Minuten kochen lassen, dann Tomatenmark und die Nieren dazugeben und nur erhitzen. Nach Geschmack mit Salz, Zitronenpfeffer und Weinessig oder Zitronensaft würzen.

Wer sich's leicht machen will, kann die Soße anstatt mit einer Einbrenne auch mit Fix Soßenbinder für dunkle Soßen binden. Das gibt keine Knollen und geht ganz schnell.
Dazu gibt es Kartoffelpüree oder Teigwaren.
Eine kleine Veränderung erfährt das Gericht, wenn in der Soße noch 100 g frische, blättrig geschnittene Champignons mitgekocht werden.

Herz süßsaure Art

500–750 g Rinder- oder Schweineherz, Salz, Pfeffer, Mehl, 1 kleingehackte Zwiebel, 40 g Fett, ½ l Wasser. Soße: 30 g Schweineschmalz oder anderes Fett, 1 kleingehackte Zwiebel, 40 g Mehl, Salz, Essig, 1 Prise Zucker. – Kleingehackte Essiggurke

Die Herzstücke gut waschen, Röhren herausschneiden, das Fleisch salzen und pfeffern, mit Mehl bestäuben und mit den Zwiebelstückchen in heißem Fett knusprig anbraten. Ablöschen und zugedeckt etwa 50 Minuten garen. Herzstücke herausnehmen und in Scheiben schneiden. Zur Soße Fett erhitzen, Zwiebelstückchen und Mehl bräunen, durchgesiebte Bratenbrühe zugießen, 10 Minuten durchkochen lassen, süßsauer abschmecken und die Herzscheiben daruntermischen und erhitzen. Gurkenstückchen dazugeben.
Dazu gibt es Weck-Knödel und ein beliebiges Gemüse.

Saure Kutteln nach Oma Frida

500 g Kutteln, Salzwasser, Pfeffer, 1 Tasse Kräuteressig, 40 g Fett, 40 g Mehl, 1 kleingehackte Zwiebel, ¾ l Wasser, Salz, 1 Eßl. Tomatenmark

Die Kutteln gut waschen, in Salzwasser weichkochen und in feine Streifen schneiden. Dann in eine Schüssel legen, etwas pfeffern, Kräuteressig zugießen und über Nacht stehen lassen. Fett erhitzen, Mehl nicht ganz dunkel rösten, Zwiebelstückchen dabei mitrösten, langsam mit Wasser ablöschen und die Soße mit Salz und der durchgesiebten Beize abschmecken. Die Kutteln darin aufkochen und zuletzt mit Tomatenmark verfeinern.
Dazu gibt es Teigwaren oder geröstete Kartoffeln.

Saure Lunge

500 g Lunge vom Kalb, Schwein oder Rind, 1 ½ l Salzwasser, 1 zerteilte Zwiebel, einige Nelken, grüne Pfefferkörner, 1 Lorbeerblatt, Suppengrün, 6 Eßl. Weinessig, 40 g Fett, Butter oder Margarine, 30–40 g Mehl, ¼ l Kochbrühe, ⅛ l Rotwein, Selleriesalz

Die Lunge gut waschen und die Röhren entfernen. Das Salzwasser mit den Zwiebelstücken, Nelken, Pfefferkörnern, dem Lorbeerblatt und dem geputzten, gewaschenen und zerteilten Suppengrün sowie Weinessig zum Kochen bringen. Die Lunge dazugeben und zugedeckt etwa 5/4 Stunden bei geringer Hitze kochen lassen. Dann die Lunge herausnehmen, etwas pressen, damit die Flüssigkeit herausgeht, und in feine Streifen schneiden. Das Fett erhitzen, das Mehl zugeben, unter Rühren hellbraun rösten, langsam mit etwa ¼ l der durchgesiebten Kochbrühe ablöschen und etwa 10 Minuten bei geringer Hitze kochen lassen. Ab und zu umrühren. Nun die Lungenstreifen zufügen, erhitzen und mit Rotwein und auch Selleriesalz würzig abschmecken.

Dazu gibt es breite Nudeln und Ackersalat.

Kalbskopf in saurer Soße

½ gebrühter, vorbereiteter Kalbskopf, Suppengrün, Salz, Pfeffer, Lorbeerblatt, ⅛ l Weinessig, Rotwein, 40 g Fett, 40 g Mehl, Kochbrühe, Perlzwiebeln, Kapern, Essig, Zitronensaft

Den halben vorbereiteten Kalbskopf wässern und mit den zerkleinerten Kopfknochen, Suppengrün, Salz, Pfeffer, Lorbeerblatt und Essig in 1 ½ Stunden weichkochen. Abschäumen. Den Kopf aus der Brühe nehmen, die Zunge herauslösen und den Kopf einige Stunden zwischen 2 nassen Brettern pressen und beschweren. Darauf in schräge Stücke schneiden und diese in etwas Rotwein marinieren. Aus Fett, Mehl und Kochbrühe eine dunkle Soße kochen, einige Perlzwiebelchen und Kapern dazugeben und die Fleischstücke sowie die enthäutete und in kleinere Stücke geschnittene Zunge in der Soße erwärmen und anrichten. Mit etwas Essig oder Zitronensaft abschmecken. Dazu gibt es Kartoffelsalat.

Saure Zipfel im Zwiebelsud

⅛ l Weinessig, 1–2 in Scheiben geschnittene Zwiebeln, 8 kleine Bratwürstchen, ¾ l Fleischbrühe

Den Essig über die Zwiebelscheiben gießen und zugedeckt etwa 1 Stunde durchziehen lassen. Dann die Bratwürstchen für etwa 10 Minuten in kochendheißes Wasser legen. Die Fleischbrühe erhitzen, die Würstchen darin anrichten und die gesäuerten Zwiebelscheiben dazugeben. In Suppentellern anrichten und Schwarzbrot dazu reichen.

Saure Eier

1½ l Wasser, 1 Eßl. Salz, 1–2 Eßl. Essig, 4–6 Eier, 40 g Fett, 1 kleingehackte Zwiebel, 50 g Mehl, ½ l Brühe, Salz, Pfeffer, 1 Prise Zucker, 1 Eßl. Tomatenketchup oder Tomatenmark

Das Wasser mit Salz und Essig zum Kochen bringen. Die Eier aufschlagen und vorsichtig in das Wasser gleiten lassen. Am besten gelingt es, wenn man die Eier einzeln in einer Schöpfkelle aufschlägt und von dieser dann in das Wasser gibt. Die Eier bei schwacher Hitze dann 4–6 Minuten, je nachdem, wie weich oder hart sie werden sollen, kochen lassen, mit einem Sieblöffel herausnehmen und in eine Schüssel geben. Für die Soße das Fett erhitzen, die Zwiebelstückchen und das Mehl dazugeben, braun rösten, unter Rühren mit der Brühe ablöschen und etwa 10 Minuten kochen lassen. Die Soße mit Salz, Pfeffer, Zucker und Tomatenketchup oder Tomatenmark abschmecken und über die Eier gießen.
Dazu gibt es Brat- oder Salzkartoffeln oder Gemüse.

Fischgerichte, die der Schwabe schätzt

In den Flüssen und Seen des Schwabenlandes tummeln sich u. a. Aale, Hechte, Karpfen (Schleien und Barben), die wohlbekannten Felchen und als einer der begehrtesten und beliebtesten Süßwasserfische, die edle Forelle. Sie ist wegen ihres zarten, wohlschmeckenden, leicht verdaulichen Fleisches ein Leckerbissen der schwäbischen Küche.
Hechte und Lachsforellen findet man hauptsächlich in der Donau, andere Forellenarten, soweit sie nicht gezüchtet werden, sieht man quicklebendig in den klaren Flüssen des Schwarzwaldes und des Hohenloher Landes sowie in den Bächen des Schwäbischen Waldes. Der Bodensee zum Beispiel ist bekannt für seine Felchen, die Trüsche, und ab und zu entdeckt man dort den Zander und den Weller (Wels), der sonst auch im Federsee herumschwimmt.
Bevorzugt werden die Fische »blau« (im Sud gegart) oder gebraten gegessen. Meeresfische werden gerne paniert und gebraten gereicht. Es gibt jedoch auch andere leckere Zubereitungsarten, wie die Rezepte zeigen.

Kabeljau in Pfeffersoße mit Apfel-Meerrettichsahne

1 kg Kabeljau, Zitronensaft, Salz, Pfeffer, 2 Eßl. Öl, 1 in Scheiben geschnittene Zwiebel, 1 Beutel helle Soße, ¼ l Wasser, einige grüne Pfefferkörner, 1 Eßl. kleingehackter Dill, Apfel-Meerrettichsahne: ⅛ l geschlagene Sahne, 1–2 Teel. Meerrettich, ½ geriebener Apfel

Den vorbereiteten Fisch oder die Fischstücke mit Zitronensaft beträufeln, 15 Minuten auf die Seite stellen und dann mit Salz und Pfeffer einreiben. Den Römertopf wässern, das Öl und dann den Fisch dazugeben, Zwiebelscheiben darauf verteilen und zugedeckt im nicht vorgeheizten Backofen garen. Die Garzeit beträgt bei 220° etwa 45 Minuten. Nach Anweisung eine helle Soße zubereiten, Pfefferkörner mitkochen lassen, zuletzt über den Fisch gießen und diesen mit Dill bestreut in der Form anrichten.
Die Zutaten für die Apfel-Meerrettichsahne vermischen, abschmecken und die Sahne gesondert zum Fisch reichen.
Dazu gibt es Salzkartoffeln.

Schellfisch in Sardellensoße

750 g Schellfisch-, Seelachs- oder Kabeljaufilet, Zitronensaft, Salz, Pfeffer, 1 kleingehackte Zwiebel, 2 Eßl. feingewiegte Petersilie, 50 g Butter oder Margarine, ⅛ l saurer Rahm, ⅛ l herber Weißwein, 2 gewiegte Sardellenfilets

Die Fischfiletstücke waschen, mit Zitronensaft säuern, dann salzen und pfeffern und etwas durchziehen lassen. Zwiebelstückchen und Petersilie in der heißen Butter oder Margarine glasig dünsten. Fischfiletstücke dazugeben, kurz auf beiden Seiten anbraten, Rahm und Weißwein zugießen und in etwa 10 Minuten bei geringer Hitze garen. Feingewiegte Sardellenfilets in die Soße geben und die Filetstücke in der würzig abgeschmeckten und nicht durchgesiebten Soße anrichten.
Dazu gibt es Kartoffel-Kroketten aus dem Beutel, Reis oder Kartoffelsalat.

Fischfilet in Pfannkuchenteig

4 Seefischfilets, Salz, Essig oder Zitronensaft, 125 g Mehl, 2 Eier, Milch, Backfett. – Marinierte, rote Paprikastückchen aus dem Glas

Die Fischfilets säubern, salzen und säuern. Aus Mehl, Eier, etwas Milch und Salz einen dicken Pfannkuchenteig rühren. Die Fischstücke in den Teig tauchen und in heißem Fett auf beiden Seiten backen. Mit Paprikastückchen garnieren.
Dazu gibt es Kartoffelsalat und Remouladensoße in der Tube.

Bachforelle blau

4 vorbereitete Forellen, Salz, etwa ¼ l Weinessig, 1 Zwiebel, 2 Lorbeerblätter, Petersilienwurzel, 1 gelbe Rübe. – Petersilie, Zitronenscheiben

Die Forellen gut waschen, innen salzen und mit dem heißen Weinessig übergießen. Die zerteilte Zwiebel mit den Lorbeerblättern, Petersilienwurzel und vorbereiteten gelben Rübe in reichlich Wasser zum Kochen bringen, die Forellen einlegen und bei geringer Hitze garen. Die Garzeit beträgt etwa 10 Minuten. Die Forellen auf einer vorgewärmten Platte mit Petersilie und Zitronenscheiben garniert anrichten. Dazu gibt es Salzkartoffeln, braune Butter oder eine Holländische Soße.

Gefüllte Schwarzwaldforelle

4 Forellen, Zitronensaft, Salz, 16 gegarte Stangenspargel, Fett, Weißwein, 30 g Mehl, 2 Eigelbe, 50 g Butter, 2 Eßl. dicker, süßer Rahm

Die ausgenommenen Forellen entgräten (filieren), dann mit Zitronensaft beträufeln und wenig salzen. Je 2 Spargel in ein Forellenfilet einwickeln und mit Holzstäbchen zusammenhalten. In eine gefettete Pfanne legen, so viel Weißwein zugießen, daß sie bedeckt sind, und bei geringer Hitze zugedeckt etwa 10 Minuten dünsten. Die gefüllten Röllchen herausnehmen und warmhalten. Mehl unter Rühren zu dem Fond geben, etwas durchkochen lassen und dann die Eigelbe und Butter dazugeben. Die Holländische Soße, wenn nötig, durchsieben, evtl. mit Zitronensaft abschmecken, mit dem Rahm verfeinern und gesondert zu den Forellenröllchen reichen oder diese in der Soße anrichten.
Dazu gibt es neue Kartoffeln.

Lachsforelle à la Kleber Post

4 Donaulachsforellen, Zitronensaft, Salz, Pfeffer, 50 g Butter, einige kleingeschnittene Perlzwiebelchen, Petersilienwurzel, Sekt, Mehlbutter (30 g Mehl, 20 g Butter), 4–6 Eßl. süßer Rahm

Die Forellen in Filets teilen, mit Zitronensaft marinieren und wenig salzen und pfeffern. Durchziehen lassen. Butter, Zwiebelchen und gewaschene und getrocknete Petersilienwurzel erhitzen, Forellenfilets dazugeben und so viel Sekt dazugießen, daß sie knapp bedeckt sind. Dann in 10 Minuten garziehen lassen. Filets herausnehmen und mit Mehlbutter (Mehl mit Butter zu einer Kugel formen) binden. Zuletzt die Soße noch mit Rahm verfeinern und sanft abschmecken.
Die Filets in der Soße anrichten.
Dazu gibt es trockenen Reis oder neue, leicht knusprig gebratene Kartöffelchen.

Forellen nach Tante Helma

4 Forellen, Zitronensaft oder Essig, 4 gelbe Rüben, 1 Bund feingewiegte Petersilie, Salz, 3–4 Tomaten aus der Dose, 4 Eßl. geriebenen Käse, 3/8 l süßer Rahm

Die ausgenommenen Forellen gut waschen, leicht abtrocknen, mit Zitronensaft oder Essig beträufeln und in eine gefettete Auflaufform legen. Die vorbereiteten, geriebenen gelben Rüben mit der Petersilie, etwas Salz und den vorbereiteten, zerdrückten Tomaten darübergeben. Den mit Käse vermischten Rahm dazufügen und die Forellen im vorgeheizten Backofen bei Mittelhitze, 180°, etwa 20 Minuten garen. Genauso können auch Felchen verwendet und zubereitet werden.

Bodenseefelchen »Müllerin Art«

4 Felchen, Zitronensaft, Salz, Pfeffer, Mehl, 50 g Butter oder Margarine. – Petersilie, Zitronenachtel

Die ausgenommenen Felchen gut waschen, dann mit Zitronensaft beträufeln, etwas salzen und pfeffern, in Mehl wenden und in der heißen Butter oder Margarine auf beiden Seiten je 6 Minuten braten. Auf einer vorgewärmten Platte mit Petersilie und Zitronenachtel garniert anrichten.

Dazu Salzkartoffeln und braune Butter. Auf dieselbe Art und Weise werden auch Forellen gebraten.

Felchen im Mandelkleid

4 Bodenseefelchen, Zitronensaft, Salz, Pfeffer, 40 g Butter, 2 Eßl. Mandelblättchen. – Petersilie, Zitronenscheiben

Die vorbereiteten, gut gewaschenen Felchen vorsichtig mit Küchenkrepp abtrocknen, mit Zitronensaft beträufeln und leicht salzen und pfeffern. In der heißen Butter beidseitig etwa 10 Minuten braten. Erst während der letzten 3 Minuten die Mandelblättchen dazugeben und leicht Farbe annehmen lassen.

Mandelblättchen auf den Felchen anrichten und diese noch mit Petersilie und Zitronenscheiben garnieren.

Dazu gibt es Salzkartoffeln. Genauso kann auch die Forelle zubereitet werden.

Weller (Wels) gratiniert

Etwa 1000 g Weller, Salz, Pfeffer, 50 g Fett, Suppengrün, 1 in Scheiben geschnittene Zwiebel, 1 Eßl. kleingehackter Kerbel, ⅛ l saurer Rahm, evtl. etwas Weißwein oder Würfelbrühe

Weller schuppen, waschen, salzen und pfeffern und mit Fettstückchen in eine flache Auflaufform legen. Das vorbereitete Suppengrün, die Zwiebelscheiben und den Kerbel dazugeben und im vorgeheizten Backofen unter Zugabe von Rahm bei Mittelhitze garen. Wenn notwendig, noch etwas Weißwein oder auch Würfelbrühe dazugießen.

Dazu gibt es neue Kartöffelchen, Holländische Soße oder Soße Béarnaise und Kopfsalat. Geriebener Käse sollte nicht fehlen, und jeder kann sich dann nach seinem Geschmack damit bedienen. Zum Trinken gibt es roten Bodenseewein.

Gebratener Aal in Salbei

4–6 mittelgroße Aalstücke, Salz, Pfeffer, 1–2 Eßl. Mehl, 30–40 g Fett (Margarine). – 15 frische Salbeiblättchen, einige Zitronenscheiben

Die Haut von den Aalstücken abziehen, das Rückgrat entfernen, die Stücke gut waschen, abtrocknen, mit Salz und Pfeffer einreiben und in Mehl wenden. In dem heißen Fett beidseitig anbraten und bei geringer Hitze in etwa 20 Minuten garen. Ganz zuletzt die gewaschenen, abgetropften Salbeiblättchen dazugeben und nur ganz leicht knusprig braten. Sie sollten ihre grüne Farbe noch etwas behalten. Die Blättchen und Zitronenscheiben auf den Aalstücken anrichten.

Dazu gibt es im Schwabenland Kartoffelsalat, den unentbehrlichen.

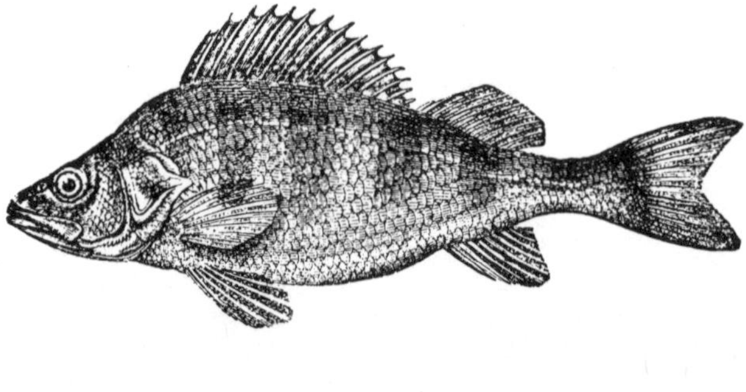

Badisches Hechtgericht

1 kg Hecht, Salz, 80 g Butter, 2 kleingehackte Zwiebeln, ³/₈–½ l saurer Rahm. – Feingewiegte Petersilie, Zitronenscheiben

Den Hecht gut waschen, in der Mitte teilen, die Gräten entfernen, gut abtrocknen und mit Salz einreiben. Die Butter in einer Kachel erhitzen, den Fisch dazugeben und die Zwiebelstückchen und den sauren Rahm darüber verteilen. Den Hecht im vorgeheizten Backofen in etwa 30–40 Minuten garen. Auf einer vorgewärmten Platte mit Petersilie bestreut und einigen Zitronenscheiben garniert anrichten.

Fischgulasch »Stroganoff«

750 g Fischfilet, 2 Eßl. Mehl, 1 kleingehackte Zwiebel, 30 g Margarine oder 2 Eßl. Öl, 1 gelbe Rübe, 2–3 geschälte Tomaten, etwas Würfelbrühe, 200 g Champignons, 2 Eßl. Rahm, Salz, Pfeffer

Die Fischstücke in Würfel schneiden, in Mehl wenden und in dem heißen Fett zusammen mit den Zwiebelstückchen anbraten. Dann herausnehmen. Zum Bratenfond die vorbereitete und kleingeschnittene gelbe Rübe und die vorbereiteten, zerkleinerten Tomaten geben, andünsten, wenig Mehl darüberstäuben, hell bräunen, mit etwas Würfelbrühe ablöschen und 10 Minuten kochen lassen. Die Soße nur, wenn notwendig, durchsieben, die Fischstücke sowie die vorbereiteten Champignons dazugeben und bei geringer Hitze garen, nicht länger als 6 Minuten, wenn die Stücke nicht zu groß sind. Zuletzt noch mit Rahm verfeinern und würzig abschmecken. Wer es ganz fein machen will, schmeckt mit Weinbrand ab.
Dazu gibt es Petersilienkartoffeln.
Dieses Gericht kann auch mit Karpfen zubereitet werden.

Eingelegte Heringe

8 Heringfilets, 2 Zwiebeln, 1–2 Becher saurer Rahm

Die gut gewaschenen und gewässerten Heringsfilets auf eine Platte legen. Die geschälten Zwiebeln in Scheiben schneiden und darübergeben. Den Rahm verquirlen, darüber verteilen und durchziehen lassen. Dazu gibt es Kartoffeln in der Schale.

Zur Abwechslung können auch einmal Apfelstückchen über die Heringe gegeben werden. Diese geben dem Gericht einen süßsauren Charakter.

Bücklinge gebraten mit Ei

2 Bücklinge, 40 g Margarine, 4 Eier, 8 Eßl. Wasser, 2 Eßl. kleingeschnittener Schnittlauch oder Petersilie, 1 Teel. Tomatenketchup, Salz, Pfeffer

Die Haut von den Bücklingen abziehen, das Fleisch von den Gräten lösen und in nicht zu kleine Stückchen schneiden. Diese in der heißen Margarine kurz anbraten. Eier mit Wasser verquirlen, Schnittlauch oder Petersilie untermischen, Tomatenketchup und ebenso etwas Salz und Pfeffer darüber verteilen und stocken lassen.

Dazu gibt es Bratkartoffeln.

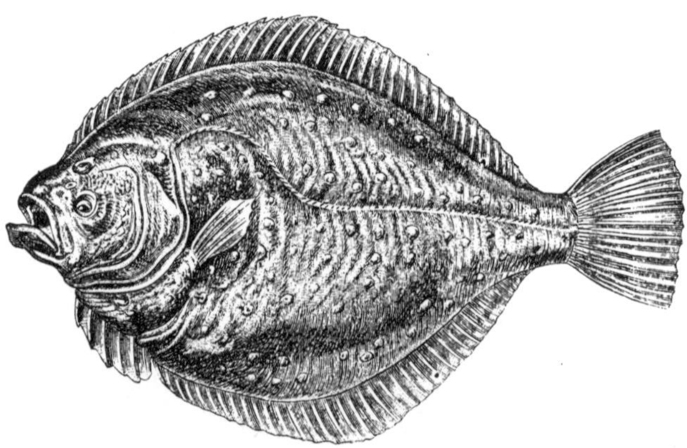

Soßen

Buttersoße mit Variationen
(Grundrezept)

40 g Butter oder Margarine, 30 g Mehl, ¼ l Würfelbrühe, ¼ l Milch, Salz, Muskat, 1 Eigelb

Die Butter oder Margarine erhitzen, Mehl dazugeben, unter Rühren hell anschwitzen, Würfelbrühe und Milch nach und nach zufügen und die Soße etwa 10 Minuten bei geringer Hitze kochen lassen. Dann würzig abschmecken und mit einem Eigelb verfeinern.
Variationen: Unter diese Soße können je nach Belieben noch kleingehackte Petersilie oder Schnittlauch, hell geröstete Zwiebelstückchen, 75 g Wurst- oder Schinkenwürfel, 2–3 Eßl. Tomatenmark, 100 g geriebener Käse oder 150 g Champignons gemischt werden.

Braune Soße, Soße Espagnol mit Variationen
(Grundrezept)

40 g Fett, 1 kleingehackte Zwiebel, 40 g Mehl, ½ l Würfelbrühe oder Instant, Salz, Pfeffer

Das Fett erhitzen, Zwiebelstückchen anrösten, Mehl dazugeben und braun rösten. Dabei ist das Rühren wichtig. Mit der kalten Brühe unter Rühren auffüllen und die Soße bei geringer Hitze etwa 20 Minuten kochen lassen. Pikant würzen.
Variationen: In der Soße grüne Pfefferkörner mitkochen lassen, oder unter die Soße kleingehackte Mixed Pickles, Pfeffergürkchen, gedünstete Champignons oder Speckwürfelchen mischen und süßsauer abschmecken.

Curry–Soße

1 feingehackte Zwiebel, ½ Teel. Curry, 20 g Fett, ¼ l Wasser oder Weißwein, Currysoße, Salz, 1 Prise Zucker

Zwiebelstückchen mit Curry in dem heißen Fett anbraten. Wasser oder Weißwein zugießen, Currysoße nach Anweisung darin zubereiten und mit Salz und Zucker würzig abschmecken.

Holländische Soße mit Variationen

40 g Butter, 30 g Mehl, 1/4 l Fleischbrühe, 2 Eigelbe, Salz, Pfeffer, Zitronensaft, 2 Eßl. Rahm

Die Butter in kleine Stückchen teilen und in kaltes Wasser legen. Das Mehl mit der kalten Fleischbrühe anrühren. Eigelbe verquirlen, dazugeben und die Soße im heißen Wasserbad, bis sie kocht, mit dem Schneebesen oder elektrischen Handrührgerät schlagen. Dann erst die Butterstückchen dazugeben, die Soße würzig abschmecken und mit Rahm ganz zuletzt verfeinern.

1/8 l steifgeschlagene Sahne oder Weinbrand geben der Soße eine aparte Note.

Schwäbische Rahmsoße

1 kleingehackte Zwiebel, 40 g Butter oder Margarine, 30 g Mehl, 1/4 l Würfelbrühe, 1/8–1/4 l Rahm, Salz, Pfeffer

Die Zwiebelstückchen in dem heißen Fett hell dünsten, Mehl darübergeben und hell anrösten. Unter Rühren mit der Würfelbrühe ablöschen und etwa 5 Minuten bei geringer Hitze kochen lassen. Wenn notwendig, durchsieben. Rahm darunterrühren und die Soße würzig abschmecken.

Ohne diese Soße gibt es kein Rahmschnitzel. Außerdem wird sie sehr gern zu Braten und Gemüse gereicht.

Senfsoße

40 g Butter oder Margarine, 30 g Mehl, 1 kleingehackte Zwiebel, 1/2 l Würfelbrühe oder Weißwein, 1 Lorbeerblatt, 1–2 Eßl. Senf, 1 Prise Zucker, Essig

Das Fett erhitzen, Mehl und Zwiebelstückchen dazugeben, hell rösten und unter Rühren mit der Würfelbrühe oder Weißwein ablöschen. Lorbeerblatt dazugeben und etwa 10 Minuten kochen lassen. Lorbeerblatt dann entfernen und die Soße mit Senf, Zucker und Essig abschmecken. Wird nur Weißwein zum Ablöschen genommen, muß die Soße noch mit etwas Salz gewürzt werden.

In dieser Soße werden gerne Königsberger Klopse angerichtet. Sie paßt aber auch zu gekochtem Rindfleisch, zu Fischgerichten oder zu hartgekochten Eiern.

Meerrettichsoße

40 g Fett, 30 g Mehl, ½ l Würfelbrühe oder Instant, 1 Prise Zucker, Zitronenpfeffer (gibt es zu kaufen), 1–2 Eßl. Meerrettich aus dem Glas oder 1 Stange frisch geriebener Meerrettich, 5 Eßl. süßer Rahm oder Dosenmilch

Das Fett erhitzen, Mehl hell anschwitzen, unter Rühren mit der Würfelbrühe ablöschen und 10 Minuten bei geringer Hitze kochen lassen. Die Soße mit Zucker, Zitronenpfeffer und Meerrettich würzig abschmecken und zuletzt, wenn man will, mit Rahm oder Dosenmilch noch verfeinern. Die Soße darf dann nicht mehr kochen.

Schnelle Tomatensoße mit Variationen

1 Eßl. Öl oder 30 g Margarine, 1 kleingehackte Zwiebel, 4 geschälte Tomaten aus der Dose, Salz, Pfeffer, ⅜ l Wasser, 2 Eßl. Tomatenmark, 1 Eßl. kleingeschnittener Schnittlauch, 1 Prise Zucker

In das heiße Fett die Zwiebelstückchen geben und andünsten. Dann die mit einer Gabel zerdrückten Tomaten, Salz, Pfeffer, Wasser und Tomatenmark dazugeben, alles gut verrühren und bei geringer Hitze etwa 15 Minuten kochen lassen. Nach Belieben die Soße durchsieben und Schnittlauch sowie 1 Prise Zucker zufügen. Abschmecken.
Die Soße kann mit saurer Sahne oder Joghurt (2–3 Eßl.) leicht verändert oder zu einer Zigeunersoße umfunktioniert werden, wenn man noch 6 gewässerte, kleingehackte Sardellenfilets und 5 Eßlöffel Mayonnaise zufügt. Die Zigeunersoße wird dann kalt zu Kurzgebratenem gegessen.

Pfeffersoße

1 kleingehackte Zwiebel, 10 grüne, eingelegte Pfefferkörner, 40 g Fett, ¼ l Wasser, 3 Eßl. Soßenpaste zum Braten aus der Tube

Die Zwiebelstückchen mit den Pfefferkörnern in dem heißen Fett glasig dünsten. Wasser zugießen, zum Kochen bringen und die Soßenpaste einrühren.
Eine problemlose Soße, die auch zur Hälfte mit süßem Rahm und Wasser zubereitet werden kann. Pfefferkörner dann weglassen und die Soße mit 1–2 Eßlöffel Johannisbeergelee verfeinern.

Kalte Soßen

Mayonnaise
Grundrezept

1 Eigelb, Salz, Pfeffer, Senf, ⅛ l gutes Öl, 1 Eßl. Kräuter-, Weinessig oder Zitronensaft, 1 Prise Zucker

Das Eigelb mit Salz, Pfeffer und etwas Senf verrühren, dann das Öl unter ständigem Rühren tropfenweise dazugeben. Wenn die Eimasse beginnt dick zu werden, kann etwas mehr Öl dazugegeben werden. Zuletzt die Mayonnaise mit Wein-, Kräuteressig oder Zitronensaft sowie Zucker abschmecken.
Die Mayonnaise verliert an Volumen, wenn ihr noch 125 g cremig gerührter Quark oder 2–3 Eßlöffel Joghurt daruntergemischt wird.

Remouladen-Soße

8 Eßl. Salat-Mayonnaise, 2 Teel. Senf, 2 gehackte Gewürzgurken, 1–2 Eßl. kleingehackte Kräuter (Petersilie, Schnittlauch, Dill), Salz, Pfeffer

Unter die Mayonnaise der Reihe nach die Zutaten rühren und ganz zuletzt mit Salz und Pfeffer würzig abschmecken. Wer's pfiffig mag, würzt noch mit Weinessig.

Süße Soßen

Rosinensoße

30–50 g Rosinen, 1 Beutel helle Soße, ¼ l Weißwein, 10 g Butter, 1 Teel.–1 Eßl. Zucker

Die Rosinen gut waschen, besser noch kurz in Wasser aufkochen und auf einem Sieb abtropfen lassen. Die helle Soße nach Anweisung mit dem Weißwein zubereiten, mit der Butter verfeinern und die Rosinen dazugeben. Die Soße zuletzt noch mit Zucker ganz nach Geschmack, wenig oder viel, abschmecken.

Hägenmark-Soße (Hagebutten-Soße)

3 Eßl. Mondamin, ½ l Weißwein, 6 Eßl. Hägenmark (Hägenmark gibt es im Glas zu kaufen), 2 Eßl. Zucker, 1 Päckchen Vanillin-Zucker, Zitronensaft

Das Mondamin mit wenig Weißwein anrühren, Hägenmark und wenig Zucker, den man auch weglassen kann, dazugeben und dann den restlichen Weißwein zufügen. Die Soße unter Rühren einige Minuten kochen lassen, vom Herd nehmen, Vanillinzucker unterrühren, mit Zitronensaft würzig abschmecken und warm über Eis anrichten oder kalt zu Vanillepudding, Grießflammeri oder Brotpudding reichen. Schmeckt sehr gut.

Chaudeausoße

3 Eier, 60–80 g Zucker, 1 gehäufter Teel. Mondamin, ½ l Weißwein

Die ganzen Eier mit dem Zucker und Mondamin verrühren, Weißwein zugießen und bei geringer Hitze bis kurz vor dem Kochen schlagen. Dann anrichten und sofort verbrauchen oder unter weiterem Schlagen in einer Schüssel abkühlen lassen.

Schwäbische Spezialitäten

Von Spätzle, Knöpfle, Gaisburger Marsch, Maultaschen usw. und Kulturhistorisches

Spätzle mit Variationen

Hier wird den Spätzle die Reverenz erwiesen, die sie als die kraftspendende Leib- und Magenspeise der Schwaben (Alemannen) wirklich aufrichtig verdienen. Da sie das Hauptgericht sind, haben sie im Schwabenlande dieselbe Bedeutung wie anderswo die Kartoffeln. Allerdings sind sie kein Naturgewächs. Die klassischen Spätzle werden in echter Handarbeit von der Hausfrau selbst hergestellt.
Eine Spätzlesmahlzeit kennt so viele Variationen, daß sie nie eintönig wird und man nie genug davon bekommt. Entweder schwimmen die Spätzle als Suppeneinlage in der Brühe oder sie sind in einem Eintopfgericht, dem »Gaisburger Marsch«, enthalten. Sie werden gerne als Beilage zu allen Sorten von Fleisch, zu Linsen und zu Sauerkraut gereicht. Man serviert sie »geröschtet« zu Salat, am liebsten zum gemischten Salat (Kartoffelsalat mit Gurken oder mit Ackersalat vermischt). Spätzle gibt es in der Milch süß, dann sind es die »Milchspatzen« oder es gibt sie in einer sauren Soße als »Saure Spätzle«.
Bei einem Festessen im Allgäu dürfen die »Käse-Spatzen« nicht fehlen, die sich den Ausspruch »je fetter, desto kräftiger« verdient haben. Und bei einem Hochzeitsessen auf dem Land stehen heute noch immer als erstes die Spätzle auf dem Tisch.
Sebastian Blau, gebürtig in Rottenburg a. N., schreibt in seinem Büchlein »Schwäbisch«, 1936, folgendes:
»Die ›Spätzle‹ sind das Fundament unserer Küche, der Ruhm unseres Landes, die Pièce de résistance des Schwabenspotts, das A und O der schwäbischen Speisekarte, der Prüfstein für die hausfräuliche Ehrbarkeit der Schwäbinnen und den Auslandsschwaben eine handfeste Stütze ihres Heimatgefühls . . . Spätzle mache' ist eine uns angeborene Kunst, dem Fremden fast so wenig erlernbar wie unsere Sprache.«
Ist das nicht eine großartige Laudatio auf die Spätzle? Und denkt nicht jeder, wenn hier im Lande oder fern der Heimat von der schwäbischen Küche die Rede ist, zuerst an die wohlschmeckenden, selbstverständlich handgeschabten, klassischen Spätzle aus Mehl,

mehr oder weniger Eiern, Salz und Wasser? Sind das nicht die Grundnahrungsmittel, die es im Lande in mageren und fetten Jahren immer gab?

Spätzle gibt es überall, wo Schwaben beheimatet sind, also nicht nur in Württemberg, sondern auch bei den Bayern im Allgäu und bis Augsburg, am Oberrhein, bis in die deutsche Schweiz hinein, im Elsaß und auch im Vorarlberg. Bekannt sind sie weit darüber hinaus.

Wann die Spätzle, die manchmal auch Knöpfle heißen, geboren wurden, und wer sie erfunden hat, ist nicht bekannt. Wahrscheinlich sind sie schon sehr alt. So wird vermutet, daß der »Sachsenspiegel«, das älteste deutsche Rechtsbuch aus dem 13. Jahrhundert, in einer seiner Miniaturen den als Schwabenherzog angenommenen Mann mit einem »Spätzlesbrettle« darstellt. In diesem Zusammenhang ist ferner interessant, daß einer der in die volkstümliche Literatur eingegangenen »Sieben Schwaben« der Knöpfleschwab ist, der die Knöpfle zu kochen verstand. Man muß sich darunter eine Art Knödel vorstellen, die sicher nicht die heutigen Spätzle, aber vielleicht ihre Vorläufer waren.

Näheres hierüber und noch viel mehr über die Spätzle erzählt Karl Lerch in seinem Buch »Das Spätzle-Brevier«. Er gibt darin eingehend Auskunft über Dinge, die sonst wenig bekannt sind. In einem Kapitel »Hier Spätzle – dort Knöpfle« heißt es u. a.:

»Der Franke vermag den Spätzle nicht dieselben Wonnen abzugewinnen wie der Schwabe, für ihn existieren sie vielfach gar nicht. Im nordöstlichen Teil des fränkischen Gebietes von Schwaben heißen die Spätzle Knöpflich. – Selbst zwischen den Schwaben am oberen und denen am mittleren Neckar, zwischen denen vom Schwarzwald und denen, die südlich der Donau ins Himmelreich des Barock eingezogen sind, bestehen solche spürbaren Unterschiede. Unsere Spätzlewissenschaft kann davon ein Lied singen. Das Durcheinander beginnt fürchterlich zu werden, wenn man landauf landab in die Spätzleschüsseln guckt. Glücklicherweise bleibt der Spätzlesteig überall zumeist der gleiche, nur die äußere Gestalt der »Mehl-Speise« ändert sich und es ändert sich auch der Name. Das beginnt ganz harmlos damit, daß man an vielen Orten außer den länglichen Spätzle auch noch die kürzeren Knöpfle macht und jedes dieser lieblichen Küchenkinder beim richtigen Namen nennt. Aber dann geht es weiter: In einigen Gebieten – Hermann Fischer nennt in seinem »Schwäbischen Wörterbuch« Nürtingen, Rottenburg, Balingen, Oberndorf, Sigmaringen und Leutkirch – drückt man rechtschaffen den etwas fester geschlagenen Teig durchs großlöchrige Salatsieb oder läßt ihn durch den Knöpflehobel laufen und sagt zu diesen Knöpfle mir nichts dir nichts Spätzle (auch in Vorarlberg und Bayrisch-Schwaben). In anderen Gegenden wiederum schaben die Frauen den Teig vom Brett oder holen aus dem »Spätzler« Produkte von einem Meter Länge heraus, und dennoch rebelliert ihr Sprachgefühl nicht, derlei Bandwürmer Knöpfle zu nennen (auf der Baar bei Schwenningen und Trossingen, in den Dörfern um Tübingen und Rottenburg). – Über den Daumen gepeilt möchte ich die Feststellung wagen: Im Norden des Landes herrschen die Spätzle vor, im Süden die Knöpfle, wobei von Dorf zu Dorf die größten Überraschungen möglich sind.« So weit der Autor Karl Lerch.

Was also die Knöpfle anbetrifft, so sind sie trotz des gleichen Teiges nicht dasselbe wie Spätzle. Alfred Weitnauer schreibt in seinem Buch »Aus dem weiß-blauen Schwabenländle«:

»In der Zubereitung von Spätzle, Knöpfle, Flädle und Nudeln waren die Schwaben unbestrittene Meister . . . Knöpflesuppe, saure Spätzle und andere interessante Kombinationen von Mehl und heißem Wasser haben die Schwaben ersonnen.«

Zu all' dem kann man sagen, daß Knöpfle vielfach auf dem Lande gegessen wurden. Auf der Münsinger Alb waren die Wasserknöpfle beliebt. Der Teig dazu enthält kein Ei. Einer Oberamtsbeschreibung des früheren Oberamts Rottenburg a. N. zufolge, gab es die ganze Woche im Wechsel ungeschmälzte, geschmälzte oder »brägelte« (geröstete) Knöpfle oder Schupfnudeln (Buebaspitzle oder Bauraseckele) und Gemüse oder Salat dazu. Dampfnudeln mit Milch bzw. Kaffee haben die Folge unterbrochen. Hier muß man der Allgäuer Redensart zustimmen:

»Solang es Kraut und Knöpfle geit
solang verderbet d'Schwobe nit!«

In der Stadt waren anstelle der Knöpfle mehr die Spatzen bekannt. Dennoch heißt es auf der Alb: »Einen Tag gibt's Kraut und Spatzen, den anderen Spatzen mit Kraut.« Überall spätzelt es.

Über die Knöpfle sind viele Redensarten entstanden. In Riedlingen heißt es:

»Knöpfle, Kraut und Fleisch,
Wunderfitziger, jetzt woisch.«

In Oberndorf sagt man

»Wie's Mehl, so werdet die Knöpfle.«

In Gmünd, Balingen und Ehingen kann man hören:

»Du mußt no meh Knöpfle esse«,

womit man zu verstehen gibt, daß man erst dann ein Kerl ist.
Es gibt viele Hilfsmittel, mit denen die Spätzle gemacht werden können: Spätzlesmühle, Spätzle-Schwob, Spätzle-Maschine und Spatzenhobel. Auch gibt es schon lange die fabrikmäßig vorgefertigten, abgefüllten Spätzle zu kaufen. Doch die handgemachten, die vom Brettle kunstfertig ins kochende Salzwasser geschabten, sind die besten. Schade, daß heutzutage sehr oft so manches Schwabenmädle, ob vom Lande oder der Stadt, keine Spätzle mehr ohne maschinelle Hilfe machen will oder kann. Sicher ist dies bequemer, doch Spätzle sind nicht gleich Spätzle.
Ein geflügeltes Wort im Schwäbischen lautet:

»Spätzle machen gescheit.«

Da man dies leider nicht wortwörtlich nehmen kann, bleibt es jedem selbst überlassen, eine geeignete Auslegung zu finden. So viel ist sicher, eine gute, habhafte Speise, wie die Spätzle es sind, ist allemal eine Stärkung für Leib, Seele und Geist. Jetzt können – im übertragenen Sinn – Hürden genommen werden, die vorher unüberwindlich schienen.

Spätzlesrezept für rei'gschmeckte Fei'schmecker

En e Schüssel kommt e Pföndle
Woize'meahl, des hot sich glei.
Oier drüber zwoi bis drei,
Wasser ond au Salz e Quentle,
s ganze schleet mr noh wia domm
solang en dr Schüssel rom,
bis mr s Toigle schliaßle glatt hot
ond dia Ärbet ghörig satt hot.
Ond wenn s noh noh Blose' geit,
liabe Leut, noh isch so weit.

Mittlerweil kocht s Wasser schao',
(gsalze' muaß mr s vorher hao'!)
Jetzt kommt s Spatze'brittle dra',
Toig druf, ond noh schabt mr monter
(des will glernt sei', bis mr s ka'!)
ällen Toig ens Wasser nonter.
So, ond jetzt guckt mr en Ruah
deare' Gschicht e Weile zua.
Send e paar Minütle' rom,
ruaft mr dreimol: Spätzle, komm!

Ond schao' schwemmet älle dia
Spätzle' obe' en dr Brüah.
Ufpaßt jetzt ond net lang bsonne'!
Rausgfischt älle, noh isch gwonne'.
Ond damit s koin wüaste' Papp geit,
wurd des ganze Wasser abgseiht.

So, ond will mr jetzet noh,
we-mr s ka', was übrigs do',
schmelzt mr halt dia Spätzle' gschwend,
weil se so am beste' send. –
Wia mr s ißt? – I glaub, des brauch
i uich net uf d Nas nufbende':
D Spätzle' went noh en de Bauch
schao' alloinigst nonterfende'!

Heinz-Eugen Schramm

Spätzle – wie's Herz begehrt

Spätzle schwäbische Leibspeise (Grundrezept)

500 g Mehl, 4 Eier, 1–2 Teel. Salz, ¼ l Wasser, Salzwasser, ½ Teel. Sonnenblumenöl

Das Mehl, Eier und Salz in eine Schüssel geben, nach und nach unter Rühren Wasser zugießen und den Teig so lange schlagen (mit Rührlöffel oder Knethaken der Küchenmaschine), bis es Blasen gibt, nicht an den Fingern, sondern im Teig. Reichlich Salzwasser, dem einige Tropfen Öl zugegeben werden, damit die Spätzle nicht kleben, zum Kochen bringen. Einen Teil des Teiges auf ein kleineres nasses Brett geben und mit einem ebenfalls nassen Messer oder Spatzenschaber möglichst dünne, lange Spatzen mehr oder weniger schnell in das kochende Salzwasser schaben. Dabei müssen Brett und Messer oder Schaber immer wieder kurz in das kochende Salzwasser getaucht werden. Sobald dann die Spätzle hochkommen (bitte, nicht so lange schwimmen lassen, sie werden sonst klebrig), mit einem Spatzenlöffel herausnehmen, kurz in kaltem Wasser schwenken und auf einer erwärmten Platte anrichten.

Damit sie besonders schön werden, empfiehlt es sich, die Spätzle, bis die letzten fertig sind, in lauwarmes Wasser zu geben. Auf der Platte werden sie zu schnell kalt. Zusammengeklebte, kalte Spätzle sind kein Gaumenschmaus.

Geröstetes Weckmehl, Zwiebelstückchen oder Speckwürfelchen darüber anrichten. Dazu einen Rostbraten und Kartoffelsalat, und das Sonntagsessen ist fertig.

Spätzle mit geriebenen Kartoffeln

500 g Mehl, 4 Eier, 1–2 Eßl. Salz, etwa ¼ l Wasser, 3–4 kleinere, kalte, gekochte Kartoffeln

Den Spätzlesteig, wie im Grundrezept beschrieben, herstellen und zuletzt die geschälten, geriebenen Kartoffeln daruntermischen. Spätzle in das kochende Salzwasser schaben und, sobald sie fertig sind, geschmälzt oder ungeschmälzt zu Salat reichen.
Sollen sie geröstet werden, gibt man zwei, mit saurem Rahm verrührte Eier darüber.

Grüne Spätzle

400 g Mehl, ¼ l Wasser, 2 Eier, 250 g roher Spinat

Aus Mehl, Wasser, Eier und mit dem durch den Fleischwolf getriebenen Spinat einen Spätzlesteig herstellen. Die Spätzle vom Brett schaben oder durch den Spätzlesschwob in das kochende Salzwasser drücken.

Geschmälzte Spätzle

Frisch gekochte Spätzle, reichlich geröstete Zwiebelstückchen, geröstetes Weckmehl, Butter

Unter die warmen Spätzle die Zwiebeln und etwas braune Butter mischen. Obenauf das Weckmehl verteilen.

Brägelte Spätzle (geröstete Spätzle)

Frisch gekochte Spätzle, Schweineschmalz, 2 Eier, 5 Eßl. saurer Rahm (auch Milch), Salz

Das Schmalz erhitzen, Spätzle zufügen und unter Wenden schön knusprig braten. Eier mit Rahm oder Milch und Salz verquirlen, darübergießen und stocken lassen.
Dazu darf der gemischte Salat (Kartoffelsalat mit Gurkenscheiben) oder auch nur Kopfsalat nicht fehlen.

Feinschmeckerspätzle

500 g Geflügelleber, 50 g Butter, 1 Zwiebel, 2 Eßl. Mehl, frisch gekochte Spätzle (Grundrezept Seite 85)

Die Leber in kleine Würfel oder dünne Scheiben schneiden. Zwiebelstückchen in der heißen Butter hell rösten, Leber zugeben, Mehl darüberstäuben und einige Minuten gut durchziehen lassen. Unter die heißen Spätzle mischen.

Käsespatzen mit Zwiebelbutter, Allgäuer Nationalgericht

500 g Mehl, 4 Eier, 2 Teel. Salz, ¼ l Wasser, Salzwasser, Butterschmalz, 150 g geriebener Käse. – Mit Butter geröstete Zwiebelstückchen

Aus Mehl, Eier, Salz und Wasser, wie im Grundrezept beschrieben, einen zähen Teig herstellen und ihn in reichlich kochendes Salzwasser schaben oder durch den Spatzenhobel (Knöpflehobel) laufen lassen. Die Spatzen nach dem ersten Aufkochen mit einem Sieblöffel herausfischen und abgetropft lagenweise im Wechsel mit heißem Butterschmalz und geriebenem Käse auf einer Platte anrichten. Obenauf geröstete Zwiebelstückchen anbringen.

Die Käsespatzen müssen heiß auf den Tisch kommen. Schnelles Arbeiten ist notwendig. Die Speise verliert an Wohlgeschmack, wenn sie nur einen Moment steht. Es müssen also auch alle Mitessenden schon um den Tisch sitzen, wenn die Käsespatzen aufgetragen werden. Alle Anwesenden, so ist es Brauch, essen aus einer Schüssel.

Die Pfeffermühle darf auf dem Tisch nicht fehlen. Pfeffer gibt diesem Gericht den letzten Pfiff.

Löffelspatzen

500 g Sahnequark, 3–4 Eier, Salz, Mehl, geröstete Zwiebel- und Speckwürfelchen

Quark, Eier und Salz gut verrühren und so viel Mehl dazugeben, bis der Teig fest ist. Dann diesen kräftig schlagen, bis er Blasen wirft, genauso wie bei dem üblichen Spatzenteig. Mit einem Löffel kleinere Spätzle, knöpfleähnliche Gebilde, abstechen und in kochendem Salzwasser garen. Abgetropft auf einer vorgewärmten Platte mit Zwiebel- und Speckwürfelchen darüber anrichten.
Dazu gibt es Sauerkraut.

Saure Spätzle

40 g Butter, 1 kleingehackte Zwiebel, 30 g Mehl, Fleischbrühe oder Wasser, 1 Lorbeerblatt, 2 Nelken, ⅛ l saurer Rahm, Essig, frisch gekochte Spätzle

Zur Soße Butter erhitzen, die Zwiebelstückchen glasig dünsten, das Mehl zufügen und dunkel rösten. Mit Fleischbrühe ablöschen, Gewürze mitkochen und die Soße zuletzt mit Rahm und Essig abschmecken. Die sämige Soße über die Spätzle gießen, alles nochmals aufkochen und in einer Schüssel anrichten.
Dieses Gericht schmeckt auch gut, wenn man in der Soße ½–1 geschälte, in Scheiben geschnittene Salatgurke mitkocht. Es wird wie jeder Eintopf mit einem Löffel gegessen.

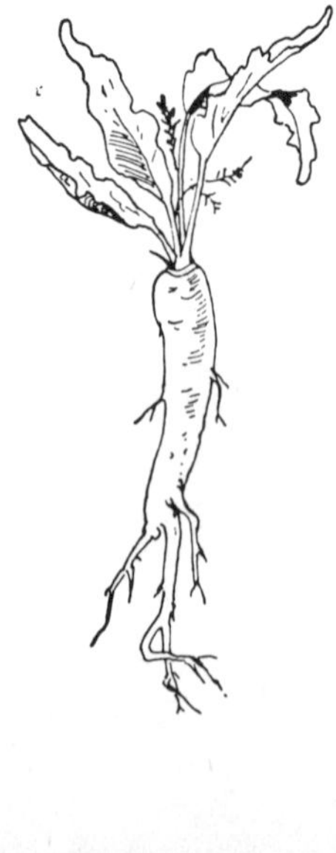

Knöpfle mit Variationen

Zu den Spezialitäten gehören auch die Knöpfle, die im Lande nicht immer ein und dasselbe sind. Hier ein Rezept aus einem alten, handgeschriebenen Kochbuch aus dem Jahre 1709:

Wecken-Knöpfle (auch gezopfte Knöpfle)

1 Doppelweck (2 alte Brötchen), Wasser, 125 g Butter, 3–5 Eier, Muskat, Salz, Schmalz zum Backen

Die Wecken in Wasser einweichen und gut ausdrücken. Die Butter erhitzen, die gezupften Brötchen dazugeben, dämpfen und Eier und Gewürze zufügen. Aus diesem Teig mit einem Löffel Knöpfle abstechen und in heißem Fett backen.
Diese Knöpfle kann man, anstatt sie zu backen, auch in der Fleischbrühe garen und als Suppe anrichten.

Aus einem ebenfalls sehr alten Kochbuch stammen die

Kartoffel-Knöpfle

125 g Butter, 6–8 kalte, geschälte und geriebene Kartoffeln, 3–4 Eier, 1 gehackte Zwiebel, ½ Bund feingewiegte Petersilie, Salz, Muskat, Schmalz zum Backen

Die Butter schaumig rühren, die geriebenen Kartoffeln, Eier, Zwiebelstückchen, Petersilie und Gewürze dazugeben und gut vermischen. Aus der Masse kleine Kugeln formen und in heißem Schmalz oder anderem Fett backen.

Mehlknöpfle

500 g Mehl, 6–8 Eier, etwa ⅛ l Wasser, Salz, Pfeffer, Muskat, gehackte Petersilie, Salzwasser, 2 Scheiben Weißbrot, Butter

Das Mehl mit Eiern, Wasser und Gewürzen vermischen und wie bei Spätzle einen festen Teig schlagen. Reichlich Salzwasser zum Kochen bringen. Etwa einen Schöpflöffel Teig in einen Knöpfleschieber geben (man kann auch ein großlöchriges Sieb verwenden), die Masse durchdrücken und in das Wasser tropfen lassen. Knöpfle hochkommen lassen, mit einem Sieblöffel herausnehmen, ganz kurz mit kaltem Wasser abschrecken und abgetropft auf eine Platte geben.

Das Weißbrot in kleine Würfel schneiden und in der heißen Butter hellbraun rösten. Die Knöpfle ebenfalls in Butter schwenken und die Weißbrotwürfel darüber anrichten.

Aalener Großknöpfe

⅜ l Milch, 200 g Grieß, 3 Brötchen vom Tage zuvor, 20 g Fett, 1 kleingehackte Zwiebel, 2 Eßl. feingewiegte Petersilie, 2 Eier, Salz, Muskat, Salzwasser. – Geröstete Speckwürfelchen

Die Milch zum Kochen bringen, über den Grieß gießen und 20–30 Minuten stehen lassen. Die Brötchen in kleine Würfelchen schneiden und in dem heißen Fett hell rösten. Mit den Zwiebelstückchen, der Petersilie, Eiern und Gewürzen unter den Grieß mischen. Mit nassen Händen große Klöße formen, in kochendes Salzwasser einlegen und langsam bei geringer Hitze etwa 30 Minuten kochen. Mit einem Sieblöffel herausnehmen und abgetropft mit gerösteten Speckwürfelchen darüber anrichten.

Dazu gibt es Schweinebraten und Salat.

Gaisburger Marsch

»Gaisburger Marsch«, so hoißt mr
en echte' Schwobe'schmaus.
E Schüssel vool, sell woißt mr,
dui battet ond geit aus.

Krommbiare'schnitz ond Spatze'
mit Zwiebel en dr Brüah!
Do zahl-e gern en Batze',
denn bschisse' bisch do nia!

En Ochse'floisch, e saftigs,
soll au net übel sei'.
Ha, de-st fei' ebes Schnaftigs
en hohle Mäge' nei'.

En Batze' ond en Heller,
dia gilts's, daß i mi trau!
Schao' noch-em fufte' Teller
schwitzt jeder wia-n-e Sau!

Heinz-Eugen Schramm

Gaisburger Marsch
mit Ochsenbrust, Kartoffelschnitz und Spätzle

500 g Ochsenbrust zum Sieden mit Knochen, Suppengrün, 1 Zwiebel, 2 l Wasser, Salz, 500 g Kartoffeln, Spätzle, Grundrezept Seite 85, geschmälztes Weckmehl oder geröstete Zwiebelstückchen und feingewiegte Petersilie oder Schnittlauch. – Worcestersoße

Das Fleisch und die Knochen gut waschen, das Suppengrün vorbereiten und die ungeschälte Zwiebel vierteln. Alles in reichlich kaltem Wasser zum Kochen bringen und bei geringer Hitze etwa 1½ Stunde garen.
Die Kartoffeln schälen, in größere Stücke schneiden und in der durchgesiebten Fleischbrühe 20–25 Minuten kochen. Das Fleisch klein schneiden, kurz darin erhitzen und die Fleischbrühe abschmecken. Die abgegossenen Kartoffeln mit den Spätzle im Wechsel in einer Suppenterrine anrichten, die heiße Fleischbrühe darübergießen und das Eintopfgericht nur mit geschmälztem Weckmehl oder gebräunten Zwiebelstückchen und Petersilie darüber, auch Schnittlauch schmeckt gut, auf den Tisch bringen. Jeder kann dann das Gericht nach seinem Gusto noch mit Worcestersoße würzen.
Es ist anzunehmen, daß dieses nahrhafte Gericht, bei dessen Verzehr man schwitzen muß, was Heinz-Eugen Schramm auch feststellte, nach einem Vorort von Stuttgart benannt wurde.

Maultasche'

Hackfloisch, Zwiebel, Peitschestecke,
Wassergwoichte Doppelwecke,
Peterleng, Spinat ond Brät,
Älles durch de Floischwolf dreht,
Oier drüber, Salz ond Pfeffer,
Geit e Toigle, geit en Treffer,
Grad für d'Nudelböde g'richt;
Ond schao kriagt dui Sach e Gsicht!
Drufgschmiart, zuadeckt, toilt ond gschnitte,
Net lang gfacklet maih ond 'ditte,
Nei en d'Brüah ond ufkocht gschwend! –
Selber schuld, wer's Maul verbrennt!

Heinz-Eugen Schramm

Ein echtes Spitzenerzeugnis der schwäbischen Küche sind die köstlichen Maultaschen.

»Nur in Württemberg beheimatet sind die Maultaschen, eine mühsame, aber gute Sache, von Hause aus das Gründonnerstagsessen: Hausgemachte Nudeln, die mit Spinat, mit allerhand Kräuterzutaten gefüllt, fest montiert und dann gesotten werden, vor dem Anrichten auch etwas geschmälzt.« Das sind Worte von Theodor Heuss aus »Deutsche Zukunft«.

Vornehme Leute sagen Mundbeutel. Und Thaddäus Troll schreibt in seinem Buch »Deutschland deine Schwaben«:

»In einem unliebenswürdigen Gewand verbirgt sich ein delikater Kern. Sie schmecken hehlinge gut. Köstlich ist die reiche Fülle aus Bratwurstbrät, Schinken, Fleisch, Speck, Spinat, Zwiebeln, Eiern, Petersilie, Muskat und Majoran. Jede Hausfrau hat dafür ihr Spezialrezept. Die Maultaschen schwimmen wie Wasserleichen in Fleischbrühe. Oder sie werden mit Eiern überzogen, im Ofen gebacken. Oder mit braunen Zwiebeln überschmälzt als blasse Wesen einem fahlen Kartoffelsalat beigelegt, der Zunge weit willkommener als dem Auge. Oder in Streifen geschnitten und in der Pfanne aufgebacken zu grünem Salat serviert. Oder sie dienen gar als augengräusliche Beilage zu Sauerkraut.«

Die Fülle der Maultaschen besteht im wesentlichen aus Hackfleisch,

Bratwurstbrät, durch den Wolf gedrehtem Rauchfleisch und gedünstetem Spinat.
Man kann die Maultaschen einzeln füllen, indem man jeweils auf einen rechteckigen Nudelteigfleck einen Löffel Masse gibt und das Teigstück zusammenlegt. Dabei darf man nicht vergessen, die Teigränder mit Eiweiß zu bestreichen. Nimmt man einen größeren Teigfladen, wird dieser ganz mit der Füllung bestrichen und zusammengerollt. Der obere Rand muß frei bleiben, denn auch er muß mit Eiweiß bestrichen werden, damit die Rolle zusammenhält. Diese wird nun in schräge Stücke geschnitten und abgekocht.

Maultaschen

Nudelteig: 375 g Mehl, 3 Eier, etwa 3 Eischalen Wasser, Salz, Eiweiß zum Bestreichen der Ränder. Fülle: 2 alte Brötchen, 2 Eier, je 2 Eßl. feingewiegte Zwiebelstückchen und Petersilie, Salz, Muskat, 100 g Hackfleisch, 100 g Bratwurstbrät, 100 g Rauchfleisch, 400 g tiefgekühlter Spinat. – Salzwasser

Aus Mehl, Eiern, lauwarmem Wasser und Salz einen glatten Teig kneten. Beim Durchschneiden sollte er kleine Bläschen zeigen. Teig etwa 30 Minuten beiseite stellen. Zur Fülle Brötchen einweichen, ausdrücken, zerzupfen und zusammen mit den Eiern, mit Zwiebel und Petersilie sowie Gewürzen zu dem Hackfleisch, Brät und kleingewürfelten Rauchfleisch geben. Spinat auftauen und etwas erkaltet unter die Fülle mischen. Nudelteig messerrückendick ausrollen und in etwa 10 cm große Quadrate aufschneiden. Die Ränder mit Eiweiß bestreichen. Die Fülle in kleinen Häufchen in die Mitte der Teigstücke setzen, diese zusammenklappen und die Ränder fest andrücken. Die Maultaschen nun in kochendes Salzwasser einlegen und in etwa 10 Minuten garen. Sie sind fertig, wenn sie an der Oberfläche schwimmen.
Die Maultaschen können in verschiedenen Varianten angerichtet werden
1) in Fleischbrühe mit in Butter geröstetem Weckmehl oder gerösteten Zwiebelstückchen,
2) nur mit reichlich gerösteten Zwiebelstückchen darüber zu Kartoffelsalat,
3) in Streifen geschnitten, mit verquirltem Ei überbacken zu Kopf- oder Endiviensalat.

Selbstgemachte Nudeln

Eine weitere Spezialität der schwäbischen Küche sind die selbstgemachten Nudeln. Wie es heißt, haben sie die Welt erobert. Wo immer schwäbische Hausfrauen mit ihren Familien ausgewandert sind und in einem fremden Land eine neue Heimat fanden, wahrten sie die Tradition der selbstgemachten Nudeln.

Kein Festtagsessen, keine »Hochzig« ohne selbstgefertigte Nudeln. Bei den Frauen aus dem »Schwarzen Wald«, aus dem Kinzigtal und der Ortenau darf an solchen Tagen der Sauerbraten, genannt »Surbrotis«, nicht fehlen, und die Nudeln werden, wenn sie aus dem Salzwasser kommen, mit »Brägele« abgeschmälzt.

Selbstgemachte Nudeln erfordern viel Zeitaufwand, den sich die Hausfrau in unserer heutigen raschlebigen Zeit in der Regel nicht mehr leisten kann. Die Nudeln werden in guter Teigbeschaffenheit und in allen Formen und Arten längst fabrikmäßig hergestellt. Auch die Schwäbin bedient sich daher gern der auf dem Markt angebotenen vorgefertigten Nudeln, die nur noch im Salzwasser zu kochen sind.

Eine richtige Schwäbin hat den Nudelteig früher immer selbst geknetet, dann wußte sie, was sie hatte. Abgeschmälzt sind die Nudeln eine ideale Beilage zu Kartoffelsalat, Gemüse oder einem Braten.

Hausgemachte Nudeln
Grundrezept

2 Eier, 2 Eischalen Wasser, 1 Prise Salz, ein paar Tropfen Essig, 250 g Mehl. – Salzwasser oder Fleischbrühe

Die Eier mit Wasser, Salz und Essig verquirlen, dann das Mehl dazugeben und alles so lange zu einem festen, glatten Teig kneten, bis er beim Durchschneiden kleine Bläschen zeigt. Den Teig in verschiedene Stücke teilen und diese nacheinander dünn, sehr dünn auswellen. Wenn man die Zeitung durchlesen kann, dann ist es ideal. Die einzelnen Nudelplatten auf ein Tuch legen, etwas abtrocknen, aber nicht trocken werden lassen (sie brechen sonst), zusammenrollen und breite oder schmale Nudeln schneiden. Die Nudeln auf dem Backbrett auseinanderbreiten, damit sie jetzt wirklich trocken werden. Nun in kochendes Salzwasser oder Fleischbrühe einlegen und sie je nach ihrer Breite 7 bis 10 Minuten mehr ziehen als kochen lassen. Auf ein Sieb zum Abtropfen geben.
Die Nudeln kleben nach dem Abtropfen nicht zusammen, wenn man in das Kochwasser ½ Teelöffel Öl gibt.

Geschmälzte Nudeln

Abgekochte, breite Nudeln, Butter, Weckmehl

Die Nudeln nach dem Abtropfen auf eine vorgewärmte Platte geben. Die Butter erhitzen, Weckmehl dazugeben, hell rösten und über die Nudeln verteilen. Leicht untermischen.
Dazu gibt es Kartoffelsalat und Bratwürste, ein Ripple oder auch gebackenen Fleischkäse.

Schupfnudeln, Kartoffelnudeln

Die Wiege der Schupfnudeln ist in Württemberg zu suchen. Da die schwäbische Sprache gar nicht so wortarm ist, haben die Schupfnudeln im Volksmund auch noch andere Namen erhalten wie zum Beispiel Wargelnudeln (Allgäu), Buabaspitzle (Alb) und Bauchstupfer oder auch Bauchstecherle.

4–5 (500 g) möglichst alte Kartoffeln, 50 g Mehl, 2 Eier, Salz, Muskat, Majoran, Salzwasser. – Hell geröstetes Weckmehl

Die Kartoffeln in der Schale garen, dann schälen und sofort, also noch heiß, durch die Presse drücken. Mehl, die ganzen Eier und die Gewürze dazugeben und einen glatten Teig kneten. Fingerdicke, etwa 5 cm lange Nudeln (Röllchen) formen und in reichlich kochendem Salzwasser bei geringer Hitze so lange kochen, etwa 5–8 Minuten, bis sie hochkommen. Mit einem Sieblöffel herausnehmen und abgetropft auf einer Platte anrichten. Abgeschmälztes Weckmehl darüber verteilen.
Die Kartoffeln müssen zum guten Gelingen immer heiß durch die Presse gedrückt werden.
Dazu gibt es einen herzhaft angemachten Acker- oder Kopfsalat oder Gemüse wie Kraut und Rote Wurst.
Auch zu einem Schweinebraten schmecken die Schupfnudeln gut.

Gebackene Schupfnudeln

Gekochte Schupfnudeln, Schmalz, 2–3 Eier

Die erkalteten Schupfnudeln in das heiße Fett geben und leicht knusprig braten. Die Eier verquirlen, darüberverteilen und fest werden lassen.
Dazu gibt es Kopfsalat oder Rote Rübensalat, und wer es süß liebt, bekommt Kompott.

Wiesensteiger Buabaspitzle in der Soße

500 g Kartoffeln, 2 rote Würste, 2 Eier, 40 g Mehl, Salz, 1 geriebene Zwiebel, Salzwasser, Braten- oder Tomatensoße

Die Kartoffeln in der Schale weichkochen, schälen und noch warm durch die Presse drücken. Die Haut von den Würsten entfernen und die Würste kleinhacken. Eier, Mehl und Salz sowie die geriebene Zwiebel und die kleingehackten, roten Würste zufügen. Den Teig gut durchkneten, fingerlange Nudeln (Röllchen) formen und in kochendem Salzwasser etwa 5 Minuten ziehen lassen. Die Buabaspitzle müssen hochkommen und oben schwimmen. Dann mit einem Sieblöffel herausnehmen und in der Braten- oder Tomatensoße anrichten.
Dazu gibt es Acker-, Endivien-, Kopfsalat oder Gemüse.

Allgäuer Wargelnudeln

250 g Mehl, 1 Ei, Salz, Muskat, 2 Eßl. heißes Wasser, Salzwasser, Fett

Das Mehl mit dem Ei, den Gewürzen und dem Wasser, wenn notwendig, von letzterem noch einen Eßlöffel mehr nehmen, zu einem glatten, festen Teig kneten. Diesen zu einer Rolle formen, dünne, kleinere Stücke abschneiden und mit bemehlten Händen Würstchen wargeln. Diese in kochendem Salzwasser garen. Die Kochzeit beträgt etwa 10–15 Minuten. Die Wargelnudeln mit einem Sieblöffel herausnehmen, abschrecken und dann abgetropft in heißem Fett zu schöner Farbe backen.
Dazu gibt es gekochtes Dörrobst.

Flädle, Eierhaber oder Kratzete

Hier muß zuerst gesagt werden, daß Flädle nicht gleich Pfannkuchen, aber Pfannkuchen gleich Eierkuchen sind. Flädle bestehen zwar auch aus Mehl, Eiern, Salz und Milch. Diese Zutaten werden jedoch zu einem dünnflüssigen Pfannkuchenteig gerührt. Daraus werden dann ganz dünne Flädle (Pfannkuchen) gebacken, je dünner, desto besser. Besonders gewandte Schwäbinnen werfen die Flädle zum Wenden in die Luft.

Flädle können herrlich schmecken und werden bevorzugt zu Kartoffelsalat gegessen, der im Schwabenland ja einen ganz besonderen Rang einnimmt, dann zu Spargeln, hiervon schwärmt jeder Gourmet, und schließlich zu Gemüsen, speziell Spinat. Sie sind also vielseitig verwendbar. Auch gefüllt mit Schinken, mit Hackfleisch, mit Nierle, mit Gemüse oder süß mit Marmelade oder einer Quarkmasse schmecken sie gut. Reste, in feine Streifen geschnitten, sind eine willkommene Einlage zu einer Fleischbrühsuppe.

Eierhaber, der in der Gegend von Schramberg und Rottweil auch »G'fuhrlets«, im Breisgau zum Beispiel »Kratzete«, an der Kinzig »Holzmus«, in der Schwarzwaldvorebene aber »Rührum« und bei Blaubeuren »Durenand« genannt wird, ist nichts anderes als ein gebackener, mit der Backschaufel zerrissener Pfannkuchen. Der Teig ist dickflüssig und muß, damit er nicht anklebt, in reichlich Schmalz gebacken werden. Wird bei einer Festlichkeit, einer Hochzeit oder einem Geburtstag auf dem Lande eine große Menge benötigt, muß der Teig viel Eier aufweisen. Erst dann wird der Eierhaber ausgezeichnet gut. Wichtig aber ist, daß das Eiweiß immer zu Schnee geschlagen wird. Anstelle von Milch kann auch Sauermilch, ja Wein, Bier oder halb Milch und halb Mineralwasser verwendet werden.

Der Eierhaber wird genauso wie Flädle zu Gemüsen und Salaten, jedoch auch mit Zucker und Zimt bestreut zu Obst oder wie im Hohenlohischen nur mit Obst, also ohne Zucker, gereicht.

Ein Rätsel, das sich Kinder in der Ulmer Gegend gerne aufgeben, lautet:

»Kei mi nei, friss mi raus!
Was isch dös?«
»Dr Oirhaber!«

Flädle

125 g Mehl, etwa ¼ l Milch, 1–2 Eier, Salz. – Backfett

Das Mehl mit Milch, Eiern und Salz zu einem glatten Teig rühren. Etwas Fett in einer Pfanne erhitzen, mit einem Schöpflöffel etwas von dem dünnen Teig hineingeben, diesen in der Pfanne verteilen und das Flädle beidseitig zu schöner Farbe backen. Die Flädle zusammengelegt, bis sie alle gebacken sind, warmhalten. Sie schmecken ganz besonders lecker, wenn man vor dem Zusammenlegen ein Stückchen Butter darauf gibt.

Flädle mit Leberwurstfüllung

40 g Fett, 1 kleingehackte Zwiebel, 1 Bund gewaschene und feingewiegte Petersilie, 300 g grobe Leberwurst, Salz, Pfeffer, 2 Eßl. Weinbrand, gebackene, warme Flädle

Das Fett in einer Pfanne erhitzen, Zwiebelstückchen und Petersilie dazugeben und glasig dünsten. Leberwurst zerkleinern, daruntermischen und bei geringer Hitze etwa 5 Minuten mitdünsten. Die Fülle salzen und pfeffern, mit Weinbrand abschmecken, auf die Flädle verteilen, diese zusammenlegen und auf einer vorgewärmten Platte anrichten.

Variante: Flädle abkühlen lassen, den Rand mit Eiweiß bestreichen, etwas von der Fülle darauf verteilen, die Flädle aufrollen, schräg in 3 Stücke schneiden, dann in Eiweiß und Weckmehl wenden und in heißem Fett knusprig auf beiden Seiten backen.

Leberflädle (12 Stück)

9 Eßl. Mehl, 6 Eier, 6 Eßl. Milch, 250 g rohe Kalbs- oder Rinderleber, 2 Eßl. feingewiegte Petersilie, Salz, Pfeffer, Muskat, Backfett

Das Mehl mit den ganzen Eiern und der Milch zu einem glatten Teig rühren. Die Leber fein hacken, so fein wie möglich, jedoch nicht pürieren, und mit den Gewürzen und der Petersilie daruntermischen. Fett in einer Pfanne erhitzen und kleinere, dünne Flädle backen. Dazu gibt es Kartoffelsalat mit in Streifen geschnittenen Endiviensalatblättern.

Leberflädle, in Streifen geschnitten, eignen sich auch gut als Suppeneinlage.

Pfannen-Dünnett

Flädlesteig, Backfett, Kräuterkäse, Schnittlauch. – Butterflöckchen

Die Flädle auf einer Seite backen, wenden, geriebenen Käse und kleingeschnittenen Schnittlauch sowie einige Butterflöckchen darauf verteilen und fertig backen. Flädle zu Röllchen formen und möglichst heiß auf den Tisch bringen.

Panierte Flädle, süß

Flädlesteig, Backfett, Apfelbrei oder Marmelade, 2–3 Eigelbe, Weckmehl. – Vanille- oder Schokoladensoße

Aus dem Teig Flädle backen. Jedes Flädle mit Apfelbrei oder Marmelade bestreichen, zusammenrollen und in 3 Stücke schneiden. Diese in verquirltem Eigelb wenden, mit Weckmehl panieren und knusprig backen.
Mit Vanille- oder Schokoladensoße anrichten.

Eierhaber
Grundrezept

375 g Mehl, 5 Eier, ½ l Milch, Salz, Backfett. – Zucker und Zimt

Die Zutaten außer Backfett und Zucker und Zimt zu einem glatten Teig rühren. Reichlich Teig in heißes Fett geben, auf einer Seite backen, wenden und nach dem Anbacken der zweiten Seite das Ganze mit einer Backschaufel zerreißen. Fertig backen. Mit Zucker und Zimt bestreuen. Nach Belieben auch einige Rosinen dazufügen.

Pfitzauf

Eine wirklich königliche Mehlspeise sind die »Pfitzauf«, die ebenso herrlich munden wie sie aussehen. Hier kann die schwäbische Hausfrau wieder eine Probe ihrer berühmten Backkunst geben.
Der Teig für die Pfitzauf wird in besonders dafür hergestellte, kleine und vorher gefettete Förmchen gefüllt und zuerst bei mäßiger, dann

bei mittlerer Hitze im vorgeheizten Backofen gebacken. Die Spannung, ob sie zu luftigen Gebilden aufgehen, ist ähnlich wie bei den Dampfnudeln. Wehe, wenn die Unerfahrene während des Backvorgangs den Backofen öffnet! Die herrlichen Pfitzauf werden wie ein geplatzter Luftballon jämmerlich in sich zusammensinken (»Pfitzab«). Hier heißt es also aufpassen, damit sich die »Gaumenergötzerle« in ihrer vollen Schönheit präsentieren.

Pfitzauf

4 Eier, 1 Prise Salz, 30 g Zucker, 375 g Mehl, ¾ l Milch, 75 g Butter oder Margarine

Die Eier mit Salz und Zucker schaumig rühren. Mehl, langsam die Milch und zuletzt die zerlassene Butter oder Margarine zufügen. Gut vermischen. Den Teig in die sehr gut gefetteten Pfitzaufförmchen, jedoch nur halb voll, füllen und im vorgeheizten Backofen zu Beginn bei mäßiger Hitze, 150°, nach einer halben Stunde dann bei mittlerer Hitze, 175°, backen. Die Backzeit beträgt etwa 50 Minuten. Die Pfitzauf vorsichtig stürzen, auf einer Platte anrichten und sofort mit Kompott servieren. Auch kalt, mit Schlagsahne gefüllt, schmecken sie gut zu einer Tasse Kaffee. Urschwäbisch ist, dazu Schnitz und Zwetschga zu reichen.

Schnitz und Zwetschga

500 g gemischtes, getrocknetes Backobst, ½ l Wasser, 50 g Zucker, ungespritzte, gewaschene Zitronenschale, ½ Stange Zimt

Das Obst am Tage zuvor einweichen und mit dem Wasser, es kann auch das Einweichwasser verwendet werden, Zucker, Zitronenschale und Zimt weichkochen.

Schnitz und Zwetschga isch a Gmüas,
sisch net grad sauer, net grad süaß,
grad so wias jeden Schwoba freut,
drum guaten Appetit ihr Leut!

Weinbergschnecken nach Wengerter Art

2 Pakete Tiefgefrierschnecken, 1½ Eßl. Weinbrand, 100 g Butter, 1–2 Eßl. feingewiegte Petersilie, ½ Teel. kleingehackter Dill, 3 Tropfen flüssige Knoblauchwürze oder 1 feingeriebene Zwiebel, Salz, Pfeffer, Zitronensaft, 50 g geriebener Käse

Die aufgetauten Schnecken mit Weinbrand beträufeln, etwas durchziehen lassen und in die Häuschen stecken. Die Butter schaumig rühren, Petersilie, Dill, Knoblauchwürze oder feingeriebene Zwiebel daruntermischen und mit Salz, Pfeffer und Zitronensaft würzig abschmecken. Zu den Schnecken in die Häuschen die Kräuterbutter füllen und die Öffnung glatt streichen. Die Schnecken mit der Öffnung nach oben, so laufen sie nicht aus, in eine Schneckenpfanne oder auf ein dick mit Salz bestreutes Kuchenblech setzen. Dick mit Käse bestreuen und im vorgeheizten Backofen bei Oberhitze etwa 10 Minuten überbacken.
Schnecken gibt es auch in Dosen mit den ausgekochten Häuschen dazu in jedem Feinkostgeschäft fast das ganze Jahr zu kaufen.
Dazu gibt es getoastetes Weißbrot und einen leichten Rotwein.

Und noch ein Schneckengericht

Schnecken in saurem Sößle

2 Pakete Tiefgefrierschnecken oder eine entsprechende Menge Schnecken in der Dose, 40 g Fett, 1 kleingehackte Zwiebel, 40 g Mehl, ½ l Würfelbrühe, 2 Eßl. Kondensmilch, ½ Teel. Senf, Salz, Pfeffer, Zitronensaft oder Kräuteressig

Die Schnecken auftauen lassen oder diejenigen aus der Dose auf ein Sieb zum Abtropfen geben. Im heißen Fett die Zwiebelstückchen hell rösten, Mehl zufügen, bräunen, Würfelbrühe unter Rühren zugießen und die Soße 15–20 Minuten kochen lassen. Kondensmilch unterrühren und die Soße mit den Gewürzen abschmecken. Die Schnecken darin anrichten.

Weitere schwäbische Spezialitäten

Schwäbische Redensarten vom Essen und Trinken

»S isch noh, bis gschluckt isch«.

»Mr kann au a Säckle zuebinda, wenn's no net voll isch!«

»D Supp und s ander ischs bescht«.

»Honger treibt Bròtwürscht nei«.

»Der hot gfresse wie a Scheck.«

»Was dr Bauer net kennt, des frißt r net«.

»Dr Bauer frißt nix ogsalze«.

Ist die Suppe mager ausgefallen, heißt es:
»Send d Schnittle denn gsät?«

»D Supp wird net so hoiß gesse wie se kocht wird.«

Sind in einer Speise Eier enthalten, sagt man:
»Do hot d Köchin a Henn drüberspringe lasse«.

»Da erschte Schub mueß mr blòse, mit em zwoite
ka mr s halte wie mr will«.

»Bei ons schmeckt mr net lang, do ißt mr«.

»Guet Esse ond Trenke hält Leib ond Seel z'samme«.

»Der sauft wie a Loch«.

»Der sauft ond frißt oin zom Haus naus«.

»Hòsch Durscht?« – »Nò schlupfsch en a Wurscht«.
»Hòsch Honger?« – »Nò schlupfsch en a Gugommer«.
(Mit dem Letzteren ist eine Gurke gemeint.)

Sauerkraut, du Gaumentröster

Von Krautgerichten und anderen Gemüseschüsseln

Ganz dicht bei Stuttgart, auf den Fildern, wächst schmackhaftes Kraut, das Filderkraut. Diese zuckerhutförmigen Spitzköpfe wurden früher von den Hausfrauen in Stadt und Land in einer Krautstande sauer eingemacht. Dies übernehmen heute die Krautfabriken.

Das Filderkraut ist weit über die Grenzen des Schwabenlandes hinaus bekannt. Es spielt nicht nur allgemein in der deutschen Küche, sondern auch in der französischen Küche eine große Rolle. In Dosen ist es sogar in Amerika erhältlich.
Für den Schwaben sind Krautgerichte Lieblingsgerichte. Bei dem schwäbischen Dichter Ludwig Uhland heißt es in seinem »Metzelsuppenlied«:

»Auch unser edles Sauerkraut –
Wir sollen's nicht vergessen,
Ein Deutscher hat's zuerst gebaut,
D'rum ist's ein deutsches Essen.
Wenn dann ein Fleischchen weiß und mild
Im Kraute liegt, das ist ein Bild
Wie Venus in den Rosen.«

Auch nichtschwäbische Dichter haben sich mit dem Sauerkraut beschäftigt. Heinrich Heine sagt in seinem Sauerkrautgedicht:

»Sei mir gegrüßt mein Sauerkraut
Holdselig sind deine Gerüche.«

Jeder kennt Wilhelm Busch, seinen »Max und Moritz« und darin die Witwe Bolte, die von dem Sauerkohle eine Portion sich holte. Weniger bekannt ist die Sauerkraut-Kantate von dem Schwaben Emil Kübler aus Musberg auf den Fildern. Diese Kantate wurde 1955 uraufgeführt und hier heißt es:

»O Sauerkraut, du Gaumentröster,
du aller Lebensfreude Bester,
Lass nie vergehen deinen Duft,
der uns zur vollen Schüssel ruft!«

An andrer Stelle heißt es:

»Aufgewärmt schmeckt's Kraut nochmal so gut!
Sonntag frisch und gut geschmälzt,
Montag neu in Fett gewälzt,
Dienstag, Mittwoch braun geschmort,
Donnerstag in's Ofenrohr,
Freitag geht noch hin und her,
Samstag: Hei, die Schüssel leer!«

Bei einem Schlachtfest wurde im Schwarzwald einst gesungen:

»A Schüssel Kraut am Ovemärge,
des ist e feine Kost,
des ka'scht au noch nazwenga,
wenn de suscht gnueg gesse hoscht.«

Meist wird das Kraut mit Zwiebel, Schweineschmalz und einem Bauchläpple, hier erübrigt sich das Fett, mit einem Ripple, einem Knöchle oder Rauchfleisch gekocht. Gebunden wird es nur mit einer rohen, geriebenen Kartoffel oder einem Löffel Mehl. Ein Hochgenuß ist es für den Schwaben, wenn es eine Schlachtplatte gibt, bei der Kraut mit gekochten Würsten und einem Stück Kesselfleisch dominiert. In der Tuttlinger Gegend wird das Kraut, wenn kein Fleisch mitgekocht wurde, unter die Spätzle gemischt. Bei diesem »Dureinander« spricht man vom »Riedemer Gmootz«. Ohne Frage schmeckt das Sauerkraut mit einem Stück Fleisch am besten, ob dieses nun klein oder groß ist. »Besser a Laus im Kraut als gar koi Fleisch.«

Schwäbisches Sauerkraut

¾ kg Sauerkraut, 1 kleingeschnittene Zwiebel, Wacholderbeeren, 40 g Schweineschmalz, Brühe, 1 rohe Kartoffel oder 1–2 Eßlöffel Mehl

Das Kraut mit einer Gabel auflockern und mit den Zwiebelstückchen und Wacholderbeeren zu dem heißen Schmalz geben. Wenig Brühe zugießen und garen. Das Kraut mit der geriebenen Kartoffel oder dem Mehl binden. Der Geschmack wird durch ein Knöchle und sauren Rahm erheblich verbessert.

Badisches Sauerkrautgericht

500 g Sauerkraut, 3–4 Eßl. Ananasstückchen, Salz, Fett, Brühe, 500 g gekochte, geschälte, in Scheiben geschnittene Kartoffeln, 4 dicke Scheiben Schwarzwälder Schinken, 1 Banane, Zitronensaft, Curry

Das Sauerkraut mit den Ananasstückchen, einer Prise Salz in dem heißen Fett andünsten, etwas Brühe zugießen und garen. Kartoffeln in heißer Butter schwenken und Kraut und Kartoffeln im Wechsel in eine Auflaufform füllen. Unter die letzte Lage Kraut die Schinkenstreifen legen. Das Gericht bei Oberhitze überbacken. Die Banane schälen, der Länge nach in 4 Teile teilen, Zitronensaft und etwas Curry darübergeben und kurz in heißem Fett braten. Auf dem Sauerkraut anrichten.

Schlachtplatte (für 1 Person)

1 Stück gekochtes Schweinefleisch (Knöchle, Bauchläpple oder Ripple), 1 Leberwurst, 1 Griebenwurst, Sauerkraut, Spätzle, Senf

Alle genannten Zutaten werden auf einer großen Platte angerichtet. In den Gaststätten ist diese Schlachtplatte auf der Speisekarte zu finden und sie kommt im ganzen Schwabenland immer wieder auf den Tisch. Die Herren der Schöpfung greifen kräftig zu und lassen sich dieses Essen zufrieden und schmunzelnd schmecken.

Balinger Metzelsuppe

1½ Pfund Sauerkraut, Schweineschmalz, einige gedörrte Zwetschgen und Birnen (Hutzeln), Zucker, Zimt, Brühe, wenig Mehl, Grieben-, Blut-, Leberwurst und Kesselfleisch

Das Kraut in dem heißen Fett andünsten, gedörrtes Obst zufügen, ebenso etwas Zucker und Zimt, Brühe zugießen und garen. Zuletzt das Kraut mit dem angerührten Mehl binden und mit etwas gebräuntem Zucker abschmecken. Die heißen Würste, die besonders gut aus der Kesselbrühe sind, sowie Kesselfleisch dazu reichen. Spätzle ergänzen das Mahl.

Sauerkraut-Eintopf

100 g Speck, 1½ Pfund Sauerkraut, 1 Zwiebel, 2 Pfund rohe Kartoffeln, Salz, Pfeffer, 4 Schweinerippchen, geriebener Käse

Den Speck in kleine Würfel schneiden, auslassen, das aufgelockerte Kraut, die kleingeschnittene Zwiebel und die geschälten, in Scheiben geschnittenen Kartoffeln sowie etwas Wasser zufügen und garen. Den Eintopf abschmecken, während der letzten 15 Minuten die Rippchen obenauflegen und mitkochen. Käse darüberstreuen.

Schwarzwälder Sauerkrautschüssel

Fett, 1½ Pfund Sauerkraut, einige getrocknete Birnenschnitze, Brühe oder Weißwein

Das Fett erhitzen, aufgelockertes Kraut zufügen, andünsten und zusammen mit den eingeweichten Birnenschnitzen sowie etwas Brühe garen. Nach Belieben mit einer Prise Zucker abschmecken. Statt Weißwein kann auch saurer Rahm genommen werden.

Sauerkraut mit einer aufgezogenen Dampfnudel

1 ½ Pfund Sauerkraut, 1 Bauchläppchen, 1 Zwiebel, Weißwein, Salz. Zutaten zur Dampfnudel: 250 g Mehl, 50 g Butter, 1 Prise Salz, 1 Ei, Muskat, 10 g Hefe, Milch. – Geröstete Zwiebelstückchen

Aufgelockertes Sauerkraut mit dem gewaschenen Bauchläppchen und der kleingehackten Zwiebel sowie etwas Weißwein andünsten, etwas Salz zugeben und garen. Für die Dampfnudel einen Hefeteig bereiten und gehen lassen. Den gegangenen Teig auf das fertige Sauerkraut setzen, Topf zudecken und etwa 20 Minuten kochen. Garprobe machen und mit einer Spicknadel in die Dampfnudel einstechen. Sobald kein Teig mehr daran hängen bleibt, ist die Dampfnudel fertig. Diese umgestürzt auf einer Platte anrichten, mit zwei Gabeln auseinanderreißen, geröstete Zwiebelstückchen darüber verteilen und das Kraut gesondert dazu reichen.

Krautkuchen

Hefeteig für den Boden, 2–3 Pfund gedünstetes Weißkraut, ⅛–¼ l saurer Rahm, Salz, einige Wacholderbeeren, 1 kleingeschnittene Zwiebel

Eine runde, gefettete Kuchenform und deren Rand mit dem gegangenen und ausgewellten Teig belegen. Rahm, Salz, Wacholderbeeren, kleingeschnittene Zwiebel unter das Kraut mischen und dieses auf dem Kuchenboden verteilen. Den Kuchen im vorgeheizten Backofen bei guter Hitze backen. Er wird wie der Zwiebelkuchen warm gegessen.

Schälrippchen mit Sauerkraut

1–1 ½ l Wasser oder Würfelbrühe, 750–1000 g in größere Stücke gehackte Schälrippchen, Salz, Pfeffer, 1 zerteilte Zwiebel, Suppengrün, 750 g gegartes Sauerkraut. – Geröstete Zwiebelstückchen

Das Wasser oder die Würfelbrühe zum Kochen bringen. Die Schälrippchen gut waschen, dann salzen und pfeffern, mit der zerteilten Zwiebel, dem vorbereiteten Suppengrün in das kochende Salzwasser legen und etwa 80 Minuten bei verringerter Hitze kochen. Das Fleisch von den Knochen lösen, unter das Sauerkraut mischen und mit gerösteten Zwiebelstückchen darüber anrichten.
Dazu gibt es Kartoffelbrei.

Gemüseschüsseln

In der schwäbischen Küche liebt man es, ganz allgemein gesehen, das Gemüse mit einer Mehlschwitze zu dicken. Ausnahmen bestätigen die Regel. Gemüse darf auch einmal nur in etwas Butter geschwenkt oder mit etwas Rahm verfeinert werden, wie dies zum Beispiel in der badischen Küche der Fall ist.
Ein in der gesamten alemannischen Küche sehr beliebtes Gemüse sind Spargel. Schwetzingen und Mannheim sowie Orte in Oberschwaben sind bekannte Spargelgegenden, und so manches Gericht hat weltweiten Ruf erlangt. Spargel mit Schinken und hauchdünnen Flädle begeistern den Feinschmecker, der schon längst erkannt hat, daß nicht immer Salzkartoffeln die Beigabe sein müssen.
Sehr gerne werden auch Linsen gegessen, die im Winter häufig zusammen mit Spätzle und Saitenwürstle auf den Tisch kommen und dann eine schwäbische Spezialität sind. Jeder Auslandsschwabe wünscht sie sich, wenn er während eines Urlaubes in der Heimat ist.
Ebenso beliebt ist Sauerkraut, Rezepte siehe Seite 107 ff.
Das übrige Gemüse wie zum Beispiel gelbe Rüben, Brockele (Erbsen), Bohnen, Spinat, Lauch, Kohlrabi, gefüllte Paprikaschoten, bayrisches Kraut, Rotkraut, Wirsing u. a. wird mit wenigen Ausnahmen wie überall in deutschen Landen zubereitet.
Weitere Gemüsegerichte siehe auch unter Aufläufe Seite 141 ff.

Schwetzinger Spargel

1 kg frische Spargel, Salzwasser, 1 Stückchen Würfelzucker, 150 g Butter

Die Spargel waschen, schälen, die Köpfchen ungeschoren lassen, dafür aber die unteren, holzigen Teile entfernen. Spargel bündeln und in Salzwasser, dem etwas Würfelzucker zugefügt wird, 20–30 Minuten garen. Abgetropft auf einer Platte mit der zerlassenen Butter darüber anrichten.
Dazu gibt es Petersilienkartoffeln und Schinken.

Spargelgemüse mit Flädle

750 g Spargel, Salzwasser, 1 Stück Würfelzucker, 50 g Butter, 40 g Mehl, Spargelbrühe, 1 Eigelb, Zitronensaft

Die Spargel vorbereiten, in kleinere Stücke schneiden und in Salzwasser mit Zucker garen. Butter erhitzen, Mehl hell anschwitzen, mit der Brühe ablöschen, Eigelb zufügen, Soße würzen und die abgetropften Spargelstücke daruntermischen.
Dazu gibt es Flädle und gekochten Schinken.

Badische Stangenspargel

1 kg frische Spargel, Salzwasser, ½ Teel. Zucker, 100 g Butter, 80 g geriebener Käse

Die Spargel waschen, schälen, von den holzigen Teilen befreien und in reichlich kochendem Salzwasser, dem Zucker und ein kleines Stück Butter zugegeben wird, 40 Minuten garen. Die Garzeit richtet sich nach der Qualität der Spargel. Die restliche Butter leicht bräunen. Die abgetropften Spargel auf einer vorgewärmten Platte anrichten, den Käse darüber streuen und dann die braune Butter darüber verteilen.

Gratinierte Spargel

1 kg Spargel, Salzwasser, ½ Teel. Zucker, 90 g Butter, 50 g geriebener Käse, 3 Eßl. Weckmehl

Die gewaschenen und geschälten Spargel in reichlich kochendem Salzwasser mit Zucker und etwa 10 g Butter etwa 40 Minuten garziehen lassen. In eine gefettete, mit 1 Eßlöffel geriebenen Käse bestreute Auflaufform die abgetropften Spargel geben. 60 g Butter erhitzen, darübergießen und den restlichen, mit Weckmehl vermischten Käse daraufstreuen. Butterflöckchen darauf verteilen und das Ganze im vorgeheizten Backofen bei guter Hitze, 225°, leicht gratinieren.
Dazu gibt es Petersilienkartoffeln und Rohkostsalat.

Tettnanger Spargelförmchen

10 dünnere Spargel, Salzwasser, 4 Eier, 2 Eßl. Wasser, Salz, Pfeffer, 2 Eßl. geriebener Käse, Butterstückchen. – Gebräunte Zwiebelringe

Die Spargel schälen, holzige Teile entfernen und dann halbieren. In Salzwasser garen. Abgetropft und aufrecht in vier gefettete Vorspeisenförmchen stellen. Eier mit etwas Wasser, Salz und Pfeffer verquirlen, Käse daruntermischen und in die Förmchen füllen. Einige Butterflöckchen darauf setzen und im Wasserbad stocken lassen. Nach etwa 15 Minuten ist das Gericht fertig. Zwiebelringe darüber anrichten.

Garnierter Stangenspargel

1–1½ kg Stangenspargel, Salzwasser, 30 g Butter, 2 Eßl. Mehl, ⅜ l Spargelwasser, 1 Eigelb, Zitronensaft, Salz, Pfeffer, 1 Prise Zucker, 8 Scheiben gekochter Schinken oder 12 Scheiben gekochte, gepökelte Ochsenzunge. – Feingewiegte Petersilie

Die frischen Spargel schälen, bündeln und in Salzwasser etwa 40 Minuten kochen. Für die Soße Butter erhitzen, Mehl dazugeben und hell anschwitzen. Das Spargelwasser unter Rühren zugießen, die Soße etwa 15 Minuten bei geringer Hitze kochen, dann mit Eigelb legieren und mit Zitronensaft, Salz, Pfeffer und Zucker abschmecken. Die Spargel mit dem Schinken oder der gekochten, gepökelten Zunge auf einer Platte anrichten, mit der Soße überziehen oder diese gesondert dazu reichen. Zuletzt mit Petersilie garnieren.

Im Schwabenland ißt man hierzu besonders gern Flädle. Sonst reicht man Salzkartoffeln. Neue Kartoffeln sind besonders zu empfehlen.

Schwarzwurzeln im Teigmantel Badener Art

100 g Mehl, 1–2 Eier, Salz, wenig Milch, 750 g gegarte Schwarzwurzeln aus der Dose, Backfett

Aus Mehl, Ei, Salz und wenig Milch einen dickflüssigen Teig rühren. Die abgetropften Schwarzwurzeln in 4–5 cm große Stücke schneiden, einzeln in Mehl, dann in dem Backteig wenden und schwimmend in heißem Fett zu schöner Farbe backen.

Dazu gibt es Braten oder Bratwürste und Kopfsalat.

Schwäbische Kohlräble

6–8 Kohlrabi, Salzwasser, 40–50 g Fett, 40 g Mehl, Kochbrühe, Muskat, Salz, 150 g gekochter oder roher Schinken

Die Blätter abschneiden, Kohlrabi schälen, holzige Stellen entfernen, in feine Scheiben schneiden und in Salzwasser garen. Aus Fett und Mehl sowie Kochbrühe eine helle Soße bereiten und mit Muskat und Salz würzen. Kleingeschnittenen Schinken, Kohlrabischeiben und einige zurückbehaltene, kleingeschnittene, grüne Kohlrabiblättchen zufügen, erwärmen und anrichten.

Gefüllte Kohlrabi

4–6 Kohlrabi (mittelgroß), 1 kleingehackte Zwiebel, ½ Bund feingewiegte Petersilie, 30 g Fett, 150 g gemischtes Hackfleisch, 1 Essiggürkchen, Salz, Muskat, Würfelbrühe, ⅛ l saurer Rahm, 4 Eßl. Tomatenmark. – 4–6 Teel. geriebener Käse

Die Kohlrabi schälen, waschen und vorsichtig aushöhlen. Das zerkleinerte Ausgehöhlte mit den Zwiebelstückchen und der Petersilie, beides vorher in Fett etwas gedünstet, unter das Hackfleisch mischen, das kleingehackte Essiggürkchen noch dazugeben und die Masse mit Salz und Muskat würzig abschmecken. Die Kohlrabi damit füllen, in einen Topf setzen, so viel Würfelbrühe zugießen, daß sie halb darin stehen und 30–40 Minuten dünsten. Rahm und Tomatenmark zuletzt darunterrühren und die Kohlrabi in der Soße anrichten. Käse darüberstreuen.
Dazu gibt es Teigwaren, Salzkartoffeln oder Kartoffelbrei.

Sauerampfer-Gemüse

500 g Sauerampfer, Salzwasser, 30 g Butter oder Margarine, 1 Eßl. Mehl, ¼ l saurer Rahm, Salz, Muskat

Sauerampfer gut waschen und in Salzwasser etwa 10 Minuten dünsten. Dann abtropfen lassen, gut ausdrücken und feinwiegen. Butter oder Margarine erhitzen, Mehl darüberstäuben, hell anschwitzen, unter Rühren Rahm und dann das feingewiegte Gemüse dazugeben. Würzig abschmecken.
Dazu gibt es Rippchen.

Mangold

wird wie Spinat zubereitet. Wichtig ist, daß die Stiele vorher entfernt werden.

Rosa Kohlrouladen (Krautwickel)

1 Kopf Weißkraut, Salzwasser, 2 Brötchen, 1 Ei, Salz, Pfeffer, 300 g gemischtes Hackfleisch, 100 g in Scheiben geschnittener gekochter Schinken, 50 g Schweineschmalz, 1 größere, in Scheiben geschnittene Zwiebel, ½ l trockener Rosé (Wein), 4 Eßl. Joghurt

Die schlechten Blätter von dem Kraut entfernen, den Strunk herausschneiden und von den großen, guten Blättern die Rippen flach schneiden. Diese Blätter in kochendheißem Salzwasser 10 Minuten blanchieren, dann abtropfen und trocknen lassen. Die Brötchen einweichen, ausdrücken und mit dem Ei und den Gewürzen zu dem Hackfleisch geben. Die Masse gut vermischen, auf die einzelnen Blätter streichen, diese zusammenrollen, in eine Scheibe Schinken einwickeln, und die Päckchen mit Holzspießchen oder Rouladennadeln zusammenhalten. Das Schweineschmalz erhitzen, die Zwiebelscheiben dazugeben und kurz dünsten. Dann die Kohlrouladen darauf legen, Rosé zugießen und bei geringer Hitze etwa 45 Minuten zugedeckt garen. Joghurt verquirlen und unter die Soße rühren. Wenn notwendig, noch etwas Rosé zugießen. Vor dem Anrichten Fäden oder Rouladennadeln von den Kohlrouladen entfernen.
Dazu gibt es Kartoffelbrei, breite Nudeln oder gratinierte Spaghetti, Rezept Seite 142.

Rotkrautwickel

Schöne, größere Rotkrautblätter, Salzwasser, 300 g gemischtes Hackfleisch, 1 eingeweichtes, ausgedrücktes Brötchen, 1 kleingehackte Zwiebel, Salz, Pfeffer, geriebene Muskatnuß, 40 g Fett, 3/8 l Wasser, 1 Teel. Mondamin, 1 Tasse Rotwein oder Fleischbrühe

Die Rippen von den Krautblättern flach schneiden, die Blätter in kochendes Salzwasser legen und etwa 10 Minuten bei geringer Hitze kochen lassen. Hackfleisch mit dem zerzupften Brötchen, den Zwiebelstückchen und den Gewürzen vermischen und auf etwa 8 größere, abgetropfte Krautblätter verteilen. Die Ränder einschlagen, die Blätter zusammenrollen, mit Rouladennadeln oder Faden zusammenhalten und die Krautrouladen in dem heißen Fett auf beiden Seiten anbraten. Dann Wasser oder Fleischbrühe zugießen und die Krautwickel leise kochend in etwa 45 Minuten garen. Mondamin mit Rotwein anrühren, dazugeben, kurz aufkochen lassen und würzig abschmecken.
Dazu gibt es Kartoffelbrei.
Vor dem Anrichten sind Rouladennadeln oder Fäden zu entfernen.

Gemüseschüssel mit Bauchläpple

250 g Schweinebauch (Bauchläpple), 1 große, kleingehackte Zwiebel, 30 g Fett, 1½ l Wasser, 1 großes Paket tiefgefrorenes Suppengemüse, Salz, Pfeffer. – 2 Eßl. kleingehackte Petersilie

Das Fleisch waschen und abtrocknen. Die Zwiebelwürfel in dem heißen Fett anbraten. Das Wasser erhitzen, das Fleisch und die Zwiebelwürfel dazugeben und etwa 40 Minuten kochen. Dann das unaufgetaute Suppengemüse zufügen und weitere 20 Minuten kochen. Das Gericht würzig mit Salz und Pfeffer abschmecken. Wer gern scharf ißt, kann auch Tabasco dazugeben, aber bitte nur ein paar Tropfen. Das Fleisch herausnehmen, in kleinere Stücke schneiden und im Gemüse anrichten. Petersilie darüberstreuen.
Dazu gibt es Salzkartoffeln.

Schwäbisches Linsengericht

375 g Linsen, einige Nelken, 1 Zwiebel, 1 Stückchen Sellerie, 40 g Fett, 30 g Mehl, Kochbrühe, Salz, Essig

Die Linsen mit der geschälten, mit Nelken besteckten Zwiebel und Sellerie in reichlich Wasser garen. Fett erhitzen, Mehl dunkel bräunen, mit Kochbrühe ablöschen, Linsen zugeben und würzig mit Salz und Essig abschmecken.

Dazu werden immer Spätzle und Saitenwürstchen gereicht.

Saubohnen

500 g Saubohnen (weiße Bohnen), 1 in Scheiben geschnittene Zwiebel, Salzwasser, 50 g Fett, 30 g Mehl, ¼ l Kochbrühe, ⅛ l Rahm, 2 Eßl. Tomatenmark, Salz, Muskat

Die Saubohnen mit den Zwiebelscheiben in reichlich Salzwasser garen. Fett erhitzen, Mehl bräunen, unter Rühren die Kochbrühe dazugeben und 10 Minuten kochen lassen. Die Soße mit Rahm und Tomatenmark verfeinern, die Saubohnen dann darunterrühren und das Gemüse mit Salz und Muskat abschmecken. Sollte es zu dick sein, etwas Fleischbrühe zugießen.

Die Salat-Küche

»Supp, des mag i net so arg, da eß' ich höchstens drei, vier Teller voll – aber Salat!«
Diese Worte sind der Beweis, daß auch im Schwabenländle gerne Salat gegessen wird. Wenn Spätzle, Knöpfle, Nudeln oder Bratkartoffeln auf dem Tisch stehen, dann ist ein Häuptlessalat (Kopfsalat) oder ein anderer grüner Salat, mit frischen Gartenkräutern vermischt, der ideale Begleiter. Wie überall bestimmt die Jahreszeit auch hier den Inhalt der Salatschüssel. Neben dem mit viel Zwiebeln angemachten Tomaten- oder Bohnensalat, einem Gurken- oder Rettichsalat, dies sind alles typische Sommersalate, erfreut sich auch zum Beispiel ein knackiger Krautsalat im Winter oder ein Wurst-, Kuttel- oder Hörnle-Salat am Abend großer Beliebtheit.
Die Hauptrolle spielt der Kartoffelsalat. Er ist von altersher des Schwaben liebstes Kind in der Salat-Küche. Solo angemacht oder vermischt mit Gurkenscheiben oder Endivienstreifen, steht er mindestens einmal in der Woche auf dem Tisch. Eine außerhalb der Landesgrenzen wenig bekannte Spezialität ist der geriebene Kartoffelsalat.
Die Schwaben nehmen zu ihrem Kartoffelsalat, wenn er ganz besonders gut geraten soll, nur die beste Sorte von Salatkartoffeln. Zur Zeit der schwäbischen Kochbuchschreiberin Luise Löffler waren es die roten Mäusles-Kartoffeln.
Doch versteht man sich auch auf Delikateß-Salate und schätzt den mit einer Soße Vinaigrette angemachten Spargelsalat, den italienischen Salat, einen Geflügel- oder Rindfleischsalat genauso wie den Schneckensalat. Die Schwäbin versteht sie alle ausgezeichnet zuzubereiten, ob sie nun eine einfache Essig- und Öl-Marinade oder eine Salat-Mayonnaise verwendet. Sie nimmt nach Möglichkeit nur das beste Öl und von Fall zu Fall anstelle Weinessig auch Obstessig oder Zitronensaft. Etwas hat sich der Geschmack auch gewandelt und der Zeit angepaßt, und ab und zu heißt es der Gesundheit zuliebe: »Aber bitte mit Joghurt!«

Schwäbischer Kartoffelsalat

1 kg Salatkartoffeln, 1 gehackte Zwiebel, 2–3 Eßl. Weinessig, 2 Eßl. Öl, Salz, Pfeffer, ¼ l heiße Würfelbrühe

Die Kartoffeln in der Schale weichkochen, schälen und in dünne Scheiben schneiden. Die Zwiebelstückchen zufügen. Aus Essig, Öl, Salz, Pfeffer und heißer Würfelbrühe eine Marinade bereiten und zu den Kartoffeln geben. Gut untereinandermengen. Der Salat muß schön feucht sein. Will man ihm ein Festtagskleid anziehen, werden noch ausgelassene Speckwürfelchen untergemischt und die Salatschüssel mit in Fächer geschnittenen Essiggurken garniert.

Bunter Sommersalat

750 g Salatkartoffeln, 1 Zwiebel, ½ Salatgurke, 3 Tomaten, 1 grüne Paprikaschote, Salz, Pfeffer, 3 Eßl. Essig, 3 Eßl. Öl, etwas Fleischbrühe (Würfel oder Instant)

Die in der Schale gegarten Kartoffeln schälen und in dünne Scheiben schneiden. Die geschälte Zwiebel feinwiegen, Salatgurkenstück schälen und wie die vorbereiteten Tomaten in Scheiben und die Paprikaschote nach dem Entkernen in feine Streifen schneiden. Zu den Kartoffeln geben und den Salat mit einer pikanten Marinade aus Salz, Pfeffer, Essig, Öl und Fleischbrühe anmachen.
Ein wohlschmeckender Salat zu einem Braten oder zu Teigwaren.

Geriebener Kartoffelsalat

1 kg in der Schale abgekochte Kartoffeln vom Tage zuvor, 3 Eßl. Essig, 4 Eßl. Öl, ¼ l Würfelbrühe, 1 geriebene Zwiebel, Salz, Pfeffer, Schnittlauch

Die Kartoffeln schälen und reiben. Aus Essig, Öl, heißer Würfelbrühe, Zwiebelstückchen sowie Gewürzen und Schnittlauch eine Marinade rühren und unter die Kartoffelmasse mischen. Der Salat muß steif und darf nicht breiig sein. Er ist eine schwäbische Spezialität, die ganz besonders auf der Alb zuhause ist.

Grüner Salat mit Mais und Joghurtsoße

1 Kopfsalat oder 200 g Ackersalat, 1 Maiskolben, ½–1 ganzer Becher Joghurt, 2 Eßl. Öl, 1 Eßl. Obstessig, Selleriesalz, 1 Prise Zucker, Senf, ½ Teel. getrocknete oder frische, kleingehackte Gartenkräuter, 1 Tomate

Die Salatblätter nach dem Waschen gut trocknen. Maiskolben in reichlich Wasser weichkochen. Die Körner mit einem Messer abnehmen und erkalten lassen. Zu den Salatblättern geben. Aus Joghurt, Öl, Obstessig, Selleriesalz, der Prise Zucker, Senf und Kräutern eine würzige Marinade rühren und unter die Salatzutaten mischen. Die gewaschene Tomate vierteln und den Salat damit garnieren.
Es können auch Maiskörner aus der Dose verwendet werden. Es spart Arbeit und Zeit.

Kartoffelsalat mit Fleischwurst

500 g in der Schale gekochte Kartoffeln, 375 g Fleischwurst, 1 kleinere Salatgurke oder 2 größere Gewürzgurken, 1 grüne Paprikaschote, 1 Teel. Senf, wenig Salz, 4 Eßl. Weinessig, 2 Eßl. Würfelbrühe, 3 Eßl. Öl

Die abgekühlten Kartoffeln schälen und in dünne Scheiben schneiden. Die Haut von der Fleischwurst entfernen und die Wurst in Scheiben, dann in Streifen schneiden. Die Gurke schälen und in Scheiben schneiden. Von der gewaschenen Paprikaschote den Deckel und die Kerne sowie die Scheidewände entfernen und die Schote in Streifen schneiden. Alles zu den Kartoffeln in eine Schüssel geben. Für die Marinade Senf mit wenig Salz, Weinessig und Würfelbrühe verrühren, Öl dazugeben, abschmecken, über die Salatzutaten gießen und daruntermischen.
Dazu gibt es abgeschmälzte oder geröstete Teigwaren.

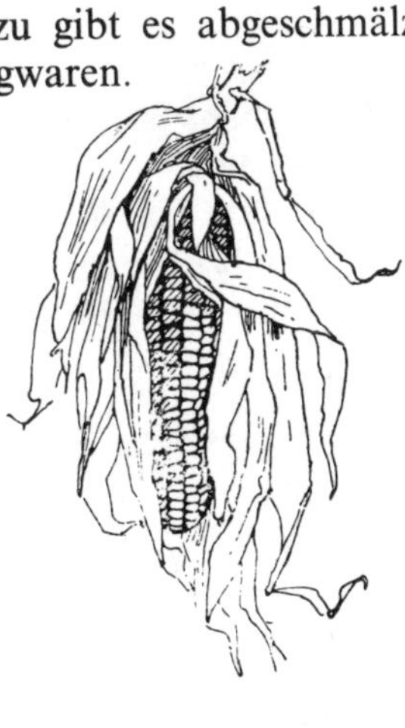

Murrhardter Salat

1 Kopfsalat, 25 g Brunnenkresse, 2–3 Frühlingszwiebeln (Zwiebelröhrchen), 2–3 Scheiben roher Schinken, 2–3 Eßl. Weinessig, 2 Eßl. Öl, 1 Teel. Senf, Salz, Pfeffer, 1–2 Eßl. frische, kleingeschnittene Würzkräuter

Die guten Salatblätter gründlich waschen, abtropfen lassen und kleiner reißen. Brunnenkresse kurz unter fließendem Wasser waschen und auch abtropfen lassen, noch besser, in einer Salatschleuder trocknen. Frühlingszwiebeln und Schinken kleinschneiden und mit der Kresse zu den Salatblättern geben.
Aus Weinessig, Öl, Senf, wenig Salz und Pfeffer eine Salatsoße bereiten und die Kräuter dazugeben. Die Salatzutaten mit der Soße übergießen und alles gut vermischen.

Spargelsalat mit Soße Vinaigrette

6–8 Eßl. Öl, 2–3 Eßl. Essig, Salz, 750 g abgekochte Spargel. – Je 1 Eßl. kleingehackte Zwiebel und Petersilie, 1–2 hartgekochte, kleingehackte Eier

Aus Öl, Essig und Salz eine Marinade bereiten und über die in kleine Stücke geschnittenen Spargel verteilen. Gut durchziehen lassen und den Salat kühl – jedoch nicht in den Kühlschrank – stellen. Kurz vor dem Servieren die kleingehackte Zwiebel, Petersilie und Eier darüberstreuen.

Badischer Spargelsalat

750 g abgekochte Spargel, kleingeschnitten, 150–200 g kleine, dicke Schinkenwürfelchen, 1 vorbereitete, kleingeschnittene Tomate, 1 Eßl. Tomatenketchup, 3 Eßl. Schlagsahne, Kirschwasser oder Weinbrand, 100 g Salat-Mayonnaise. – Salatblätter

Die Spargelstücke, Schinkenwürfelchen und Tomatenstückchen unter die mit Tomatenketchup und Schlagsahne verfeinerte und mit Kirschwasser oder Weinbrand abgeschmeckte Mayonnaise mischen. Auf gewaschenen, gut abgetropften Salatblättern anrichten.
Dieser Salat kann auch als Vorspeise bei einem festlichen Essen oder auf getoastetem Weißbrot angerichtet werden.

»Sieben frißt«

1 weißer Rettich, 1 Salatgurke, 2 gelbe Rüben, 4 Tomaten, etwas gekochte rote Rübe aus dem Glas, gekochte Selleriestückchen, 1 kleingehackte Zwiebel, 100 g Emmentaler Käse, 3 Eßl. Öl, 3 Eßl. Essig, Salz, Pfeffer

Rettich, Salatgurke, gelbe Rüben und Tomaten nach dem Waschen in Scheiben, rote Rübe und Sellerie in Stifte schneiden. Die Zwiebelstückchen und den in Streifen oder Würfel geschnittenen Emmentaler Käse zufügen. Aus Öl, Essig, Salz und Pfeffer eine Marinade rühren, über die Salatzutaten gießen und vermischen. Würzig abschmecken.

Mit diesem Salat verbindet sich eine uralte, wohl bäuerliche Sitte. Die Anwesenden sitzen um den Tisch, würfeln der Reihe nach, bis die Zahl 7 kommt. Derjenige darf nun so lange essen, bis die nächste 7 gewürfelt wird. Das Spiel war aus, wenn die Salatschüssel leer war.

Geriebener Rettichsalat

4 größere Rettiche, Salz, Pfeffer, 2–3 Eßl. Essig, 2 Eßl. Öl, kleingeschnittener Schnittlauch

Die Rettiche schaben, gut waschen, reiben und mit Salz, Pfeffer, Essig, Öl und Schnittlauch pikant anmachen. Gut durchziehen lassen.

Die geriebenen Rettiche kann man auch unter einen Kartoffelsalat mischen.

Freiburger Ackersalat

150 g Ackersalat, einige Scheiben von roten Rüben und einige Selleriescheiben aus dem Glas, ⅛ l süße Sahne, 1 Eßl. Obstessig, Selleriesalz, Paprikapulver, Senf

Den Ackersalat verlesen, gut waschen und trocknen. Die rote Rüben- und Selleriescheiben in Stifte schneiden. Aus Sahne, Obstessig, Selleriesalz und den restlichen Gewürzen eine Marinade rühren und unter den Ackersalat mischen. Diesen am Rand mit den rote Rüben- und Selleriestiften garnieren.

Rote Rübensalat

1 größere rote Rübe, 1 Apfel, 1 größere, kleingehackte Zwiebel, 1 Becher Joghurt, 2 Eßl. Öl, 1 Prise Zucker, Salz, Zitronensaft

Die rote Rübe schälen, waschen und feinreiben. Den geschälten, in hauchdünne Scheibchen oder kleine Würfel geschnittenen Apfel sowie die Zwiebelstückchen dazugeben. Joghurt mit Öl vermischen, mit den Gewürzen und Zitronensaft pikant abschmecken, über die Rohkost geben und gut vermischen. Vor dem Anrichten gut durchziehen lassen.

Wiesensteiger Weißkrautsalat

300 g Weißkraut, 3 Eßl. Öl, 2–3 Eßl. Weinessig, 1 kleingehackte Zwiebel, 1 Teel. feingewiegte Küchenkräuter, Salz, Pfeffer, 3 Eßl. ausgelassene Speckwürfel

Die Weißkrautblätter gut waschen, die Rippen entfernen und die Blätter in feine Streifen schneiden oder hobeln. Öl, Weinessig, Zwiebelwürfel, Küchenkräuter vermischen, mit Salz und Pfeffer würzig abschmecken, über das Kraut gießen und den Salat mit Holzbrett oder Teller beschwert zwei Stunden durchziehen lassen. Vor dem Anrichten pikant abschmecken und die Speckwürfelchen daruntermischen oder darüberverteilen. Nach Belieben kann auch noch mit Kümmel gewürzt werden.

Gemischter Krautsalat

150 g Rotkraut, 150 g Weißkraut, 1 Apfel, 1 kleingehackte Zwiebel, 3 Eßl. Öl, 3 Eßl. Essig, 3 Eßl. Sauermilch, 1 Prise Zucker, Salz

Die Krautblätter gut waschen, von dem Weißkraut die Rippen abschneiden und die Blätter in Streifen schneiden oder hobeln. Den geschälten, kleingewürfelten Apfel und die Zwiebelstückchen dazugeben. Aus den restlichen Zutaten eine Marinade rühren, über das Kraut geben, gut vermischen und den Salat wie beim Wiesensteiger Weißkrautsalat beschwert etwa zwei Stunden zum Durchziehen auf die Seite stellen.

Einfacher Käsesalat

250 g Emmentaler oder anderen Hartkäse, 2 saftige, säuerliche Äpfel, 1 kleingehackte Zwiebel, 4 Eßl. Öl, 3–4 Eßl. Essig, Salz, Pfeffer

Den Käse und die geschälten und vom Kernhaus befreiten Äpfel in Würfelchen schneiden. Die Zwiebelstückchen dazugeben. Aus Öl, Essig, Salz und Pfeffer eine Marinade rühren, über die Salatzutaten gießen und daruntermischen. Würzig abschmecken.

Vitamin-Salat

400 g Sauerkraut aus der Dose, 1 großer, saftiger Apfel, 200 g in Scheiben geschnittener Hartkäse, 1 Becher saurer Rahm, Salz, 1–2 Eßl. Essig oder Zitronensaft

Das rohe Sauerkraut feinwiegen. Den geschälten Apfel in dünne Scheibchen schneiden und den Käse klein würfeln oder in dünne Streifen schneiden. Beides zu dem Sauerkraut geben. Rahm mit Salz, Essig oder Zitronensaft würzig abschmecken, über die Salatzutaten verteilen und gut vermischen. Vor dem Anrichten gut durchziehen lassen.
Anstelle von Rahm kann auch Joghurt, mit 2 Eßl. Öl vermischt, verwendet werden.

Schwäbischer Wurstsalat

300 g Fleischwurst, 200 g Schwarz- oder Speckwurst, 2 kleingehackte Zwiebeln, 3 Eßl. Öl, 2–3 Eßl. Weinessig, ½ Teel. Salz, Senf

Die gehäutete Wurst in Streifen schneiden und die Zwiebelstückchen dazugeben. Aus Öl, Weinessig, Salz und Senf eine würzige Marinade rühren, über die Wurst verteilen und gut vermischen.
Der Salat kann mit Paprikastreifen aus dem Glas oder kleingehackten Essiggürkchen leicht verändert werden.

Eiersalat

6 hartgekochte Eier, 4 Tomaten, 4 Eßl. Joghurt, 1 Eßl. Tomatenketchup, 100 g Mayonnaise, Zitronensaft oder Weinessig. – Sardellenfilets, Kapern

Die erkalteten Eier in Scheiben schneiden und auf eine Platte schichten. Die Tomaten einige Minuten in kochendheißes Wasser legen und die Haut abziehen. Die Tomaten vierteln und über die Eischeiben verteilen. Joghurt und Tomatenketchup unter die Mayonnaise rühren, würzig mit Zitronensaft oder Weinessig abschmecken und über die Salatzutaten verteilen. Den Salat mit Sardellenfilets und Kapern garnieren.

Pikanter Hörnchensalat

100 g Emmentaler Käse, 1 Rote Wurst, 100 g gedünstete Erbsen (Rest), 150 g abgekochte Hörnchen, 3 Eßl. Öl, 3 Eßl. Weinessig, Salz, Pfeffer. – 1 hartgekochtes, geschältes Ei

Den Käse würfeln, die Rote Wurst in Scheiben schneiden und mit den Erbsen unter die Hörnchen mischen. Öl, Essig, Salz und Pfeffer zu einer würzigen Marinade rühren, über die Salatzutaten gießen und vermischen. Mit Eivierteln garnieren.

Makkaroni-Salat

4 Tomaten, 1 Gewürzgurke, 100 g Fleischwurst oder Schinken, 3 Eßl. Öl, 4 Eßl. Essig, Senf, Salz, 250 g abgekochte Makkaroni, 1 feingewiegte Zwiebel

Die gewaschenen Tomaten, Gewürzgurke, Wurst oder Schinken in kleine Würfel schneiden. Aus Öl, Essig, Senf und Salz eine Marinade bereiten, diese über die kleingeschnittenen Makkaroni geben, vermischen und gut durchziehen lassen. Die vorbereiteten übrigen Zutaten zuletzt, erst kurz vor dem Anrichten, dazugeben. Den Salat gekühlt reichen. Er schmeckt im Sommer sehr erfrischend.

Hirnsalat

250 g gekochtes Kalbshirn, 1 kleingehackte Zwiebel, 1–2 Essiggurken, Zitronensaft oder Essig, 4–5 Eßl. Salat-Mayonnaise. – ½ Bund feingewiegte Petersilie

Das gehäutete und erkaltete Hirn in kleine Stücke schneiden, die Zwiebelstückchen und die kleingeschnittenen Essiggurken dazugeben und den Salat mit einer mit Zitronensaft oder Essig pikant abgeschmeckten Salat-Mayonnaise anmachen. Mit kleingeschnittener oder feingewiegter Petersilie garnieren.

Pikanter Rindfleischsalat

500 g gekochtes Siedfleisch, 2 Essiggürkchen, 1 Bund Radieschen, 1 kleingehackte Zwiebel, 1 Teel. Senf, 4 Eßl. Weinessig, 4–5 Eßl. Öl, Salz, Pfeffer

Das Fleisch in kleine Würfel, die Essiggürkchen und die gewaschenen Radieschen in Scheiben schneiden. Mit den Zwiebelstückchen zu dem Fleisch geben. Aus Senf, Weinessig, Öl und den Gewürzen eine Salatsoße rühren, über die Salatzutaten gießen, gut vermischen und vor dem Servieren etwa eine Stunde durchziehen lassen.

Kuttelsalat Schwiegermutter

1 kleingehackte Zwiebel, 500 g gekochte, in Streifen geschnittene Kutteln, 3 Eßl. Öl, 3 Eßl. Weinessig, Salz, Pfeffer. – Tomatenachtel

Die Zwiebelstückchen unter die Kutteln mischen. Aus den restlichen Zutaten eine Marinade rühren, über die Kutteln gießen und daruntermischen. Würzig abschmecken und vor dem Anrichten durchziehen lassen.
Mit Tomatenachteln verziert, erhält der Salat einen Farbtupfer, der ihm nicht schlecht steht.

Geflügelsalat

375–500 g gekochtes Hühnerfleisch, 1 saftiger Apfel, 2 Eßl. Ananasstückchen, 2 Eßl. kleingehackte Nüsse, 150 g Joghurt-Mayonnaise, 1 Teel. Tomatenketchup, Zitronensaft. – Salatblätter zum Auslegen der Schüssel

Die Haut von dem Hühnerfleisch entfernen und das Fleisch in kleine Stücke schneiden. Den geschälten, vom Kernhaus befreiten Apfel in dünne Scheibchen schneiden und mit den Ananasstückchen und Nüssen unter das Hühnerfleisch mischen. Die Joghurt-Mayonnaise mit Tomatenketchup und Zitronensaft würzig abschmecken, über die Salatzutaten verteilen und vermischen. In einer mit Salatblättern ausgelegten Schüssel anrichten.

Waldorf Salat

300 g gekochte Selleriescheiben aus dem Glas, 4 saftige Äpfel, 2 Eßl. Ananasstückchen, 2–3 Eßl. in Scheiben geschnittene Haselnüsse, 150 g Mayonnaise, 6 Eßl. Joghurt, Zitronensaft, 1 Eßl. Tomatenketchup. – Einige ganze Haselnüsse

Die abgetropften Selleriescheiben und die geschälten, vom Kernhaus befreiten Äpfel in Stifte schneiden. Die Ananasstückchen und Scheibchen der Haselnüsse daruntermischen. Mayonnaise mit Joghurt vermischen und würzig mit Zitronensaft und Tomatenketchup abschmecken. Über die Salatzutaten verteilen und dann daruntermischen. Gut durchziehen lassen. Den Salat mit einigen ganzen Haselnüssen garnieren.

Italienischer Salat

500 g in der Schale gekochte, geschälte Kartoffeln, 2–3 saftige, säuerliche Äpfel, 1 gewässerter, vorbereiteter Salzhering oder 2 gewässerte Heringsfilets, 250 g gegarter Kalbsbraten oder gegartes Hühnerfleisch, 1–2 Gewürzgurken, 1 Teel. Senf, 2–3 Eßl. Öl, 2–3 Eßl. Weinessig, ⅛ l saurer Rahm oder Joghurt, Salz, Pfeffer. – 2 hartgekochte Eier, 4 Sardellenfilets

Die Kartoffeln, die geschälten, vom Kernhaus befreiten, geviertelten Äpfel, den Salzhering oder die Heringsfilets sowie den Kalbsbraten oder das Hühnerfleisch in kleine Würfel schneiden. Die Gewürzgurken kleinhacken und dazugeben. Für die Soße Senf, Öl, Weinessig und Rahm oder Joghurt verrühren, würzig abschmecken und über die Salatzutaten gießen. Gut vermischen. Die geschälten Eier vierteln und mit den Sardellenfilets als Garnitur verwenden. Den Salat vor dem Anrichten im Kühlschrank noch gut durchziehen lassen. Wenn notwendig kann unter die Salatsoße auch noch etwas Fleischbrühe gerührt werden. Sehr gut schmeckt der Salat auch, wenn er mit einer Joghurt-Mayonnaise vermischt wird.

Schwäbischer Heringssalat

4 Heringsfilets, 750 g in der Schale gekochte Kartoffeln, 1 Apfel, 1 gekochte, rote Rübe, 1 Gewürzgurke, 1 feingehackte Zwiebel, 3 Eßl. Essig, 3 Eßl. Öl, 1 Teel. Senf, Salz, Pfeffer, 1 Prise Zucker, ⅛ l saurer Rahm oder heiße Fleischbrühe

Die Heringsfilets kurze Zeit in Milch legen, dann wie die geschälten Kartoffeln in kleine Würfel und den geschälten, vom Kernhaus befreiten Apfel, die geschälte rote Rübe und die Gewürzgurke in kleine, dünne Scheibchen schneiden. Alles mit den Zwiebelstückchen in eine Schüssel geben. Aus Essig, Öl, Senf, Salz, Pfeffer und Zucker eine Marinade rühren, mit dem Rahm verfeinern oder Fleischbrühe zugießen, würzig abschmecken, über die Salatzutaten gießen und alles gut vermischen. Den Salat vor dem Anrichten einige Stunden zugedeckt durchziehen lassen.

Thunfischsalat Charlotte

1 Dose Thunfisch, 2 mittelgroße, saftige Äpfel, 125 g Salatcreme mit Joghurt aus dem Glas, 1 Eßl. Tomatenketchup, Zitronensaft oder Essig. – Paprikaschotenstreifen aus dem Glas

Den abgetropften Thunfisch in kleine Stücke zerteilen. Die geschälten, vom Kernhaus befreiten Äpfel in Stifte schneiden und dazugeben. Salatcreme mit Tomatenketchup und Zitronensaft oder Essig würzig abschmecken und über die Salatzutaten verteilen. Vorsichtig darunterheben.
Mit Paprikaschotenstreifen garnieren.

Schneckensalat

1–2 Dosen Schnecken oder 2 Pakete Schnecken aus der Tiefkühltruhe, 4 Eßl. Öl, 2 Eßl. Weinessig, Salz, Pfeffer. – 1 kleingehackte Zwiebel

Die abgetropften oder aufgetauten Schnecken in eine Schüssel geben und mit einer würzigen Marinade aus Öl, Weinessig, Salz und Pfeffer vermischen. Gut durchziehen lassen und vor dem Anrichten die Zwiebelstückchen darüber verteilen.

Beliebte Mehlspeisen

Vielleicht geht die Vorliebe der Schwaben (Alemannen) für Mehlspeisen darauf zurück, daß sie sich einst, lange bevor es die Spätzle gab, vermutlich erzählten sich die Römer schon davon, von Habermus ernährten (Haber kommt von Hafer). Dies galt insbesondere für die Allgäuer Schwaben. Im Allgäu hieß es früher noch lange bis in unser letztes Jahrhundert hinein »'s Mues geit au starke Fueß.«
Fest steht, daß die Schwaben ihre Mehlspeisen lieben und dies kein Wunder ist, denn auch für die »Reingeschmeckten« gibt es wahre Köstlichkeiten darunter, sehr oft in süßer Ausgabe mit Obst als Beilage, aber auch salzig mit einem »Salätle«. Sie bestehen hauptsächlich mehr oder weniger aus Mehl (Grieß), Milch und Eiern und benötigen Fett zum Ausbacken. Gerade letzteres muß mit Verstand und Gefühl geschehen, und die schwäbische Hausfrau kann hier oft ihre Kunstfertigkeit beweisen.
Die Verwandlungsfähigkeit der Mehlspeisen ist groß. So ist zum Beispiel ein Pfannkuchen, auf verschiedene Weise pikant gefüllt, immer eine neue, verlockende Delikatesse, ob sie nun süß oder salzig ist. Oder es werden eingeweichte Brötchenscheiben mit einem Pfannkuchenteig umhüllt und zu »Armen Rittern« gebacken. Es gibt ferner zum Beispiel die Zwetschgenbavesen, den Hohenloher Eierblotz oder die Waffeln.
Eine besonders willkommene Mehlspeise sind die aufgezogenen oder die gebackenen Dampfnudeln. Die aufgezogenen haben es in sich. Während des Backens muß die Hausfrau ganz Ohr sein. Sie steht vor der zugedeckten Pfanne und hört auf das Zischen des kochenden Wassers. Sobald dieses übergeht in das Brutzeln des Fettes, sind die Dampfnudeln fertig. Vorsichtig, aber schnell muß der Deckel dann abgenommen werden, da kein Tropfen vom Wasserdampf auf die prächtig aufgegangenen Dampfnudeln fallen darf. Ihre Schönheit wäre dahin. Wenn aber das Werk gelungen ist und sie ihre berühmte Kochkunst wieder einmal bewiesen hat, präsentiert die schwäbische Hausfrau stolz ihre köstlichen Dampfnudeln mit den knusprigen Füßchen. Sie schmecken großartig zu Kompott, Apfelbrei oder »Schnitz und Zwetschga«.
Eine gegensätzliche Variante: Wenn es gewünscht wird, thronen die Dampfnudeln auch heute noch auf dem Sauerkraut.

Pfannkuchen Grundrezept

250 g Mehl, 2 Eier, Salz, etwa ½ l Milch, Backfett

Das Mehl, Eier und Salz mit der Hälfte der Milch zu einem glatten Teig rühren. Langsam die restliche Milch zugeben und darauf achten, daß der Teig dickflüssig wird. Das Fett erhitzen, einen Schöpflöffel Teig zufügen und den Teig jeweils beidseitig zu Pfannkuchen backen. Schlägt man das Eiweiß zu Schnee, werden die Pfannkuchen besonders locker.

Verschiedene Arten des Anrichtens von Pfannkuchen:

Mit Zucker und Zimt bestreuen und dazu Kompott reichen.

Mit einer pikant abgeschmeckten Quarkmasse bestreichen und zusammengerollt reichen.

Mit einer süßen, mit Marmelade oder kleinen Obststückchen vermischten Quarkmasse füllen.

Mit Erbsen und Schinkenstückchen füllen.

Ferner:

Lachs in kleine Stückchen schneiden (Lachsschnitzel) und die Pfannkuchen gefüllt und zusammengerollt servieren.

Hackfleisch mit kleingehackten Zwiebeln anbraten, mit etwas Tomatenmark und Dosenmilch vermischen, auf die Pfannkuchen verteilen und als Torte aufgeschichtet anrichten.

Gekochten Schinken oder Zwiebelstückchen mit Speckwürfelchen hell dünsten und im Pfannkuchenteig mitbacken.

Lauch in dünne Ringe schneiden, unter den Teig mischen und Pfannkuchen zu schöner Farbe backen. Mit Tomatenscheiben garniert anrichten.

Unter den Pfannkuchenteig kleingeschnittene Wurststückchen und feingeschnittenen Schnittlauch mischen. Pfannkuchen hell backen.

Gedünstete Champignons auf die Pfannkuchen legen und zusammengelegt anrichten.
Wer Süßes liebt, füllt die Pfannkuchen als weitere Variation mit Schlagsahne und Obststückchen oder bestreut sie mit Zucker, gießt etwas Orangensaft darüber und überbackt sie kurz in einer Auflaufform.
Lecker sind Pfannkuchen mit heißem Apfelbrei bestrichen, zusammengerollt und mit hellgerösteten Mandelblättchen bestreut.

Kirschenpfannkuchen

Pfannkuchenteig, Grundrezept Seite 130, etwa 750–1000 g ausgesteinte Kirschen, Backfett, Zucker

Pfannkuchen auf einer Seite backen, mit einigen Kirschen belegen, vorsichtig wenden und fertigbacken. Mit Zucker bestreut anrichten.

Schwarzwälder Heidelbeerpfannkuchen

Pfannkuchenteig, Grundrezept Seite 130, ½–1 kg Heidelbeeren, Backfett, Zucker

Pfannkuchen auf einer Seite backen, verlesene Heidelbeeren darauf verteilen, vorsichtig wenden und fertigbacken. Mit reichlich Zucker bestreut auftragen.

Apfelpfannkuchen

Pfannkuchenteig, Grundrezept Seite 130, 3 saftige Äpfel, Zucker und Zimt, Backfett

Unter den glattgerührten Pfannkuchenteig die geschälten, vom Kernhaus befreiten, in dünne Scheiben geschnittenen Äpfel mischen. Pfannkuchen backen und mit Zucker und Zimt bestreuen.
Anstelle von Äpfeln können auch Mandarinenspalten oder Ananasstückchen verwendet werden.

Käsepfannkuchen

Pfannkuchenteig, Grundrezept Seite 130, 2 Eigelbe, 1–2 Ecken Schmelzkäse, ¼ l Weiße Soße (Beutel oder Schächtelchen), Salz, Pfeffer, kleingehackte Petersilie oder Tomatenketchup

Pfannkuchen beidseitig knusprig backen. Eigelbe und Schmelzkäse unter die heiße, weiße Soße rühren und mit Salz und Pfeffer würzen. Jeden Pfannkuchen dick mit der fertigen Creme bestreichen, einmal zusammenlegen und mit Petersilie bestreuen oder mit Tomatenketchup garnieren.
Hell geröstete Zwiebelstückchen darüber verteilt, schmecken auch gut dazu.

Apfelküchle

500 g süßsaure, saftige Äpfel, dickflüssiger Pfannkuchenteig, Grundrezept Seite 130, Backfett, Zucker und Zimt

Die Äpfel schälen, Kernhaus entfernen und in dickere Scheiben schneiden. Diese in den Pfannkuchenteig tauchen und in reichlich Fett ausbacken. Dick mit Zucker und Zimt bestreuen.

Die Schwäbin ist erfinderisch: Auch die nachfolgenden Küchle schmecken gut.

Weißensteiner Holler-Küchle

Holunderblüten, dickflüssiger Pfannkuchenteig nach dem Grundrezept, Backfett, Zucker

Die Holunderblüten mit dem Stiel waschen, in den Pfannkuchenteig tauchen und in heißem Fett schwimmend backen. Die Küchle nach dem Abtropfen mit Zucker bestreuen.
Diese Küchle werden besonders gern auf der Oberlenninger Alb, der Ostalb und im Filstal gegessen. Es gibt sie einmal im Jahr, wenn der Holunder blüht.

Doppelt gebackene Pfannkuchen

2 Eßl. Mehl, Milch, 6–8 Eier, 1 Teel. kleingeschnittener Schnittlauch, 1 kleine feingehackte Zwiebel, 30 g kleingeschnittener Speck, Salz, Backfett

Etwa 1 Eßlöffel Mehl mit ganz wenig Milch glattrühren. Die Hälfte der Eier, Schnittlauch, Zwiebel, Speck und Salz zufügen und, wenn notwendig, den Teig noch mit etwas Milch verdünnen. Aus diesem Teig 2 Pfannkuchen backen und erkaltet in dünne Streifen schneiden. Das restliche Mehl wieder mit wenig Milch, den restlichen Eiern und Salz zu einem glatten Teig rühren, die in Streifen geschnittenen Pfannkuchen daruntermischen und das Ganze in heißem Fett in einer Pfanne zugedeckt etwa 15 Minuten backen.
Dazu gibt es Gemüse.

Hefepfannkuchen

250 g Mehl, 1 Ei, Salz, 1 Stück Butter, ¼ l Milch, 10 g Hefe, Backfett

Aus Mehl, Ei, Salz, weicher Butter und Milch einen glatten Pfannkuchenteig rühren. Hefe auflösen und daruntermischen. Den Teig gut abschlagen und zum Gehen auf die Seite stellen.Pfannkuchen backen. Dazu Kompott.

Arme Ritter

5 Brötchen, etwa ¾ l Milch, 250 g Mehl, 2–3 Eier, Salz, Backfett. – Zucker und Zimt

Die Brötchen in Scheiben schneiden, etwa ⅜ l Milch darübergießen und nur so lange stehen lassen, bis sie etwas durchgezogen, aber nicht weich sind. Aus dem Mehl, der restlichen Milch, den Eiern und wenig Salz einen dicken Pfannkuchenteig rühren, die Brötchenscheiben einzeln dann eintauchen und in heißem Fett auf beiden Seiten goldgelb backen. Mit Zucker und Zimt bestreuen und auf einer vorgewärmten Platte anrichten.
Dazu gibt es beliebiges Kompott.
Wer es pikant liebt, läßt Zucker und Zimt weg und serviert Kopfsalat oder einen beliebigen Gemüsesalat dazu.

Dampfnudeln, aufgezogen

25 g Hefe, etwa ⅛ l lauwarme Milch, 3 Eßl. Zucker, 500 g Mehl, 60–80 g Butter oder Margarine, 2–3 Eier, 1 Prise Salz, Backfett, Wasser oder Milch

Die Hefe (1 Würfel oder 1 Päckchen Trockenbackhefe) mit etwas lauwarmer Milch und 1 Teelöffel Zucker auflösen und 10 Minuten beiseitestellen. Aus Mehl, zerstückelter, weicher Butter oder Margarine, den Eiern, der restlichen Milch, Salz, dem restlichen Zucker und der aufgelösten Hefe einen Teig rühren und schlagen, bis er Blasen wirft und sich von der Schüssel löst. Mit dem elektrischen Handrührgerät geht es problemlos. Den Hefeteig dann zugedeckt an einem warmen Ort gehen lassen, hernach etwa 1½ cm dick auswellen, mit einem Glas Küchlein ausstechen und diese nochmals zum Gehen zugedeckt auf die Seite stellen. In einer Bratkachel (Kasserolle) Fett erhitzen, 1 Tasse Wasser oder Milch zugießen, etwas Salz oder nach Belieben auch Zucker dazugeben, zum Kochen bringen und die Dampfnudeln einlegen. Die Kasserolle zudecken und die Dampfnudeln zuerst bei geringer, dann bei mittlerer Hitze aufziehen. Die Garzeit beträgt 15–20 Minuten. Ist kein Brutzeln mehr zu hören, wird der Deckel mit Bedacht, jedoch schnell, abgenommen. Die Dampfnudeln dürfen keine Wassertropfen abbekommen. Die Dampfnudeln, die auch eine schöne Kruste an der Unterseite haben sollen, herausnehmen und sofort auf einer vorgewärmten Platte anrichten.

Dazu gibt es Kompott oder eine Vanillesoße oder, was man bei den Schwaben besonders gern ißt, Schnitz und Zwetschgen, Rezept Seite 102.

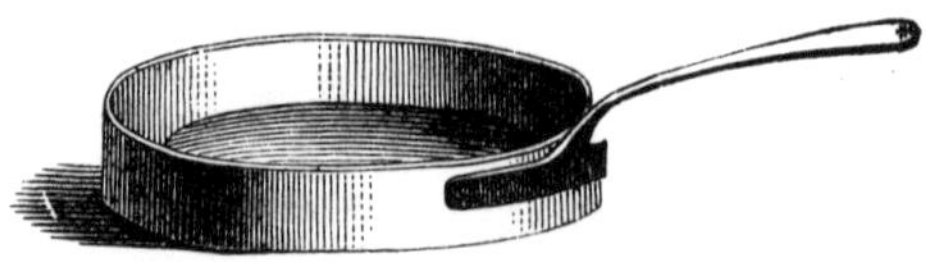

Dampfnudeln, gebacken

Dampfnudelteig, Fett, Butter, Eigelb, Hagelzucker

Die Dampfnudeln nach dem Gehen wie beschrieben ausstechen und auf ein gut gefettetes und etwas gezuckertes Blech setzen. Die Butter erhitzen, die Dampfnudeln zuerst damit und dann mit Eigelb bestreichen und bei mittlerer Hitze halb garen, mit Zucker bestreuen und bei guter Hitze fertig backen.

Apfelnudeln

Dampfnudelteig. Fülle: 500 g Äpfel, 50 g Rosinen oder Sultaninen, 2 Eßl. geriebene Haselnüsse, 3–4 Eßl. Zucker

Den Hefeteig aufgehen lassen, zu einer Rolle formen und mit einem Eßlöffel größere Küchlein abstechen. Die Äpfel schälen, vierteln, das Kernhaus entfernen und die Äpfel dann in kleine Stückchen schneiden. Die gut gewaschenen, mit Küchenkrepp getrockneten Rosinen oder Sultaninen mit den Haselnüssen und dem Zucker unter die Äpfelstückchen mischen. Die Teigküchlein damit füllen und zugedeckt nochmals, wie bei den Dampfnudeln angegeben, gehen lassen und garen.
Die Apfelnudeln schmecken auch gut, wenn man sie gefüllt auf ein gefettetes Backblech setzt, mit Eigelb bestreicht, Vanillezucker darüberstreut und im vorgeheizten Backofen bei Mittelhitze, 200°, etwa 40 Minuten backt.
Dazu dann eine heiße Vanille- oder Schokoladensoße oder Apfelbrei reichen.
Anstelle der Äpfel können die Nudeln auch mit einer entsteinten Zwetschge oder einigen entsteinten Kirschen gefüllt werden.

Karthäuser Klöße

8 Milchbrötchen, etwa ½ l Milch, 3–4 Eier, Backfett, Zucker und Kakao

Die Brötchen halbieren, abreiben, in der Milch gut durchziehen, jedoch nicht zu weich werden lassen, ausdrücken, in den verquirlten Eiern, dem abgeriebenen Weckmehl wenden und in heißem Fett auf beiden Seiten knusprig backen. Zuletzt in dem mit Kakao vermischten Zucker wenden. Dazu wird gerne Apfelbrei oder Kompott gegessen.

Rotwein-Klöße

Sie werden genau so wie die Karthäuserklöße hergestellt, nur anstatt mit Milch mit heißem Rotwein übergossen und zuletzt in Zucker und Zimt gewendet.

Quark-Kratzete

750 g Quark, 250 g Grieß, Salz, 2 Eßl. kleingehackte Küchenkräuter, 4–5 Eier, Backfett

Den Quark mit dem Grieß vermischen und etwa 1–2 Stunden beiseitestellen. Die übrigen Zutaten dann darunterrühren und einen Teil des Teiges in heißem Fett auf einer Seite backen, mit Gabeln auseinanderreißen, wenden und fertig backen. Mit dem Rest des Teiges genauso verfahren. Dazu reicht man Salat. Verwendet man statt Salz und Kräutern Zucker, wird ein Kompott dazu gereicht.

Zwetschgenbavesen

6–8 Brötchen vom Tage zuvor, Zwetschgengesälz, ½–¾ l Milch, 2 Eier, 3–4 Eßl. Weckmehl, Backfett. – Zucker und Zimt

Die Brötchen abreiben, in dünne Scheiben schneiden und auf die Hälfte davon jeweils einen Eßlöffel Zwetschgengesälz (Zwetschgenmarmelade) streichen. Jede dieser Scheiben mit einer anderen, nicht belegten, bedecken. Dann die Milch darübergießen und etwa 15 Minuten ziehen lassen. Eier verquirlen und mit Weckmehl vermischen. Die Bavesen darin wenden und in heißem Fett auf beiden Seiten hell backen. Mit Zucker und Zimt bestreuen. Dazu Kompott reichen.

Grieß-Schnitten

1 l Milch, 3 Eßl. Zucker, 1 Stück Butter, Salz, 250 g Grieß, ungespritzte, abgeriebene Zitronenschale, 1–2 Eßl. Rosinen, 2–3 Eier, Weckmehl, Backfett. – Zucker und Zimt

Die Milch, Zucker, Butter und Salz zum Kochen bringen, unter Rühren Grieß zufügen und so lange weiter rühren, bis sich der Grieß vom Topf löst. Topf vom Feuer nehmen, gewaschene Zitronenschale, Rosinen und verquirlte Eier unterziehen und den Grießteig fingerdick und gleichmäßig auf ein nasses Holzbrett streichen. Nach dem Erkalten beliebig breite und lange Streifen oder auch Dreiecke schneiden. Diese in verquirltem Ei und Weckmehl wenden und auf beiden Seiten knusprig zu schöner Farbe backen. Mit Zucker und Zimt bestreut, auf einer warmen Platte anrichten.

Dazu gibt es Apfelbrei oder beliebiges Kompott.

Auf dieselbe Art und Weise können auch Reisschnitten (auf 1 Liter Milch 225 g Milchreis) hergestellt werden.

Variante: Den Grießteig nicht in Schnitten teilen, sondern nach dem Erkalten in größeren Stücken backen und wie Eierhaber in der Pfanne dann zerreißen. Mit Zucker und Zimt bestreut anrichten.

Waffeln

50 g Butter, 30 g Zucker, 2–3 Eier, 250 g Mehl, ⅛ l Milch, 1 gestrichener Kaffeelöffel Backpulver. – Vanillezucker zum Bestreuen

Butter und Zucker schaumig rühren, Eigelbe, Mehl und Backpulver zufügen und mit der Milch zu einem glatten Teig rühren. Steifgeschlagenen Eischnee unterziehen. Das heiße Waffeleisen gut mit Fett bepinseln und die Waffeln bei guter Hitze zu heller Farbe backen. Mit Vanillezucker bestreuen und heiß zu Tisch geben.

Gefüllte Waffeln

Die gebackenen, erkalteten Waffeln halbieren und mit Schlagsahne füllen. Herrlich zu einer Tasse Kaffee!

Joghurtwaffeln

80 g Margarine oder Butter, 40 g Zucker, 4 Eier, 200 g Mehl, nicht gespritzte, abgeriebene Zitronenschale, 2 Teel. Weinbrand, 1 Becher Joghurt. – Fett zum Bestreichen

Die Butter schaumig rühren und Zucker, Eigelbe und die übrigen Zutaten daruntermischen. Steifen Eischnee unterziehen. In dem heißen, gefetteten Waffeleisen die Waffeln zu heller Farbe backen. Heiß auftragen.

Zimtwaffeln

100 g Butter, 60 g Zucker, 4 Eier, 1 Teel. Zimt, 125 g Mehl, Fett zum Bestreichen

Die Butter schaumig rühren, Zucker, Eigelbe, Zimt und Mehl daruntermischen und zuletzt den steifgeschlagenen Eischnee unterziehen. Der Teig muß fest, aber doch noch geschmeidig sein. Nußgroße Kugeln formen. Waffeleisen erhitzen, fetten und die Kugeln backen. Diese Waffeln werden ganz besonders gern auch zu Weihnachten gebacken.

Hohenloher Eierblotz

3–4 alte Wecken, ¼ l heiße Milch, 80 g Butter, 1 kleingehackte Zwiebel, 2 Eßl. feingewiegte Petersilie, 3–4 Eier, Salz, Muskat, Backfett

Die Brötchen in dünne Streifen schneiden, heiße Milch darübergießen und zugedeckt etwa 30 Minuten beiseitestellen. Etwas Butter erhitzen, kleingehackte Zwiebel und Petersilie kurz dämpfen und mit der restlichen Butter, den Eigelben, Salz und Muskat unter die Wecken mischen. Eiweiße zu steifem Schnee schlagen und darunterrühren. Backfett erhitzen und die Weckenmasse auf beiden Seiten backen.

Dazu gibt es Kopfsalat und eine Tomatensoße.

Mit diesem Gericht verbindet sich im Hohenlohischen eine alte Sitte. Eine Braut besteht erst dann die Prüfung als zukünftige Ehefrau, wenn sie es versteht, ihrem Bräutigam dieses Essen vortrefflich zuzubereiten und zu servieren.

Weckeierhaber

3–4 alte Wecken, 100 g kleingeschnittener Speck, ⅛ l Milch, 2 Eier, Salz, Muskat, 3–4 Eßl. geriebener Käse, 2 Eßl. kleingehackte Petersilie

Die Wecken in dünne Scheiben schneiden und in dem erhitzten Speck hell rösten. Milch mit Eiern, Gewürzen, Käse und Petersilie gut verrühren, über die Wecken geben und so lange backen, bis alles fest ist. Während des Backens mit einer Gabel das Ganze zerreißen und wenden.

Dazu paßt jede beliebige Bratensoße und grüner Salat.

Schwäbischer Speckkuchen

25 g Hefe (1 Würfel oder 1 Päckchen Trockenbackhefe), ⅛–¼ l lauwarme Milch, 500 g Mehl, 65 g Margarine, 1 Eßl. Schweineschmalz, Salz, ¼ l saurer Rahm, 2 Eier, 1 Teel. Kümmel, 300–350 g Speckwürfel

Aus Hefe, Milch, Mehl, Fett und Salz einen Hefeteig, wie im Grundrezept auf Seite 203 beschrieben, bereiten. Den gegangenen Teig auswellen und in einem gefetteten, leicht mit Mehl bestäubten Backblech, auch Springblech, nochmals gehen lassen. Dann den Rahm mit den Eiern verquirlen, etwas Salz und Kümmel dazugeben und den Teig damit bestreichen. Die Speckwürfel darauf verteilen und den Kuchen im vorgeheizten Backofen bei guter Mittelhitze, 200–225°, etwa 30 Minuten backen.

Warm servieren. Nach Belieben kann dazu Kopfsalat oder auch ein Rote Rüben-Salat gereicht werden.

Oberschwäbischer Zwiebeldünnet (Fladen)

1 kleines Paket tiefgefrorener Hefeteig, 300 g junge Zwiebelröhrchen, 3 Eier, Salz, Pfeffer, gut 250 g mit Butter vermischter Kräuterkäse. – Butterflöckchen

Aufgetauten Hefeteig dünn auswellen und auf ein gefettetes Kuchenblech legen. Das Grün von den Zwiebelröhrchen etwas abschneiden. Die Zwiebelröhrchen mit den Eiern, Salz und Pfeffer unter den Kräuterkäse mischen und dann auf den Hefeboden streichen. Einige Butterflöckchen darauf verteilen und den Dünnet im vorgeheizten Backofen bei guter Hitze knusprig backen. Heiß aufschneiden und servieren. Ein Mittagessen, das sättigt.

Zum Trinken wird Milch-Kaffee, ein leichter Wein oder Bier empfohlen.

Langenburger Quarkblotz

Hefeteigboden für eine Springform, 1 kg Magerquark, ½ l Sauermilch, 4 Eßl. Mehl, 3–4 Eier, 50 g Rosinen, 80–100 g Zucker

Den ausgewellten Hefeteig in eine gefettete, runde Kuchenform geben. Darauf den mit den übrigen Zutaten glatt gerührten Quark verteilen. Das Ganze im vorgeheizten Backofen bei mittlerer Hitze backen. Der Kuchen wird aufgeschnitten und als Mittagessen angeboten.

Aufläufe mal pikant, mal süß

Pikante Aufläufe

Nudelauflauf mit Schinken

250–375 g breite Nudeln oder andere Teigwaren, Salzwasser, 200 g gekochter Schinken, ¼ l Milch, 2 Eier, Salz, 1 Teel. Tomatenmark. – Butterflöckchen, 2 Eßl. geriebener Käse

Die Nudeln oder andere Teigwaren in reichlich Salzwasser garen. Den Schinken in Streifen schneiden. Die Nudeln abgetropft, mit den Schinkenstückchen im Wechsel, in eine gut gefettete Auflaufform geben. Die Milch mit den Eiern, Salz und Tomatenmark verquirlen und darüberverteilen. Einige Butterflöckchen aufsetzen und den Auflauf in dem vorgeheizten Backofen bei mittlerer Hitze, 200°, etwa 30 Minuten backen. Dann den Käse darüberstreuen und den Auflauf bei Oberhitze gratinieren.
Dazu gibt es Tomatensoße und einen knackfrischen, grünen Salat.
Statt gekochtem Schinken schmeckt auch kleingeschnittenes Schwarzwälder Rauchfleisch daruntergemischt sehr gut.

Aufgezogene Nudeln

250–375 g abgekochte Nudeln, 4 Eier, ¼ l süßer Rahm oder Milch, Salz, 1 Bund kleingewiegte Petersilie. – 20 g Butter, 1 kleingehackte Zwiebel

Die Nudeln in eine gefettete Auflaufform füllen. Eier verquirlen, Rahm oder Milch, Salz und kleingehackte Petersilie zufügen und über den Nudeln verteilen. Das Gericht im vorgeheizten Backofen bei 200° etwa 25 Minuten backen. Die Butter erhitzen, die Zwiebelstückchen hell rösten und dann den Auflauf damit garnieren.
Auch ausgelassene Speckwürfelchen können darauf angerichtet werden.

Gratinierte Spaghetti

250 g Spaghetti, Salzwasser, 100 g Butter, 100 g geriebener Käse, Salz, Muskat, ¼ l saurer Rahm, Weckmehl

Die Spaghetti brechen und in kochendem Salzwasser garen. Auf einem Sieb abschrecken, abtropfen lassen und in eine gefettete, flache Auflaufform geben. Die Butter schaumig rühren, Käse, Gewürze und sauren Rahm zugeben und über den Spaghetti verteilen. Etwas Weckmehl darüberstreuen, noch einige Butterflöckchen anbringen und die Spaghetti bei mittlerer Hitze, 200°, im vorgeheizten Backofen etwa 20 Minuten überbacken.

Diese Beilage wird zu einem selbständigen Gericht, wenn man noch etwas kleingehackte Geflügelleber, Rinderleber, kleingeschnittene Braten- oder Gulaschreste daruntermischt und je nachdem noch eine Tomatensoße dazu reicht.

Bruchsaler Auflauf

1 kg Spargel, Salzwasser, 80 g Butter, 3 Eßl. Mehl, 4 Eier, Salz, Paprika, Zitronensaft, 80 g geriebener Käse

Die gewaschenen und geschälten Spargel in 4–6 cm lange Stücke schneiden, in kochendes Salzwasser legen und etwa 40 Minuten leicht kochend garen.

Die Butter erhitzen, Mehl zufügen und hell anschwitzen, ½ l Spargelwasser unter Rühren zugießen und die Soße etwa 10 Minuten kochen lassen. Zuletzt mit den Eigelben verfeinern und würzig mit Salz, Paprika und Zitronensaft abschmecken. Die Eiweiße steifschlagen und mit dem Käse unter die Soße heben. Die abgetropften Spargelstücke in eine gefettete Auflaufform legen und die Soße darüber verteilen. Auflauf im vorgeheizten Backofen bei mittlerer Hitze, 200°, etwa 30 Minuten backen.

Badisches Blumenkohlgericht

1 Blumenkohl, Salzwasser, 500 g in der Schale gekochte Kartoffeln, 100 g gekochter Schinken, 75 g durchwachsener Speck, 1 kleingehackte Zwiebel, 40 g Fett, 30 g Mehl, ¼ l Milch, ⅛ l Würfelbrühe, Salz, Pfeffer, 1 Eigelb, 2 Eßl. Dosenmilch. – 2 Eßl. kleingehackte Petersilie

Den Blumenkohl von Blättern und Strunk befreien, 15 Minuten in Salzwasser kochen, die Kartoffeln schälen und in Scheiben schneiden. Schinken und Speck kleinwürfeln. Zwiebelstückchen in dem heißen Fett hell bräunen, Mehl darübergeben und hell anschwitzen. Unter Rühren mit Milch und Würfelbrühe ablöschen und 10 Minuten kochen lassen. Die helle Soße abschmecken, Eigelb, Dosenmilch und Schinken- und Speckwürfel unterrühren. Den abgetropften Blumenkohl in die Mitte einer gefetteten Auflaufform geben, die Kartoffelscheiben ringsum verteilen, die Soße darübergießen und im vorgeheizten Backofen bei 200° etwa 15 Minuten überbacken. Mit Petersilie bestreut anrichten.

Das Gericht ist schneller zubereitet, wenn man die helle Soße im Beutel vorgefertigt verwendet.

Kartoffelauflauf

750–1000 g in der Schale gekochte Kartoffeln, 40 g Butter/Margarine, 1 Paprikaschote, 1 kleingehackte Zwiebel, 75 g Speckwürfel, 4 geschälte Tomaten aus der Dose, 3–4 Eier, Salz

Die Kartoffeln schälen, in Scheiben schneiden und in heißem Fett unter Wenden kurz anbraten. Die Paprikaschote aufschneiden, die Kerne entfernen, Schote gut waschen, in Stifte schneiden und mit den Zwiebelstückchen und Speckwürfelchen etwa 10 Minuten bei geringer Hitze dünsten. Die Tomaten mit einer Gabel zerdrücken. Eine gefettete Auflaufform im Wechsel mit den Kartoffelscheiben und dem Gemüse füllen. Die Eier darüber aufschlagen, salzen und das Ganze im vorgeheizten Backofen bei Mittelhitze, 200°, etwa 20 Minuten backen.

Dazu gibt es Krautsalat oder einen beliebigen grünen Salat.

Freiburger Kartoffelpastete

300 g Mehl, 150 g Butter oder Margarine, 1 Ei, 1 gestrichener Teel. Salz
Belag: 250 g würflig geschnittener, gekochter Schinken, 500 g weichgekochte, geschälte und in Scheiben geschnittene Kartoffeln, 2 Eßl. kleingehackte Petersilie, Salz, 1 Eigelb
Guß: 80 g geriebener Käse, ¼ l süßer Rahm. – 2 Tomaten

Aus den erstgenannten Zutaten einen mürben Teig kneten. Drei Viertel davon ausrollen und eine gefettete Springform damit belegen. Schinken im Wechsel mit den Kartoffelscheiben darauf verteilen. Dazwischen etwas Petersilie und wenig Salz streuen. Restlichen Teig dünn ausrollen und die Pastete damit zudecken. Eine kleine Öffnung aus der Mitte der Pastete herausschneiden. Die Teigplatte mit Eigelb bestreichen und die Pastete im vorgeheizten Backofen bei mittlerer Hitze, 180–200°, etwa 20–30 Minuten backen. Nach dem Backen in die Öffnung den mit Käse verquirlten Rahm gießen. Die Pastete mit Tomatenachteln garnieren und warm servieren. Verschiedene Salate dazu reichen.
Gut schmecken auch in der Pastete gedünstete Zwiebelstücke oder Champignons.

Weißkohlauflauf

500 g Weißkraut, 100 g Speck, Edelsüß Paprika, Kümmel, Salz, 1 Eßl. Mehl, 250 g gegarte, breite Nudeln, 3 Eier, Butterflöckchen

Das Weißkraut in feine Streifen schneiden oder hobeln und mit dem kleingeschnittenen Speck andünsten, würzen, wenig Wasser zugießen und garen. Zuletzt mit dem angerührten Mehl binden. Eine gefettete Auflaufform im Wechsel mit Nudeln und Kraut füllen. Die verquirlten Eier darübergeben, einige Butterflöckchen anbringen und den Auflauf bei mittlerer Hitze im vorgeheizten Backofen bei 200° etwa 25 Minuten backen.
Dazu gibt es eine Braten- oder Tomatensoße.

Sauerkrautauflauf

20 g Fett, 1 kleingehackte Zwiebel, 750 g Sauerkraut, 1 Apfel, ¼ l Fleischbrühe (Instant), 400 g grobe Leberwurst, 1 Beutel Kartoffelpüree, ¼ l Wasser, ⅛ l Milch, Salz, ⅛ l saurer Rahm. – 2 Eßl. geriebener Käse

Das Fett erhitzen, die Zwiebelstückchen bräunen, das aufgelockerte Sauerkraut dazugeben und andünsten. Den Apfel schälen, halbieren, das Kernhaus entfernen, die Apfelhälften in kleine Stücke schneiden und daruntermischen. Fleischbrühe dazugießen und das Kraut garen. Dann die Hälfte des Krautes in eine gefettete Auflaufform verteilen. Die Leberwurst enthäuten, in Scheiben schneiden und das Sauerkraut damit belegen. Das Kartoffelpüree nach Anweisung zubereiten, darübergeben und den Auflauf mit dem restlichen Sauerkraut abdecken. Zuletzt den Rahm darübergießen und den Auflauf im vorgeheizten Backofen bei 200° etwa 20 Minuten backen. Erst dann den Käse darüberstreuen und den Auflauf noch so lange backen, bis sich eine schöne, leicht gebräunte Kruste gebildet hat.

Sauerkraut-Restespeise

125 g Speck, 4 Rote Würste, 500 g gekochtes Sauerkraut (Rest), 1 kg abgekochte Kartoffeln, ⅜ l Fleischbrühe, 1 Becher Joghurt. – 2 Eßl. geriebenen Parmesankäse

Den Speck in Würfel schneiden und auslassen. Die enthäuteten Würste in Scheiben schneiden, zu dem Speck geben, leicht anbraten und unter das Kraut mischen. Die Kartoffeln schälen und in Scheiben schneiden. Eine gefettete Auflaufform im Wechsel mit Sauerkraut und Kartoffelscheiben füllen. Zuletzt mit Kraut abdecken, Fleischbrühe und Joghurt zugießen und den Auflauf im vorgeheizten Backofen bei Mittelhitze, 200°, etwa 30 Minuten überbacken. Mit Pergamentpapier abdecken. Zuletzt den geriebenen Käse darüberstreuen und sofort auf den Tisch bringen.

Schwäbischer Krautauflauf

200 g gekochter oder roher Schinken, 25 g Fett (Butter/Margarine), ¼ l saurer Rahm, 1 Ei, Salz, Paprika, 500 g gekochtes Sauerkraut, frisch gekochte Spätzle, Grundrezept Seite 85. – Butterflöckchen, geschmälztes Weckmehl, 2–3 Eßl. geriebener Käse

Den Schinken in Würfelchen oder Streifen schneiden und in dem heißen Fett leicht anbraten. Rahm und Ei verquirlen, etwas Salz und Paprika dazugeben, und beides dann unter das heiße Kraut mischen. Schinkenstückchen und die frisch geschabten, noch warmen Spätzle auch daruntermischen und in eine gefettete Auflaufform füllen. Butterflöckchen darauf verteilen und den Auflauf im vorgeheizten Backofen bei 220° etwa 10 Minuten backen, dann das Weckmehl und den Käse darüberverteilen und weitere 10 Minuten überbacken. Darauf achten, daß der Käse nicht dunkel wird, da sonst der Auflauf, das heißt seine Oberfläche, bitter schmeckt.
Ein habhaftes schwäbisches Mittagessen.

Grüner Schupfnudel-Auflauf

1 großes Paket Tiefkühlspinat (600 g), 20–30 g Butter, 1 geschälte, kleingehackte Zwiebel, 6 Eßl. Dosenmilch, 150 g Fleischwurst, Salz, Muskat, Nelkenpfeffer, Schupfnudeln (Rest), Rezept Seite 97. – Butterflöckchen, 3–4 Eßl. geriebener Emmentaler Käse

Den Spinat nach Vorschrift auftauen. Die Butter erhitzen, Zwiebelstückchen darin glasig dünsten und mit der Dosenmilch unter den Spinat rühren. Die Fleischwurst enthäuten, in kleine Stückchen schneiden, dazugeben und den Spinat würzig abschmecken. Vom Nelkenpfeffer nur eine Prise verwenden. Eine Auflaufform fetten, den heißen Spinat einfüllen und mit den Schupfnudeln abdecken. Butterflöckchen darüberverteilen. Den Auflauf im vorgeheizten Backofen bei 175° etwa 15 Minuten backen. Dann den geriebenen Käse darüberstreuen und weitere 10 Minuten überbacken. Darauf achten, daß der Käse eine helle Farbe erhält und nicht dunkel wird. Verbrannter Käse ist ungenießbar.
Dazu gibt es eine Senfsoße. Ein Beutel weiße Soße nach Vorschrift zubereiten und mit Senf würzig abschmecken.

Aalener Schneiderfleck

Schupfnudelteig, Grundrezept Seite 97, ¼ l Dosenmilch oder Rahm, 1 Eigelb, kleingehackte Petersilie. – Butterflöckchen

Wie im Rezept beschrieben einen Teig herstellen, dann auf einem bemehlten Brett dünn auswellen und kleinere Stücke (Flecken) davon abschneiden oder abreißen. Dosenmilch oder Rahm mit Eigelb verquirlen und die Flecken einzeln damit bestreichen. Diese dann in eine gefettete Auflaufform legen. Petersilie darüberstreuen, einige Butterflöckchen darauf verteilen und im vorgeheizten Backofen bei Mittelhitze, 175–200°, zu schöner Farbe backen.
Dazu gibt es beliebigen Salat.
Anstelle von Petersilie kann auch Schnittlauch nach dem Backen darübergestreut werden.
Eine Variante ist, die Petersilie weglassen, Zucker und Zimt darüberstreuen und Dörrobst oder beliebiges Kompott dazu reichen.

Sächlâ

Wäldlâ, Wieslâ, Berlâ, Äcker,
Gärtlâ, Bächlâ ond dr Necker,
Häuslâ, die arg sauber send,
Leutlâ, wo en Moschtkruag hend,
Spätzlâ möget, gern sich reget,
Tapfer werklet, net lang nörglet,
Dös sind, wenn mer's gnau betrachtet,
Sächlâ, wo mir Schwobâ achtet.

Wilhelm Ottenbacher †
Einst Gastwirt und Dichter
im Adler zu Asperg

Heringsauflauf Mariele

4 Heringsfilets, 4–5 in der Schale gekochte Kartoffeln, 1 Gewürzgurke, 1 Eßl. kleingehackte Zwiebelstückchen, 70 g Butter oder Margarine, ½ l saurer Rahm, 3–4 Eier, 1 Eßl. Mehl, 375 g rohe, geriebene Kartoffeln, 1/10 l süßer Rahm, Salz, geriebene Muskatnuß

Die Heringsfilets wässern, damit sie nicht so scharf sind und dann in kleine Stücke schneiden. Die gekochten Kartoffeln schälen, in Scheiben schneiden und in eine gefettete Auflaufform geben. Die Gewürzgurke in Würfel schneiden. Die Zwiebelstückchen in 20 g Butter oder Margarine glasig dünsten, mit den Gurkenwürfelchen zu den Heringsstückchen geben und alles über die Kartoffelscheiben verteilen. Den sauren Rahm darübergießen. Die restliche, sehr weiche Butter oder Margarine mit den Eigelben und dem Mehl verrühren. Die rohen, geriebenen Kartoffeln und den süßen Rahm zu der Eimasse geben, gut vermischen und würzen. Die Eiweiße steifschlagen, darunterziehen und den Heringsauflauf damit abdecken. Diesen im vorgeheizten Backofen bei mittlerer Hitze, 175–200°, etwa 40 Minuten backen. Sollte der Auflauf zu schnell bräunen, dann mit Pergamentpapier abdecken.
Dazu gibt es Ackersalat oder Chicoréesalat.

Spinat-Flädle

Flädlesteig, Rezept Seite 100, Backfett, 1 großes Paket (600 g) Tiefkühlspinat, 250 g Hackfleisch, Salz, 1 Eßl. geriebener Parmesankäse, 1 kleingehackte Zwiebel, 1 Ei, Fleischbrühe

Dünne Flädle backen. Den Spinat nach Anweisung auftauen. Das Hackfleisch mit den Gewürzen, der kleingehackten Zwiebel und dem Ei vermischen und kurz anbraten. Diese Farce auf die Flädle streichen, letztere zu Röllchen formen, in der Mitte teilen und in eine gefettete Auflaufform legen. So viel Fleischbrühe zugießen, daß die Flädle knapp bedeckt sind, und das Gericht im vorgeheizten Backofen bei 175–200° etwa 15–20 Minuten backen.

Süßer Flädles-Auflauf

500 g Äpfel, 1 Eßl. Rum, 2 Eßl. Rosinen, 6–8 Flädle, Rezept Seite 100, 3–4 Eier, 2 Eßl. Rahm, 2 Eßl. Zucker, Butterflocken. – Zucker und Zimt

Die Äpfel schälen, vierteln, das Kernhaus entfernen, dann in kleinere Stücke schneiden und mit ganz wenig Wasser musig kochen. Rum zu den gut gewaschenen und wieder getrockneten Rosinen geben, durchziehen lassen und dann unter die musig gekochten Äpfel mischen. Die Flädle einzeln mit der Apfelfülle bestreichen und alle übereinander in eine gut gefettete Auflaufform legen. Die Eier mit dem Rahm verquirlen, Zucker dazu geben, darüberverteilen, einige Butterflöckchen darauf setzen und das Gericht im vorgeheizten Backofen bei 175° etwa 30 Minuten backen. Mit Zucker und Zimt bestreut dann anrichten.

Ofenschlupfer

5–6 Milchbrötchen vom Tage vorher, 500 g saftige Äpfel, 1 Päckchen in Stifte geschnittene Mandeln, 30 g Rosinen oder Sultaninen, 3 Eier, 50 g Zucker, ¾ l Milch. – Butterflocken

Die Brötchen in dünne Scheiben schneiden. Die Äpfel schälen, halbieren, das Kernhaus entfernen und die Apfelhälften in Scheiben schneiden. Eine gefettete Auflaufform im Wechsel mit den Brötchen- und Apfelscheiben sowie den Mandelstiften und Rosinen schichten. Die Eier verquirlen, mit Zucker unter die Milch rühren und darübergießen. Butterflocken darauf setzen und den Ofenschlupfer bei mittlerer Hitze im vorgeheizten Backofen, 175–200°, etwa 40 Minuten backen.
Dazu gibt es Vanillesoße.
Dieser Auflauf wird ganz besonders gerne von Kindern gegessen.

Apfelauflauf

8 saftige Äpfel, 6 Eßl. Mehl, 2–3 Eier, 6 Eßl. Zucker, abgeriebene Zitronenschale, ½ l Milch

Die Äpfel schälen, halbieren und das Kernhaus entfernen. Apfelhälften in eine gefettete Auflaufform legen. Mehl mit den verquirlten Eiern, dem Zucker und der geriebenen Zitronenschale verrühren und langsam, damit keine Knollen entstehen, die Milch dazugeben. Den Guß über den Äpfeln verteilen und den Auflauf im vorgeheizten Backofen bei mittlerer Hitze, 175–200°, zu schöner Farbe backen. Die Backzeit beträgt 30–40 Minuten. Dieser Guß kann mit 3 Eßlöffeln geriebenen Haselnüssen und, wenn das Eiweiß zu Schnee geschlagen wird, auch damit verfeinert werden.

Dazu gibt es eine Vanille- oder Schokoladensoße.

Tanten-Auflauf

80–100 g Butter oder Margarine, 125 g Zucker, 1 Päckchen Vanillezucker, 5 Eier, ungespritzte, abgeriebene Zitronenschale, 500 g Quark, 50 g Grieß, 30 g geriebene Haselnüsse

Fett, Zucker, Vanillezucker mit den Eigelben schaumig rühren und die übrigen Zutaten zugeben. Die Eiweiße steifschlagen und zuletzt unterziehen. Den Quarkteig in eine gefettete Auflaufform füllen und im vorgeheizten Backofen bei mäßiger bis mittlerer Hitze, 175°, etwa 50 Minuten, zuletzt bei Oberhitze backen. Die Auflaufform kann auch im Wechsel mit Quarkmasse und beliebigem frischem Obst (entsteinte Kirschen, Aprikosen, Zwetschgen) gefüllt werden. Dazu wird eine Fruchtsoße gereicht.

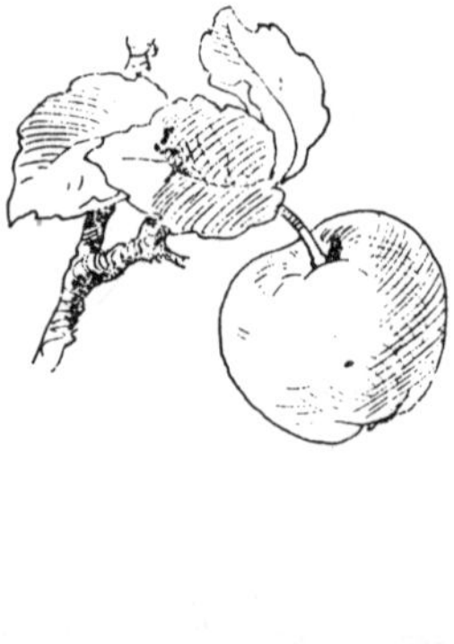

Alemannischer Bettelmann

300 g getrocknetes, geriebenes Schwarzbrot, ¼ l Wein, ¼ l Wasser, 1½ kg geschälte, vom Kernhaus befreite, kleingeschnittene Äpfel, 1 Messerspitze Nelken, Zimt, Rosinen, Zucker

Das Brot mit Wein und Wasser befeuchten und im Wechsel mit den Äpfeln, Gewürzen, Rosinen und Zucker in eine gefettete Auflaufform füllen. Im vorgeheizten Backofen bei Mittelhitze, etwa 200°, 40–50 Minuten backen.

»Dies hett m'r de Mamme d'heim als uffgestellt!« wird mancher beim Lesen dieses Rezeptes ausrufen.

Überbackene Apfelknöpfle

6–8 Brötchen, Milch, Salz, 3–4 Eßl. Zucker, 1 gestrichener Teel. Zimt, 1 kg Äpfel, 1 Eßl. Rosinen, 1–2 Eier, Mehl, Schmalz zum Backen

Die Brötchen in dünne Scheiben schneiden. Die heiße, wenig gesalzene Milch darübergießen und etwas Zucker und Zimt darüberstreuen. Äpfel schälen, Kernhaus entfernen, in kleine Scheibchen schneiden und mit den Rosinen und Eiern zu den Brötchen geben. So viel Mehl zufügen, daß mit einem Löffel Knöpfle (Knödel) abgestochen werden können. Diese in heißem Schmalz im vorgeheizten Backofen bei mäßiger Hitze etwa 30 Minuten backen.
Diese Knöpfle sind besonders bei Kindern sehr beliebt.

Rohrmus

3 süßsaure, saftige Äpfel, 2 Eßl. Rosinen, Eierhaberteig, Grundrezept Seite 101, Backfett, Zucker und Zimt. – 50 g blättrig geschnittene Mandeln

Die Äpfel schälen, Kernhaus entfernen und die Schnitze in kleinere Stücke schneiden. Äpfel und Rosinen unter den Eierhaberteig mischen und in eine gefettete, flache Auflaufform füllen. Das Rohrmus etwa 30 Minuten bei 175–200° im vorgeheizten Backofen backen. Nach 20 Minuten Backzeit Zucker und Zimt und ganz zuletzt die Mandeln darüberstreuen.

Süßer Kartoffelauflauf (altes Rezept)

100 g Butter oder Margarine, 250 g kalte, geriebene Kartoffeln, 125 g gemahlene Mandeln oder Haselnüsse, 4 Eier, 1 Prise Zimt, abgeriebene Zitronenschale von nicht gespritzter Zitrone, 10 g Mehl, 80–100 g Zucker, süßer oder saurer Rahm

Die Butter oder Margarine schaumig rühren, mit dem elektrischen Handrührgerät kein Problem. Die Kartoffeln, Mandeln, die Eigelbe, Zimt, Zitronenschale, Mehl und Zucker dazugeben und vermischen. Vorsichtig so viel Rahm dazugießen, daß der Teig schön glatt ist. Die Eiweiße steifschlagen und unter den Teig heben. Diesen in eine gefettete Auflaufform geben und im vorgeheizten Backofen bei mittlerer Hitze, 180–200°, etwa 35 Minuten backen.

Kirschenmichel

1kg dunkle Kirschen, 6–7 Brötchen vom Tage vorher, etwa ¼ l Milch, 3–4 Eier, 80–100 g Zucker, 60–80 g Butter oder Margarine, 1 Beutel in Stifte geschnittene Mandeln oder 50 g kleingehackte Haselnüsse, 1 gestr. Teel. Zimt, Puderzucker zum Bestäuben

Die Kirschen waschen, abtropfen lassen und entsteinen. Brötchen in Scheiben schneiden, Milch darübergießen und durchziehen lassen. Eier trennen, Eigelbe mit Zucker und Butter oder Margarine schaumig rühren, Mandeln oder Haselnüsse und Zimt sowie die Brötchenmasse und Kirschen darunterrühren. Eiweiße steif schlagen und darunterheben und den Teig in eine gefettete Auflaufform füllen. Im vorgeheizten Backofen bei 200–225° etwa 40 Minuten backen. Mit Puderzucker bestäubt sofort zu Tisch geben.
Dazu gibt es Vanillesoße.
Dieser Auflauf kann erkaltet auch als Kuchen, wenn er in einer Springform gebacken wurde, gereicht werden. Auch mit Zwetschgen anstelle von Kirschen schmeckt die Sache gut.

Eier-Rose

Flädlesteig, Grundrezept Seite 100, 1 Brötchen (Wecken), Milch, 60 g Rosinen, abgeriebene Schale von einer halben Zitrone, Zucker, Zimt, 3 Eier, 2 Eigelbe, Weckmehl. – Rosinensoße, Rezept Seite 79

Flädle zu schöner Farbe in dem heißen Fett backen. Brötchen abreiben, in Milch einweichen, ausdrücken. Rosinen, Zitronenschale, Zucker und Zimt nach eigenem Geschmack, Eier und Eigelbe unter die Brötchen mischen. Eine Auflaufform fetten, etwas Weckmehl darauf streuen und die Form im Wechsel mit Flädle und dem Eibrötchen-Gemisch füllen. Das Gericht bei mittlerer Hitze, 175–200°, etwa 25 Minuten im vorgeheizten Backofen backen. Das Ganze dann wie eine Rose aufschneiden und mit einer Rosinensoße, Rezept siehe Seite 79, darüber anrichten. Anstelle der Rosinensoße kann auch verdünntes Hägenmark darüberverteilt werden.

Luckeleskäs-Auflauf (Quarkauflauf)

125 g Zucker, 3–4 Eier, 80 g Margarine, 3 Eßl. Grieß, 500 g Quark, 1 Prise Salz, 500 g frische oder eingemachte, ausgesteinte Kirschen, Aprikosen oder Zwetschgen. – Puderzucker oder Vanillezucker

Zucker, Eigelbe und Margarine schaumig rühren. Grieß, Quark und Salz dazugeben. Eiweiße zu steifem Schnee schlagen und unterziehen. Eine gefettete Auflaufform im Wechsel mit der Quarkmasse und dem Obst füllen. Den Auflauf im vorgeheizten Backofen bei mittlerer Hitze, 175–200°, etwa 30–45 Minuten backen. Mit Puderzucker oder auch Vanillezucker bestreut anrichten.
Das Obst kann auch weggelassen und als Kompott gesondert dazu gereicht werden. Schmeckt ebenso gut.

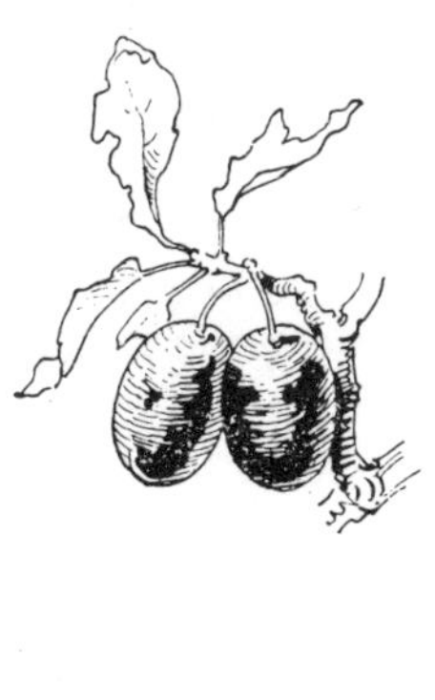

Deftiges ist gefragt

Kartoffelgerichte

Während man in Österreich von Erdäpfeln spricht, sagt man im Schwäbischen zu den Kartoffeln Grombire, Aidepfel oder Ebbire, Worte, die der Norddeutsche nicht versteht. In diesem Fall sagt der Schwabe: »Wem's net paßt, soll's sei lasse.« So verhält es sich auch mit dem Begriff »brägelte Ebbire«. Dies sind gebratene Kartoffeln, die in der Tübinger Gegend, so schreibt August Lämmle in »Die Reise ins Schwabenland«, zu Kaffee gegessen werden.

Landfrauen-Omelette

1 kg rohe Kartoffeln, 60 g Fett, 350 g würfelig geschnittenes Rauchfleisch, 1–2 kleingehackte Zwiebeln, 4–5 Tomaten, frisch oder aus der Dose, Streuwürze, Salz, Pfeffer, 2–3 Eier

Die Kartoffeln waschen, schälen, in dünne Scheiben schneiden und im heißen Fett braten, bis sie schön knusprig sind. Die Rauchfleischwürfelchen mit den Zwiebelstückchen in wenig Fett hell dünsten und zu den Kartoffeln geben. Die Tomaten für 3 Minuten in kochendheißes Wasser legen, dann die Haut abziehen, die Tomaten vierteln und auch dazufügen. Alles mischen und würzig abschmecken. Zuletzt die Eier verquirlen, darüberverteilen und stocken lassen.
Mit Feldsalat ist dies ein habhaftes Mittag- oder Abendessen.
Anstelle von Rauchfleischwürfeln können auch heißgemachte Griebenwürste oder Fleischwurst, in Scheiben geschnitten, unter die Kartoffeln gemischt werden.

Kartoffel-Eierkuchen

100 g rohe Kartoffeln, 100 g Fett, 2–3 Eier, 4 Eßl. geriebener Käse, gut ¼ l Milch, Salz, Petersilie

Die Kartoffeln schälen, in Scheiben schneiden und in dem heißen Fett zugedeckt bei geringer Hitze garen. Die Eier verquirlen, Käse, Milch, Salz und kleingehackte Petersilie zufügen und über die Kartoffeln gießen. Diese zugedeckt bei geringer Hitze noch etwa 8–10 Minuten weiterschmoren. Die Pfanne ab und zu schütteln, damit sich die Kartoffeln gut lösen. Den Kartoffel-Eierkuchen auf eine vorgewärmte Platte stürzen. Dazu gibt es Gemüsesalat.

Kartoffelschmarren

1 kg gekochte Kartoffeln, 200 g Mehl, Salz, 2 kleingehackte Zwiebeln, 2 gelbe Rüben, 60 g Fett. – Geriebener Kräuterkäse, 2 Eßl. feingewiegte Petersilie, evtl. 50 g gekochter, in Streifen geschnittener Schinken

Die Kartoffeln schälen, reiben oder durch die Presse drücken und mit Mehl, Salz und kleingehackten Zwiebeln vermischen. Die gelben Rüben schaben, waschen, in Stifte schneiden und dazugeben. Das Fett erhitzen, Kartoffelmasse zufügen, rösten und wie Eierhaber auseinanderreißen. Kräuterkäse und Petersilie darüberstreuen. Auch Schinkenstreifen darüber schmecken gut.
Mit Fett nicht sparen, es läßt sich leichter backen.
Dazu gibt es Erbsen und gelbe Rüben oder Bayrisches Kraut.
Werden Zwiebeln, Kräuterkäse, Petersilie oder Schinken weggelassen, kann man Kompott dazu reichen.

Bouillonkartoffeln

750 g Kartoffeln, 2 gelbe Rüben, 2 Stangen Lauch, ¼ Sellerieknolle, 1 l Fleischbrühe (Würfel oder Instant), Salz, Pfeffer, Streuwürze, 2 Eßl. kleingeschnittener Schnittlauch

Die Kartoffeln schälen und in kleinere Stücke schneiden. Die gelben Rüben schaben, gut waschen und wie auch das Weiße der Lauchstangen in Scheiben schneiden. Sellerieknolle schälen, waschen und in kleine Stücke schneiden. Das Gemüse zu den Kartoffeln geben, die Fleischbrühe dazugießen (es muß so viel sein, daß alles gut bedeckt ist) und langsam bei geringer Hitze garen. Die Bouillonkartoffeln würzig abschmecken und mit Schnittlauch bestreut anrichten.
Dazu gibt es heiße Rote Würste, Bratwürste oder auch Leberkäse.

Folienkartoffeln mit Kräuterquark

8 große Kartoffeln, Alufolie, Salz, 80 g Butter, 500 g Sahnequark, 2 Becher Joghurt, 2 Eßl. gehackte, gemischte Kräuter, Zitronensaft, Salz, frischgemahlener Pfeffer aus der Mühle

Die Kartoffeln in der Schale gut waschen und mit einer Gabel einige Male einstechen. Die Folie in 8 größere Rechtecke schneiden, diese mit Fett bepinseln, jeweils 1 Kartoffel darauflegen und etwas salzen. Die Butter in 8 kleinere Stücke schneiden und auf die Kartoffeln verteilen. Diese gut einpacken, die Folie so verschließen, daß während des Backens die Butter nicht herauslaufen kann. Die Kartoffeln im vorgeheizten Backofen bei guter Hitze, 225°, etwa 40 Minuten backen. Ein Päckchen öffnen und mit einer Spicknadel probieren, ob die Kartoffeln gar sind. Die Folie oben etwas öffnen, die Kartoffeln über Kreuz oben einschneiden, das Innere etwas herausdrücken und in der Folie dann servieren. Quark mit Joghurt cremig rühren, Kräuter untermischen, würzig mit Zitronensaft, Salz und frischgemahlenem Pfeffer aus der Mühle abschmecken und gesondert dazu reichen.

Diese Kartoffeln in der Folie gebacken sind zu jedem Braten eine leckere Beigabe, können aber auch zusammen mit Kopfsalat als Abendessen gereicht werden.

Kartoffelküchle

500 g gekochte Kartoffeln vom Tage vorher, 50 g Butter oder Margarine, 100 g Mehl, 2 Eier, Salz, Majoran, Backfett

Die Kartoffeln schälen, durch die Kartoffelpresse drücken oder reiben. Die weiche Butter oder Margarine schaumig rühren und mit dem Mehl, den Eiern und Gewürzen zu den Kartoffeln geben und einen glatten Teig arbeiten. Mit nassen Händen Kugeln formen, auf dem Handteller flachdrücken und in heißem Fett beidseitig backen.

Unter diese Masse können auch Gemüse, gewiegtes Fleisch, Fisch oder Pilze gemischt werden.

Will man die Küchle als süße Speise reichen, wird unter die Kartoffelmasse Vanille oder Zitrone gemischt, und nach dem Backen werden die Küchle dann mit Zucker bestreut.

Man kann die Masse auch wieder in die Pfanne streichen und ausgesteinte Kirschen, Zwetschgen oder weichgedämpfte Äpfel darüberverteilen. Als letztes wird noch geriebenes Brot darübergestreut. Der Kartoffelpfannkuchen wird dann recht knusprig gebacken. Nach Belieben kann sich jeder bei Tisch noch Zucker darüberstreuen.

Je nachdem gibt es zu den Küchle Kopfsalat oder Kompott dazu.

Die Kartoffelküchle können auch aus der Packung »Kroketten« zubereitet werden. Sie gelingen immer und sind schnell fertiggestellt.

Kartoffelküchle, paniert

Kartoffelteig wie für Kartoffelküchle, 2 Eier, Weckmehl, Backfett

Die Kartoffelküchle formen, in verquirltem Ei und Weckmehl wenden und beidseitig zu schöner Farbe backen.

Kartoffelküchle, auch wenn sie nicht paniert sind, schmecken besonders gut, wenn unter den Teig noch etwas kleingehackter Schinken oder ebensolcher Speck gemischt wird.

Kartoffelpuffer

750 g rohe Kartoffeln, ½ Tasse Milch, 30 g Mehl, 1 Ei, Salz, Muskat, Backfett

Die Kartoffeln schälen, in eine Schüssel mit Wasser reiben und zugedeckt etwa 15 Minuten beiseitestellen. Kartoffelwasser dann abgießen und die übrigen Zutaten daruntermischen. Fett in einer Pfanne erhitzen, etwas Teig dazugeben und dünne Puffer (Pfannkuchen) auf beiden Seiten knusprig backen. Sofort, also noch heiß, servieren.
Dazu gibt es Apfelbrei.
Bei diesem Teig kann man variieren und ⅓ gekochte und ⅔ rohe Kartoffeln verwenden. Und wenn es einmal ganz schnell gehen soll, hilft ein Paket Kartoffelpuffer oder es werden Kartoffelpuffer aus der Tiefkühltruhe genommen und nach Anweisung zubereitet. Auch dazu gibt es Apfelkompott oder wer's pikant liebt, nimmt Kopfsalat.

Schwäbische Kartoffelschüssel

1½ kg gekochte Kartoffeln, 60 g Fett, 1–2 kleingehackte Zwiebeln, 4 Leberwürste, 4 Blutwürste, 3 Eßl. geriebener Käse

Die Kartoffeln schälen, in Würfel schneiden und in dem heißen Fett unter Wenden anbraten. Zwiebelstückchen untermischen. Die Haut von den Würsten abziehen, die Würste in Scheiben schneiden und zu den Kartoffeln geben. Gut vermischen und erhitzen. Das Gericht mit geriebenem Käse bestreuen, vorher jedoch noch, wenn notwendig, würzen.

Mit der linken Hand gekocht

Schnelle Gerichte

Zeitsparend in der schnellen Küche ist das Vorauskochen von Kartoffeln, Teigwaren, Reis, auch Soßen. Tiefgekühltes macht unabhängig von den Jahreszeiten und hilft zaubern. Auch Wurst- und Eiergerichte sind schnelle Gerichte. Mit leckeren Zutaten und Verwendung von Halbfertig- und Fertiggerichten entstehen komplette Mahlzeiten.

Schaschlik nach Art der Gärtnerin

40 g Fett, 4 Schaschliks (fertig gekauft), 1 Packung tiefgekühltes Balkangemüse, 2 Schächtelchen oder 2 Beutel Helle Soße, ½ l Wasser, 1–2 Teel. Senf, Pfeffer, edelsüßes Paprikapulver

Das Fett erhitzen und die Schaschliks rundum anbraten und bei geringer Hitze durchbraten. Doch, weil es sehr schnell geht, empfiehlt es sich, das Gemüse zuerst nach Anweisung in Wasser zu dünsten und mit wenig Salz und einer Prise Zucker zu würzen. Nebenher die helle Soße zubereiten, mit Senf abschmecken und das Gemüse darin anrichten. Die Schaschliks vor dem Servieren mit Pfeffer und Paprikapulver würzen.

Dazu gibt es geröstete Teigwaren oder Bratkartoffeln.

Hähnchenkeulen mit Gemüsesoße

4 tiefgekühlte Hähnchenkeulen, Paprika, Curry, Salz, 50 g Fett zum Braten, 2 Schächtelchen Currysoße, ⅜ l Wasser, ⅛ l Dosenmilch oder süßer Rahm, 1 kleine Dose oder 1 kleines Paket tiefgekühlte Erbsen

Die aufgetauten Hähnchenkeulen mit Paprika, Curry und Salz einreiben und im heißen Fett etwa 20 Minuten braten. Currysoße nach Anweisung mit Wasser zubereiten, mit Dosenmilch oder Rahm verfeinern und die Erbsen daruntermischen.

Dazu gibt es Reis der, da vorgekocht, nur noch kurz in Butter zu rösten ist.

Allgäuer Fischstäbchen

40 g Fett, 1 große Packung tiefgekühlte Fischstäbchen, 3 große, nicht zu dünne Scheiben Emmentaler Käse. – 2 Eßl. rote marinierte Paprikastückchen aus dem Glas

Das Fett in einer Pfanne erhitzen und die unaufgetauten Fischstäbchen wie angegeben braten. Nach dem Wenden mit den zurechtgeschnittenen Käsescheiben abdecken und zugedeckt noch so lange braten, bis der Käse weich ist. Danach die Fischstäbchen mit Paprikastückchen garnieren und sofort anrichten. Dazu gibt es Kartoffelsalat oder, wenn's ganz leicht sein soll, verschiedene Rohkostsalate.

Schollenröllchen Tante Anna

4 tiefgekühlte Schollenfilets (1 Packung), Zitronensaft, 2 Bananen, 1 Tasse Wasser, Zitronensaft, Salz

Die Schollenfilets auftauen lassen und leicht mit Zitronensaft säuern. Die Bananen schälen, halbieren, auf die Schollenfilets verteilen, letztere aufrollen und mit Rouladennadeln oder Bindfaden zusammenhalten. Die Filets dann in Wasser mit Zitronensaft und Salz nach Anweisung dünsten.Dazu gibt es Butterreis.

Remstaler Nudelpfanne

250 g gekochter Schinken, 1 große Zwiebel oder 1 Bund Frühlingszwiebeln, 60 g Butter oder Margarine, 250 g gekochte breite Nudeln, 20 mit Paprika gefüllte spanische Oliven, 2 Blättchen frischen Basilikum oder 1 Messerspitze getrockneten, 2 Eier, Salz

Den Schinken in kleine Würfel und die geschälte Zwiebel oder die Frühlingszwiebeln mit dem Grün in kleine Stückchen schneiden. In der heißen Butter Schinken und Zwiebel 5 Minuten dünsten, dann die Nudeln, die halbierten Oliven und den kleingehackten Basilikum daruntermischen und unter Wenden erhitzen. Die Eier mit etwas Salz verquirlen, darübergießen und stocken lassen.
Das Gericht kann auch noch mit einem Hauch Knoblauchpulver verfeinert werden, obwohl es die Oliven mit ihrem aparten Geschmack schon tun. Doch, wer Knoblauch liebt, ist begeistert.

Alle Zutaten, ausgenommen die Eier, können auch vermischt in eine gefettete Auflaufform gegeben werden. Darüber kommen dann die mit 4 Eßlöffel Milch verquirlten Eier und einige Schmelzkäseflöckchen. Das Ganze wird im vorgeheizten Backofen bei 200° etwa 15 Minuten überbacken. Auch dann ist es noch ein schnelles Gericht.

Quark-Küchlein

50 g Margarine, 2–3 Eßl. Zucker, 1 Ei, 125 g Sahnequark, 100 g Mehl, 100 g Mondamin, 1 Messerspitze Backpulver, Zitronensaft, Fett zum Backen, Zucker und Zimt, Mandelblättchen aus dem Beutel

Margarine, Zucker, Ei schaumig rühren. Sahnequark, Mehl und das mit Backpulver vermischte Mondamin daruntermischen. Den Teig mit Zitronensaft würzen. Sollte er zu fest sein, wird er mit 2–3 Eßlöffel Milch verdünnt. Mit einem bemehlten Teelöffel kleine Klößchen abstechen und in heißem Fett knusprig backen. Mit Zucker und Zimt und Mandelblättchen bestreuen. Apfelbrei oder beliebiges Kompott dazu reichen, gut schmecken auch frische zerdrückte, mit Eischnee vermischte Beeren dazu.

Kartoffelpfanne mit Hacksoße

1 kg gekochte, geschälte Kartoffeln, 1 Zwiebel, 1 Gewürzgurke, 40 g Fett, 350 g gemischtes Hackfleisch, 1 Becher Joghurt, 2–3 Eßl. Tomatenketchup, Salz, Pfeffer

Die Kartoffeln in Würfel oder Scheiben schneiden und in heißem Fett bei geringer Hitze kurz erhitzen. Zwiebel schälen, kleinhacken und mit der kleingeschnittenen Gewürzgurke 3 Minuten in heißem Fett dünsten, dann das Hackfleisch dazugeben und nur so lange braten, bis es die Farbe verloren hat. Joghurt und Tomatenketchup unterrühren und würzig mit Salz und Pfeffer abschmecken. Diese Fleischsoße über die Kartoffelscheiben verteilen und anrichten. Dazu gibt es Kopf- oder einen anderen grünen Salat. Die Hacksoße kann auch über gegarten Teigwaren angerichtet oder unter gegarten Reis gemischt werden.

Rosinenschmarrn

350 g Mehl, 1 Prise Salz, 3/8 l Milch, 3 Eier, Backfett, 4 Eßl. vorbereitete Rosinen, Zucker und Zimt

Mehl, Salz und einen Teil der Milch glattrühren. Eigelb und die übrige Milch verquirlen und dazugeben. Eiweiß steif schlagen und darunterheben. In heißes Fett je einen Schöpflöffel Teig geben, auf einer Seite backen, dann wenden, zerreißen und fertig backen. Rosinen darüber verteilen, Zucker und Zimt darüberstreuen und schnell anrichten, solange der Schmarrn noch warm ist. Dazu Kompott.

Schnelle Kartoffelküchle mit Käse

1 Beutel Kartoffel-Kroketten, 3 Eßl. geriebener Käse, 40–50 g Backfett

Die Krokettenmasse wie angegeben zubereiten. Den Käse daruntermischen. Nicht zu große, runde Küchlein formen, etwas flach drücken und in dem heißen Fett auf beiden Seiten bei geringer Hitze zu schöner Farbe backen.
Dazu gibt es Kopfsalat und gebackenen Fleischkäse oder Bratwürste.
Anstelle von Käse können auch 75 g kleingeschnittene Wurstwürfelchen oder auch frische, kleingeschnittene Küchenkräuter daruntergemischt werden.

Haschee

500 g gekochtes Rindfleisch, 1 geriebene Zwiebel, 40 g Fett, Streuwürze, Salz, Pfeffer, eine Prise Thymian, 3/8 l helle Soße (Beutel), 4 Eßl. süßer Rahm. – 1 kleingehackte Gewürzgurke, gedünstete Zwiebelstückchen

Das Rindfleisch im Mixer pürieren oder durch den Fleischwolf drehen und dann die geriebene Zwiebel daruntermischen. Das pürierte, gewürzte Fleisch in dem heißen Fett kurz unter Rühren anbraten, unter die helle Soße mischen, dann den Rahm dazugeben und erhitzen. Haschee in einer Schüssel mit Gewürzgurkenstückchen am Rand und Zwiebelstückchen in der Mitte garnieren. Dazu gibt es Salz- oder Bratkartoffeln und Kopfsalat. Unter den Fleischteig können auch noch 150 g blättrig geschnittene Champignons aus der Dose gemischt werden.

Wurstgulasch

4 Rote Würste, 200 g Bierschinken, 2 in kleinere Würfel geschnittene Zwiebeln, 40 g Fett, 1–2 grüne Paprikaschoten, ½ l Fleischbrühe (Würfel oder Instant), 4 gegarte gelbe Rüben (Rest), 4 Eßl. Fix Soßenbinder für dunkle Soßen, 1 Teel. Thymian, Salz, Paprika, ½ Becher Joghurt

Die Roten Würste in Scheiben, den Bierschinken in Würfel schneiden und beides zusammen mit den Zwiebelwürfeln in dem heißen Fett anbraten. Die entkernten, gewaschenen und in Streifen geschnittenen Paprikaschoten dazugeben, kurz dünsten und mit der Fleischbrühe auffüllen. Die gegarten gelben Rüben zufügen und das Ganze kurz aufkochen lassen. Den Soßenbinder untermischen, das Gulasch würzig abschmecken und ganz zuletzt, kurz vor dem Anrichten, noch den verquirlten Joghurt daruntermischen.
Dazu gibt es geröstete Teigwaren.

Umhüllter Leberkäse

4 Scheiben Leberkäse, je 125 g dickflüssiger Pfannkuchenteig, mit Bier anstatt mit Milch zubereitet, Backfett. – Petersilie, 1 kleingehackte, geröstete Zwiebel

Die Leberkäsescheiben in dem Pfannkuchenteig wenden. Der Teig muß so dick sein, daß er gut hängen bleibt. Den umhüllten Leberkäse in heißem Fett auf beiden Seiten backen und mit kleingehackter Petersilie und gerösteten Zwiebelstückchen anrichten.
Dazu gibt es Kartoffelsalat.

Saitenwürstchen im Blätterteigmantel

4 Paar Saitenwürstchen, 4 Scheiben Edamerkäse oder Schmelzkäse, 1 Paket Blätterteig aus der Tiefkühltruhe, verquirltes Eigelb

Die Würstchen der Länge nach aufschneiden und mit dem kleingeschnittenen Käse füllen oder mit Schmelzkäse bestreichen. Den Blätterteig nach dem Auftauen dünn auswellen, die Würstchen einzeln darin einwickeln, die Päckchen mit Eigelb bestreichen und bei guter Hitze, ca. 225°, im vorgeheizten Backofen etwa 10–12 Minuten backen.
Dazu werden im Schwabenland verschiedene Salate oder Kartoffelsalat gereicht.

Kartoffeln als Beilage

Rahmkartoffeln

1 kg in der Schale gekochte Kartoffeln, 1 kleingehackte Zwiebel, 40 g Fett, 40 g Mehl, ¼ l Fleischbrühe, ¼ l Milch, 1 Prise Majoran, 1 Prise Salz, weißer Pfeffer, Muskat, ⅛ l saurer Rahm. – ½ Sträußchen kleingehackte Petersilie

Die Kartoffeln schälen und in Scheiben schneiden. Die Zwiebelstückchen in dem heißen Fett glasig dünsten. Das Mehl zufügen, eine helle Einbrenne bereiten und unter Rühren mit Fleischbrühe und Milch ablöschen. Die helle Soße 10 Minuten kochen, würzig abschmecken, die Kartoffelscheiben dazugeben und erhitzen. Vor dem Anrichten den sauren Rahm daruntermischen und die Rahmkartoffeln mit Petersilie bestreuen.
Dazu gibt es Braten und Salat à la Saison.

Ländliche Milchkartoffeln

1 kg möglichst kleine Kartoffeln, Milch, Salz, Speckwürfelchen

Die Kartoffeln in der Schale kochen, dann schälen und nebeneinander in eine große Bratkachel setzen. So viel Milch darübergießen, daß die Kartoffeln etwa halb bedeckt sind. Salz darüberstreuen, Speckwürfelchen daraufverteilen und so lange dämpfen, bis die Milch verdunstet ist.

Niedernauer Kartoffeln

1 kg gekochte Kartoffeln, 30–40 g Fett, 1–2 kleingehackte Zwiebeln, 2 Eßl. kleingewiegte Petersilie, 1/10 l süßer oder saurer Rahm, 1–2 Eier, Salz

Die Kartoffeln schälen und in Würfel schneiden. Das Fett erhitzen, die kleingeschnittenen Zwiebeln und die Petersilie darin glasig dünsten, die Kartoffelwürfel zufügen, erhitzen und salzen. Den Rahm mit einem oder zwei Eiern verquirlen, darübergießen und stocken lassen.
Mit Schnittlauch bestreut, schmecken diese Kartoffeln zu Braten sehr gut.

Kartoffelklöße

1 kg am Tage zuvor gekochte Kartoffeln, 4–5 gehäufte Eßl. Mehl, Salz, Majoran oder Muskat, 2 Eier, Salzwasser

Die Kartoffeln schälen, reiben oder durch eine Presse drücken und mit Mehl, Salz, Majoran oder Muskat sowie den Eiern zu einem Teig verarbeiten. Mit nassen Händen Klöße formen und in kochendem Salzwasser etwa 10 Minuten mehr ziehen als kochen lassen. Den Topf nicht zudecken. Die Klöße sind fertig, wenn sie hochkommen und oben schwimmen. Dann mit einem Sieblöffel herausnehmen.

Besonders gut sind die Klöße, wenn sie mit gerösteten Weißbrotwürfelchen gefüllt und mit geröstetem Weckmehl darüber angerichtet werden.

Dazu gibt es Sauerbraten, Frikassee oder Ragout.

Die Klöße können jederzeit auch aus der Packung zubereitet werden, das spart Zeit. Es gibt gekochte Klöße, rohe Klöße oder Klöße »halb und halb«.

Die Kartoffelklöße sind wie auch die Semmelknödel im Kochbeutel erhältlich.

Kartoffelklöße andere Art

1 kg am Tage zuvor gekochte Kartoffeln, 1 altes Brötchen oder 2 Scheiben Toastbrot, 1 kleingehackte Zwiebel, 30 g Fett, 1–2 Eier, 4 Eßl. Mehl, Salzwasser

Die Kartoffeln schälen, reiben oder durch die Presse drücken. Brötchen oder Brot in kleine Würfelchen schneiden, mit der kleingeschnittenen Zwiebel in dem heißen Fett hell rösten und zu den Kartoffeln geben. Eier und Mehl zufügen. Alles zu einem glatten Teig verarbeiten, mit nassen Händen Klöße formen und in kochendem Salzwasser offen garen. Wenn die Klöße hochkommen und oben schwimmen, sind sie fertig.

Herrenalber Kartoffelbällchen

1 kg gekochte Kartoffeln vom Tage zuvor, 3 Eier, 75 g Grieß, Salz, Pfeffer, Muskat, Salzwasser. – 50 g Butter, 75 g in dünne Streifen geschnittener Schwarzwälder Schinken, 4 Eßl. kleingeschnittener Schnittlauch

Die geschälten Kartoffeln reiben oder durch die Kartoffelpresse drücken, Eier, Grieß und die Gewürze dazugeben und alles zu einem glatten Teig kneten. Bleibt dieser an den Händen kleben, dann noch zwei oder drei Eßlöffel Mehl daruntermischen. Mit nassen Händen kleine Bällchen formen und in kochendem Salzwasser bei geringer Hitze 7–10 Minuten mehr ziehen als kochen lassen. Die Kartoffelbällchen abgetropft auf einer Platte anrichten, die zerlassene Butter darübergeben und dann den Schinken und den Schnittlauch darauf verteilen.

Gebackener Kartoffelbrei

750 g am Tage zuvor gekochte Kartoffeln, 30 g Butter/Margarine, 2 Eier, 1 Eßl. Mehl, 3 Eßl. saurer Rahm, Salz, Majoran, 500 g in Butter gedünstete gelbe Rüben

Die Kartoffeln schälen und reiben oder durch eine Presse drücken. Die weiche Butter oder Margarine mit den Eigelben glatt rühren, Mehl, Rahm und Gewürze zufügen, zu den Kartoffeln geben und gut vermischen. Die Eiweiße steifschlagen und dann unterziehen. Die Masse in eine gefettete, mit gedünsteten gelben Rüben belegte Ringform (Kuchenform) füllen und im vorgeheizten Backofen bei Mittelhitze, 200°, etwa 20–30 Minuten backen. Die Kartoffelmasse von der Form lösen und stürzen.
Dazu gibt es Schweinebraten.

Bauernkartoffeln

1 kg rohe Kartoffeln, 1 Eßl. Öl, 1 Eßl. Butter, 1 geschälte, kleingehackte Zwiebel, 50–75 g durchwachsener Speck, in Würfelchen geschnitten, Salz, Streuwürze

Die Kartoffeln schälen, in nicht zu dünne Scheiben schneiden, in einen Topf geben, mit Wasser bedecken und etwa 10 Minuten kochen lassen. Zum Abtropfen auf ein Sieb geben. Öl und Butter in einer Pfanne erhitzen, Zwiebel- und Speckwürfelchen darin dünsten, die Kartoffelscheiben dazugeben, würzen, dann vermischen und knusprig braten.

Pariser Kartoffeln

1½ kg rohe Kartoffeln, 1 Eßl. Butter, 1 Teel. Salz, wenig Fleischbrühe (Würfel oder Instant), feingewiegte Petersilie

Die Kartoffeln schälen und mit einem runden Speziallöffel (Pariserlöffel) oder einem Kerngehäuseausstecher kleine Kügelchen ausstechen. Diese dann waschen und in einem Tuch gut trocknen. Die Butter in einem Springblech erhitzen, die Kartoffelkügelchen dazugeben, etwas Salz darüberstreuen und im vorgeheizten Backofen auf der untersten Schiene dämpfen. Darauf achten, daß sie nicht austrocknen und saftig bleiben. Zuletzt die Kartoffeln in wenig heißer Fleischbrühe schwenken und mit Petersilie darüber anrichten.

Kartoffeln in der Folie

Mehlige Kartoffeln, Öl, Alu-Folie

Die Kartoffeln in der Schale gut waschen, am besten bürsten, dann kreuzweise einschneiden und auf in größere Quadrate geschnittene und geölte Alu-Folie setzen. Locker einpacken, gut verschließen und am Rand des Grillrostes garen. Die Garzeit beträgt etwa 45 Minuten.

Für die Schlankheitsbeflissenen

Kalorienarm und gesund

Jeder Körper braucht eine Mindestkalorienmenge pro Tag, und es heißt, daß man bei einer leichten körperlichen Beschäftigung sein Gewicht halten kann, wenn man nicht mehr als 2000 Kilokalorien = 8372 Kilojoule zu sich nimmt, also Enthaltsamkeit übt.
Wir alle wissen, daß es gesünder ist, nicht zu viel auf einmal zu essen, sondern die Nahrung auf 4 bis 5 kleinere Mahlzeiten am Tag zu verteilen. Jeder sollte wenigstens einmal täglich einen Imbiß zu sich nehmen, sei es eine Quarkspeise, ein Joghurt mit Brot, ein Salat oder etwas Obst. Eiweißhaltige Nahrungsmittel sind zu bevorzugen. Fisch zum Beispiel macht schlank und hält die Linie, weil er wenig Kalorien/Joule enthält. Das gilt auch für Gemüse und für Eier, Quark und Joghurt. Der ideale Begleiter ist dann die Kartoffel.
Fettarm braten und kochen können wir in beschichteten Pfannen, im Römertopf, wenn wir Bratbeutel verwenden oder in Edelstahltöpfen mit Spezialdeckel. In den letzteren können Gemüse und Kartoffeln sogar ohne Wasser, damit bleiben alle Vitamine und Mineralstoffe erhalten, gegart werden.
Nun, die Schwäbin ist eine kluge Frau, sie kennt die Probleme und weiß, daß jedes Pfund Übergewicht die Lebenserwartung verkürzt. Unter diesem Aspekt werden nachfolgend kalorienarme Taillengerichte gebracht, die alle unter 300 kcal/1256 kj liegen.

Fischfilet im Silberkleid

4 Fischfiletstücke, Öl, 4 Eßl. Zitronensaft, Salz, weißer Pfeffer, 200 g blättrig geschnittene Champignons aus der Dose, 4 Eßl. kleingehackte Petersilie, Alu-Folie

Die Fischfilets waschen, gut abtropfen lassen, besser noch mit Küchenkrepp abtupfen und auf größere geölte, in Quadrate oder Rechtecke geschnittene Alu-Folie legen. Zitronensaft und Gewürze sowie die Champignons darauf verteilen. Die Fischstücke locker einpacken, darauf achten, daß sie gut verschlossen sind und im vorgeheizten Backofen bei 200° etwa 20 Minuten garen.
Petersilie auf den Fischfilets anrichten.
Dazu gibt es Salzkartoffeln und Kopfsalat mit Kräutern vermischt.

Schollenfilet in Paprikasoße

400 g tiefgekühlte Schollenfilets, 1 Schächtelchen Tomatensoße, ¼ l Wasser, 2 grüne Paprikaschoten

Die Schollenfilets antauen. Nach Anweisung die Tomatensoße bereiten. Die angetauten, voneinander gelösten Schollenfilets in die Soße legen und zugedeckt etwa 10 Minuten bei geringer Hitze garen. Die Paprikaschoten aufschneiden, Kerne herausnehmen, Scheidewände entfernen, waschen und die Schoten in dünne Streifen schneiden. Diese wegen der Vitamine, die sie enthalten, roh oder nur leicht in Salzwasser gedünstet auf den Schollenfilets anrichten. Dazu gibt es pro Person 2 mittelgroße Kartoffeln.

Gegrilltes Schnitzel auf Spinat

1 Paket tiefgekühlter Spinat, 4 Kalbsschnitzel zu je 100 g, wenig Öl, Salz, Pfeffer. – 4 Eßl. hellgebräunte Zwiebelringe

Den Spinat nach Anweisung auftauen. Die Schnitzel mit Küchenkrepp abtupfen, mit wenig Öl bestreichen und unter dem vorgeheizten Grill beidseitig garen. Den Spinat nach Vorschrift garen und nach Belieben würzen, die mit etwas Pfeffer bestreuten Schnitzel darauf anrichten und mit in wenig Fett kurz gerösteten Zwiebelringen garnieren.

Dazu gibt es Knäckebrot, getoastetes Weißbrot oder auch Salzkartoffeln.

Fleischbällchen in Joghurtsoße

3 Eßl. feingehackte Petersilie, Salz, Pfeffer, Muskat, ½ Becher fettarmer Joghurt, 500 g Hackfleisch vom Rind, 1 Schächtelchen Helle Soße Instant, 1–2 Teel. grüne, eingelegte Pfefferkörner aus dem Glas

Die Petersilie mit den Gewürzen und Joghurt zu dem Hackfleisch geben und gut vermischen. Kleine Bällchen (Klößchen) formen und in kochendem Salzwasser bei geringer Hitze im offenen Topf garen. Die helle Soße nach Anweisung mit ¼ Liter Brühe von den Fleischbällchen zubereiten und die Pfefferkörner kurz mitkochen lassen. Die Fleischbällchen in der Soße anrichten.

Dazu gibt es gegarte und nur in wenig Butter geschwenkte gelbe Rüben und Salzkartoffeln oder körnig gekochten Reis.

Überbackene, gefüllte Paprikaschoten

4 große, grüne Paprikaschoten, 1 Stange Lauch, 2 geschälte Tomaten, 2–3 Tassen gegarter Reis, Salz, Pfeffer, 30–40 g Margarine, 1 Tasse Weißwein, Würfelbrühe oder Instant, ¼ l Tomatensoße (Schächtelchen)

Von den Paprikaschoten einen Deckel abschneiden, die Kerne entfernen und die Schoten gut waschen. Das Weiße der Lauchstange in dünne Ringe schneiden, waschen und abgetropft mit den kleingeschnittenen Tomaten unter den Reis mischen. Diesen würzig abschmecken und in die Paprikaschoten füllen. Dann die Schoten im heißen Fett kurz anbraten, Weißwein, Würfelbrühe oder Instant zugießen und zugedeckt bei geringer Hitze etwa 20 Minuten dünsten. In der heißen Tomatensoße anrichten. Dazu gibt es pro Person ein getoastetes Weißbrot. Zur Abwechslung können die Paprikaschoten mit je einer Scheiblette abgedeckt und im Backofen unter dem Grillstab noch etwa 4 Minuten überbacken werden. Die Paprikaschoten ebenfalls in der Tomatensoße anrichten, aber ohne getoastetes Weißbrot servieren.

Champignonreis

250 g Reis, Salzwasser, 350 g frische Champignons, 2 Eßl. Zitronensaft, 40 g Butter oder Margarine, 1 kleingehackte Zwiebel, Salz, Curry. – 2 Eßl. feingewiegte Petersilie

Den gewaschenen Reis in reichlich Salzwasser einmal aufkochen lassen, dann abgießen und in frischem, neuem Salzwasser 10 Minuten kochen lassen. Champignons säubern und Zitronensaft und etwas Wasser darübergeben, damit sie weiß bleiben. Das Fett erhitzen, Zwiebelstückchen und abgetropfte Champignons dazugeben und nicht länger als 5 Minuten dünsten. Dann den gegarten, abgetropften Reis daruntermischen, alles erhitzen, ab und zu wenden und würzig abschmecken. Mit Petersilie bestreut anrichten.

Dazu gibt es Spiegel- oder Rühreier. Gesondert kann auch noch geriebener Käse auf dem Tisch stehen, damit sich jeder dann nach seinem Geschmack zusätzlich bedienen kann.

Schinkenbanane im Salatrock

4 kleinere Bananen, 20 g Butter, 4 Scheiben magerer, gekochter Schinken ohne Fettrand, einige gewaschene und gut abgetropfte, mit Zitronensaft beträufelte Salatblätter

Die geschälten Bananen in der heißen Butter rasch unter Wenden anbraten. Mit je einer Scheibe Schinken und zuletzt mit einigen Salatblättern umwickeln. Sofort servieren.
Zusammen mit einem gelbe Rüben- oder Ackersalat, der in einer Joghurtsoße angemacht wurde, ist es ein taillenbewußtes Essen.

Schalkartoffeln mit Kräuterquark (Luckeleskäs)

1 kg Kartoffeln, 500 g Quark, 1–2 Becher Joghurt, 1 geriebene Zwiebel, Schnittlauch oder Petersilie, Salz, Kümmel

Die Kartoffeln in reichlich Wasser garen, Wasser abgießen und ungeschält in einer Schüssel auf den Tisch bringen. Dazu wird der mit Joghurt, Zwiebelstückchen, kleingeschnittenem Schnittlauch oder kleingewiegter Petersilie, Salz und Kümmel vermischte Quark gereicht.
Ein Abendbrot, das allerorts, so auch im Schwabenland gerne gegessen wird, weil es eine leichte Kost ist.

Panierte Eier

5 Eier, 6 Eßl. Weckmehl, Salz, Pfeffer, wenig Bratfett

4 Eier nicht ganz hartkochen, jedoch auch nicht weich (Kochzeit etwa 5 Minuten), abschrecken und vorsichtig schälen. Das restliche Ei verquirlen. Gesondert Weckmehl mit Salz und Pfeffer vermischen. Die abgekochten Eier dann zuerst im verquirlten Ei, dann im gewürzten Weckmehl wenden, und zwar so oft, bis die Panade gut haften bleibt. Die panierten Eier im heißen Fett zu schöner Farbe backen.
Dazu gibt es für jeden ein getoastetes, dunkles Brot oder, wenn es sich um ein Mittagessen handelt, je 1 gekochte Kartoffel und 1 Eßlöffel Zwiebelquark.

Bunte Gemüseschüssel mit Quarksoße

1 Salatgurke, 1 rote und 2 grüne Paprikaschoten, 1 kleingehackte Zwiebel, 40 g Margarine, 1 Prise Zucker, Salz, 3 geschälte Tomaten, 200 g Magerquark, ½ Becher Magerjoghurt, ½ Bund kleingehackte Petersilie

Die Salatgurke schälen, der Länge nach halbieren, die Kerne entfernen und die Gurke dann in kleine Stücke schneiden. Die entkernten, gut gewaschenen Paprikaschoten in Streifen schneiden. Gurken- und Paprikaschotenstücke mit den Zwiebelstückchen in der heißen Margarine 20 Minuten dünsten. Zucker und Salz dazugeben, und zuletzt, etwa 5 Minuten vor Ende der Kochzeit, die in Stücke geschnittenen Tomaten daruntermischen. Quark mit Joghurt und Petersilie mischen, über das Gemüse verteilen, kurz ziehen lassen und dann sofort anrichten, damit das Gericht warm auf den Tisch kommt.
Dazu gibt es pro Person zwei Kartoffeln.

Kalorienarme Gemüsepfanne

750 g gelbe Rüben, 1 kleingehackte Zwiebel, 20 g Fett, ¼ l Wasser, 250 g Lyoner (Wurst), Zwiebel- oder Kräutersalz, 2 Eßl. feingeschnittener Schnittlauch oder Petersilie

Die gelben Rüben waschen, schaben und kleinschneiden. Die Zwiebelstückchen in dem heißen Fett andünsten, die gelben Rüben dazugeben, mit Wasser auffüllen und 30 Minuten bei geringer Hitze kochen. Die Lyoner in Streifen oder andere kleine Stücke schneiden, unter das Gemüse mischen, kurz erhitzen, dann würzig abschmecken und mit Schnittlauch oder Petersilie bestreut anrichten.

Toast Reinette

4 Äpfel, 4 Scheiben Toastbrot, 20 g Butter, 1 Eßl. Weinbrand oder Obstschnaps, 4 Scheiben halbfetter Camembert oder Gewürz-Scheibletten

Die Äpfel schälen, vierteln, entkernen und in Scheiben schneiden. Die Brote nur auf einer Seite in einer beschichteten Pfanne hell rösten und dünn mit Butter bestreichen. Apfelscheiben darauf verteilen und mit Weinbrand oder Obstschnaps beträufeln. Darüber jeweils eine Scheibe Camembert oder Gewürz-Scheiblette legen und die Brote im vorgeheizten Backofen bei guter Hitze, 220°, etwa 5 Minuten überbacken.

Eier mit Frühlingsquark

¼ Salatgurke, 100 g Lyoner, 4 hartgekochte Eier, 250 g Quark, 1 Becher Joghurt, kleingeschnittener Schnittlauch, Salz, Pfeffer, Paprikapulver

Das geschälte Gurkenstück teilen, entkernen und wie die Lyoner in kleine Stückchen und die geschälten Eier in Viertel oder Scheiben schneiden. Quark mit Joghurt schaumig rühren, Schnittlauch dazugeben, würzig abschmecken und über die Gurken-, Wurst- und Eierstückchen verteilen.
Dazu gibt es Pellkartoffeln.

Meerrettich-Tatar

200 g Tatar, 1 kleingehackte Zwiebel, 2 Eigelbe, Salz, Pfeffer, Paprika, 4 Teel. geriebener Meerrettich. – 4 Teel. Kapern, 4 kleine Essiggürkchen, 4 Scheiben getoastetes, dunkles Brot

Tatar mit den Zwiebelstückchen, den Eigelben, Salz und Pfeffer sowie Paprika verrühren und pikant abschmecken. In vier Häufchen teilen und auf jedes davon etwas Meerrettich geben. Jeweils Kapern und als Fächer geschnittenes Essiggürkchen danebenlegen.

Gefüllte Tomaten

8 Tomaten, 2 Eßl. geriebener Rettich, 2 Eßl. kleingehackte Gewürzgurken, 1 Becher Hüttenkäse oder Jocca, Salz, Pfeffer, Paprika. – Einige gewaschene, leicht marinierte Salatblätter

Von den vorbereiteten Tomaten jeweils einen Deckel abschneiden und die Tomaten aushöhlen. Rettich und Gewürzgurken unter den Hüttenkäse oder Jocca mischen, würzig abschmecken, in die Tomaten füllen und sie auf Salatblättern anrichten. Sollte von der Fülle noch etwas übrig sein, kann diese als Garnitur verwendet werden.
Dazu gibt es getoastetes Weißbrot oder Knäckebrot.

Sellerie-Rohkost

500 g roher Sellerie, 4 saftige Äpfel, 2 Becher Joghurt, Zitronensaft, Salz, Zucker

Den geschälten und gewaschenen Sellerie und die gewaschenen, ungeschälten Äpfel grob raspeln. Gut vermischen und auf Tellern anrichten. Joghurt mit Zitronensaft und Salz und Zucker würzig abschmecken und darüber verteilen. Die Rohkost nicht stehen lassen, sondern gleich mit einem Knäckebrot servieren. Sie wird leicht unansehlich.

Taillen-Rohkost

4–5 Chicoréestauden, 2 Eßl. Tomatenketchup, 1 Becher Magerjoghurt, Zitronensaft oder Weinessig, Salz, frisch gemahlener, schwarzer Pfeffer, 1 Prise Zucker, 5 Eßl. abgetropfte Mandarinenspalten aus der Dose

Von den Chicoréestauden die äußeren Blätter entfernen, unteren Keil etwa ½ cm dick abschneiden und den bitteren Kern tief herausschneiden. Die Stauden dann in dünne Scheiben schneiden, waschen und abtropfen lassen. Tomatenketchup unter den Joghurt mischen, mit Zitronensaft oder Weinessig und den restlichen Gewürzen pikant abschmecken. Mandarinenspalten zu den Chicorée geben, dann die Joghurtsoße darüber verteilen und alles vorsichtig vermischen.
Dazu gibt es Knäckebrot.

In siedendem Fett Gebackenes

Schon viele Wochen vor Fastnacht werden im Schwabenland und in Baden Fastnachtsküchle gebacken und auch dem Besucher angeboten. Sie werden mit Kompott oder gedünsteten Apfelschnitten serviert. Dem Gast wird dazu jedoch Kaffee angeboten.
Am Fastnachtsdienstag jubeln die Kinder, wenn der Duft frischgebackener Küchle durch's Haus zieht und singen:

»Lustig ist die Fasenacht,
wenn mei Muatter Küchle bacht,
wenn sie aber koine bacht –
no pfeif i auf die Fasenacht!«

Fastnachtsküchle

500 g Mehl, 20 g Hefe (Würfel oder 1 Päckchen Trockenhefe), 50–60 g Zucker, ¼ l lauwarme Milch, 70 g Butter, 2 Eier, Kokosfett oder Keimöl. – Zucker

Aus Mehl, Hefe, wenig Zucker und Milch einen Vorteig anrühren. Nach dem Gehen die übrigen warmgestellten Zutaten zufügen und den Teig so lange schlagen, bis er Blasen wirft. Teig nach dem Gehen 1½ cm dick auswellen und verschobene Vierecke ausrädeln. Diese zum nochmaligen Aufgehen beiseitestellen, mit einer Gabel dann einige Male hineinstechen und die Küchle in heißem Fett schwimmend zu schöner Farbe backen.
Auf einem Papier entfetten und in Zucker wenden.

Aalener Pfannebeischt, Kopfkissele

1 Würfel Hefe oder 1 Päckchen Trockenhefe, etwa ¼ l lauwarme Milch, 500 g Mehl, 1 Prise Salz, 30 g Zucker, 40 g Butter/Margarine, 2 Eier, Backfett (Kokosfett oder Sonnenblumenöl). – Zucker und Zimt

Die Hefe in wenig lauwarmer Milch mit einem Teelöffel Zucker anrühren und 10 Minuten gehen lassen. Mehl, Salz, restlicher Zucker, zerbröckelte Butter oder Margarine sowie die Eier in eine Schüssel geben. In die Mitte eine Vertiefung drücken, die Hefe hineinfüllen und den Hefeteig so lange kneten, bis er Blasen zeigt. Dann zugedeckt an einem warmen Ort gehen lassen. Daraufhin etwa ½ cm dick auf einem bemehlten Brett auswellen und in 5–10 cm große Quadrate schneiden. Teigstücke kurz gehen lassen, so ausziehen, daß sie in der Mitte dünn werden und in heißem Fett schwimmend auf beiden Seiten goldbraun backen. Heiß in Zucker und Zimt wenden.

Dazu wird Mischobst oder werden Aprikosen aus der Dose gereicht.

Wer es sich einfach machen will, nimmt Hefeteig aus der Tiefkühltruhe oder Hefeteig-Backmischung.

Pfeuteln

2–3 Eier, 50 g Zucker, 100 g Mehl, 1 Teel. Weinbrand, Keimöl oder Kokosfett. – Puderzucker

Eigelbe und Zucker schaumig rühren. Mehl daruntermischen. Eiweiße steifschlagen und unterziehen. Mit wenig Weinbrand nach Belieben verfeinern. Mit einem Teelöffel Küchlein abstechen und in heißem Fett schwimmend zu schöner Farbe backen. Sofort mit Puderzucker bestäuben und zu Kompott reichen.

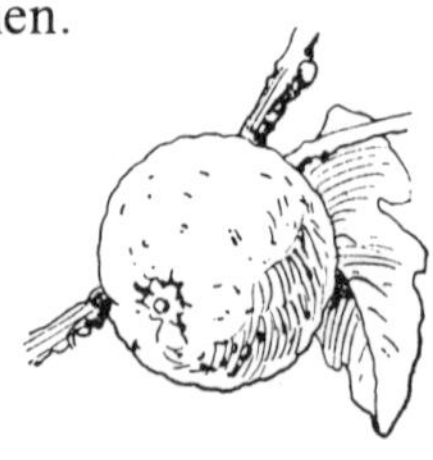

Öhrle, Scherben

2 Eier, 65 g Butter, 1 Prise Salz, 2 Eßl. saurer Rahm, 250–280 g Mehl, Backfett. – Puderzucker

Die ganzen Eier mit der Butter schaumig rühren. Salz, Rahm und Mehl zufügen und gut vermischen. Aus diesem Teig kleine Kugeln formen, so flach wie möglich auswellen (15 cm im Durchmesser), in heißem Fett schwimmend backen, und noch, ehe sie Farbe angenommen haben, die »Scherben« herausnehmen und sie dabei mit den Stielen von 2 Kochlöffeln zu herunterhängenden Ohren formen. Warm mit Puderzucker sehr dick bestäuben.

Großmutters Schneeballen

250 g Mehl, 1 Prise Salz, 2 Eßl. Zucker, 4 Eigelbe, 6 Eßl. saurer Rahm, Backfett (Sonnenblumen- oder Maiskeimöl, auch Kokosfett). – Puderzucker

Mehl, Salz, Zucker und Eigelbe mit dem Rahm zu einem glatten Teig rühren und auf einem bemehlten Backbrett gut durchkneten. Den Teig dann dünn, messerrückendick auswellen und runde, nicht zu kleine Küchlein ausstechen. Diese jeweils in der Mitte, aber ohne dabei den Rand zu verletzen, so einschneiden, daß 3 etwa fingerbreite Streifen entstehen. Die Streifen dann jeweils mit einem Kochlöffel aufnehmen und die Schneeballen am Stiel hängend in das heiße Öl oder Kokosfett einlegen und hellbraun backen. Auf Küchenkrepp gut abtropfen lassen und mit Puderzucker bestäuben.

Bubenschenkel

Hefeteig wie bei Aalener Pfannebeischt, aber ohne Zucker, Rezept Seite 176, Backfett (Sonnenblumenöl oder Kokosfett)

Den aufgegangenen Teig auf einem bemehlten Backbrett fingerdick auswellen, längliche, nicht zu breite Stücke ausrädeln, in der Hälfte bis zur Mitte einschneiden, etwas auseinanderziehen, nochmals kurz gehen lassen und in heißem Fett schwimmend zu schöner Farbe backen.
Dazu gibt es Kartoffelsalat.

Badische Ziegre-Nudeln

250 g Mehl, 2 Eigelbe, 125 g Magerquark, 1 Prise Salz, 1 Eßl. feingewiegter Estragon oder Schnittlauch, Backfett

Das Mehl mit den Eigelben, Quark, Salz und Kräutern zu einem glatten Teig kneten. Nach Bedarf noch etwas Mehl oder Weckmehl zufügen. Fingerlange Nudeln oder auch runde Küchlein formen und in Fett schwimmend zu schöner Farbe backen.
Dazu werden verschiedene Salate gereicht.

Berliner Pfannkuchen

Hefeteig wie für Fastnachtsküchle, Rezept Seite 175, 2 Eiweiße, beliebige Marmelade, Kokosfett oder Öl. – Zucker

Den gegangenen Hefeteig nicht zu dick auswellen und runde Küchlein ausstechen. Die Hälfte davon mit Eiweiß bestreichen und jeweils in die Mitte der anderen Küchlein einen Kaffeelöffel Marmelade setzen. Die mit Eiweiß bestrichenen Küchlein auf die mit Marmelade versehenen legen, die Ränder fest andrücken, alle nochmals gehen lassen und dann in heißem Fett schwimmend backen. Auf einem Sieb oder auf Küchenkrepp abtropfen lassen und noch warm in Zucker wenden.

Gebrühte Fastnachtsküchle

¼ l Milch, 20 g Butter, Salz, 140 g Mehl, 2–3 Eier, Backfett. – Zucker und Zimt

Die Milch mit der Butter und Salz zum Kochen bringen. Schnell das Mehl unter Rühren einstreuen (Brandteig) und so lange weiterrühren, bis sich der Teig vom Topf löst. Die Eier unter den etwas abgekühlten Teig mischen, diesen auf dem Backbrett dünn auswellen, verschobene Rechtecke ausrädeln und in heißem Fett schwimmend backen.
Mit Zucker und Zimt bestreuen.

Kochpuddings

Die warmen Puddings werden in einer gut verschließbaren Form in kochendem Wasserbad auf dem Herd oder in einer offenen Form ebenfalls im Wasserbad im Backofen gekocht. Meist wird die geschlossene Form verwendet, da die offene, die sogenannte Charlotteform, sich mehr für eine besonders große Puddingmasse eignet.
Wichtig ist, daß die Form und der Deckel immer gut eingefettet und mit Semmelbröseln ausgestreut werden. Ist dies nicht der Fall, kann es passieren, daß der Pudding beim Stürzen nicht aus der Form geht. Das ist dann peinlich und ärgerlich. Weiter ist darauf zu achten, daß die Form immer nur ¾ voll gefüllt wird, damit der Inhalt aufgehen kann.
Das Wasser, in das die Form hineingestellt wird, kann je nach dem Rezept kalt oder kochend sein.
Die Form sollte während der Kochzeit immer ⅔ im Wasser stehen. Dabei ist zu beachten, daß das Wasser gleichmäßig strudelt und stets heißes Wasser nachgegossen wird. Auch der Topf mit dem Wasser muß zugedeckt sein.
Es empfiehlt sich, die Garprobe zu machen.
Vor dem Stürzen wird die Form entweder unter kaltem Wasser abgeschreckt oder 5 bis 10 Minuten aufgedeckt stehengelassen. Sodann wird der Rand des Puddings mit einem in heißes Wasser getauchten Messer gelöst, der Pudding gestürzt und sofort angerichtet.
Beim Kochen im Backofen wird, wie erwähnt, eine Form ohne Deckel benützt. Es ist ratsam, die Form mit einem Pergamentpapier zu bedecken, das mit einer Schnur befestigt wird. Das Papier schützt den Pudding vor zu schnellem Bräunen. Diese Form darf nur bis zur halben Höhe im Wasser stehen. Das Wasser muß auch hier während der Kochzeit gleichmäßig kochen und immer nachgegossen werden.
Als Beigabe eignet sich bei salzigen Puddings immer eine pikante Soße, Salat oder je nachdem auch Gemüse.
Zu süßen Puddings schmeckt eine Vanille- oder Sckokoladensoße, eine Fruchtsoße oder ein Kompott gut. Mit Schlagsahne oder ganzen Früchten verziert sind diese Puddings immer wieder eine Überraschung.

Bunter Kartoffelpudding

3–4 Eier, Salz, 1 Eßl. kleingehackte Petersilie, 3–4 geriebene Karotten (etwa 80 g), 375 g am Tage zuvor abgekochte, geriebene Kartoffeln, 50 g Butter, ½ Eßl. kleingehackter Estragon, ½ Eßl. kleingehackter, frischer Salbei, ½ Eßl. kleingehackter Schnittlauch, ⅛ l Weißwein

Die Eigelbe mit Salz und Petersilie schaumig schlagen, Karotten und die geriebenen Kartoffeln darunterrühren. Den steifgeschlagenen Eischnee unterziehen und die Kartoffelmasse in eine gut gefettete Puddingform füllen. Form gut verschließen und den Pudding eine Stunde im Wasserbad kochen. Butter erhitzen, Kräuter anschwitzen, Weißwein zugießen und über den gestürzten Pudding geben. Dazu paßt Blattsalat.

Spinatknopf

2 Pfund Spinat, 2–3 Sardellenfilets, 4 Brötchen, knapp ¼ l Milch, 1 Zwiebel, 1 Sträußchen Petersilie, 40 g Fett, 3–4 Eier, 2 Eßl. Grieß, Salz, Muskat

Den Spinat verlesen, Stiele entfernen, gut waschen und nur mit wenig Wasser, eine Bodendecke genügt, bei geringer Hitze zusammenfallen lassen. Den abgetropften Spinat und die Sardellenfilets feinwiegen oder pürieren. Brötchen in Scheiben schneiden, in der Milch einweichen und ausdrücken. Zwiebel und Petersilie feinwiegen und in dem heißen Fett zusammen mit den Brötchen kurz dämpfen. Eier, Grieß und Spinat mit den Sardellenfilets zugeben, gut vermischen, mit Salz und Muskat würzen und in eine gefettete, mit Semmelbrösel ausgestreute Puddingform füllen. Form gut verschließen und den Pudding im Wasserbad etwa eine Stunde kochen.
Dazu passen Teigwaren und eine Buttersoße.

Karotten-Kräuterpudding

500 g gekochte Karotten, 250 g in der Schale gekochte Kartoffeln, 50 g Butter, 100 g Mehl, ¼ l Milch, 1 feingewiegte Zwiebel, 1 Eßl. kleingehackte Petersilie, Streuwürze, Muskat, 3 Eier

Die Karotten und die geschälten Kartoffeln im Mixer pürieren oder durch ein Sieb passieren. Butter erhitzen, Mehl anschwitzen, mit Milch ablöschen, durchkochen, die Eigelbe darunterrühren und den Topf vom Herd nehmen. Mit der Karotten-Kartoffelmasse, den Zwiebelstückchen und den übrigen Gewürzen vermischen und den steifgeschlagenen Eischnee unterheben. Eine gut gefettete Puddingform damit füllen, diese verschließen und das Ganze eine Stunde im Wasserbad kochen. Die Form unter kaltem Wasser abschrecken, etwas stehen lassen und den Pudding stürzen. Dazu paßt eine Käse- oder Buttersoße.

Krautpudding

500 g Weißkraut, Salzwasser, 60 g Butter, 2 Zwiebeln, 250 g in kleine Würfel geschnittene Hammelbrust, ½ Tasse Würfel- oder Fleischbrühe, Salz, Pfeffer, 3 Tomaten, Butterflöckchen

Die äußeren Blätter des Krautes entfernen. Einige große Blätter vorsichtig ablösen, Blattrippen flach schneiden und die Blätter in Salzwasser kurz aufkochen und abtropfen lassen. Das übrige Weißkraut feinwiegen und in etwa 30 g heißer Butter mit den feingewiegten Zwiebeln andünsten. Fleischwürfel in der restlichen Butter anbraten, Brühe zugießen und würzen. Eine gefettete Puddingform mit der Hälfte des Krautes, mit dem Fleisch, den vorbereiteten, in kleine Stückchen geschnittenen Tomaten und dem restlichen Kraut füllen. Butterflöckchen darübergeben. Die geschlossene Form etwa 1½ Stunden im Wasserbad kochen. Pudding stürzen und Bratkartoffeln, Teigwaren oder Reis und eine pikante Soße dazu reichen.

Hackfleisch-Pudding

500 g in der Schale gekochte Kartoffeln, 4 Eier, 50 g Butter, 1 Brötchen, je ein Eßl. feingewiegte Zwiebel und Petersilie, 1 Eßl. Mehl, Salz, Muskat oder Streuwürze, 150 g Hackfleisch

Die Kartoffeln schälen und durch die Kartoffelpresse drücken. Die Eigelbe von 3 Eiern mit der weichen Butter gut verrühren und unter die Kartoffeln mischen. Das eingeweichte, ausgedrückte und zerkleinerte Brötchen mit dem restlichen Eigelb, Zwiebel und Petersilie sowie Mehl und Gewürzen zu dem Hackfleisch geben und gut verrühren. Die Kartoffelmasse daruntermischen und zuletzt den steifgeschlagenen Eischnee unterheben. Eine gefettete Puddingform damit füllen, gut verschließen und eine Stunde im Wasserbad kochen. Dazu gibt es einen beliebigen Salat.

Warme, süße Puddings

Hefepudding

250 g Mehl, 15 g Hefe, 40 g Zucker, $^{1}/_{16}$ l Milch, 20–25 g Butter, 1 Prise Salz, 1 Ei, 30 g Rosinen, 2 Eßl. in Stifte geschnittene Mandeln

Das Mehl in eine Schüssel sieben und in eine Vertiefung die zerkleinerte Hefe, Zucker und lauwarme Milch geben. Etwas Mehl darüber stäuben, die Schüssel zudecken und warmstellen, bis die Mehlschicht auf der Hefe Risse zeigt. Die übrigen Zutaten, ausgenommen Rosinen und Mandeln, zufügen und den Teig schlagen, bis er Blasen wirft. Zuletzt die gewaschenen, abgetrockneten Rosinen und die Mandeln darunter mischen. Den Teig in eine gut gefettete Puddingform füllen und gehen lassen. Die Form gut verschlossen in ein warmes, jedoch nicht kochendes Wasserbad stellen. Das Wasser zum Kochen bringen und den Pudding etwa 60 bis 70 Minuten kochen. Die Form unter kaltem Wasser abschrecken, den Pudding stürzen und mit einer beliebigen Fruchtsoße oder Apfelmus reichen.

Weckpudding

300 g in kleine Würfel geschnittenes Weißbrot, ¼ bis ½ l Milch, 50 g Butter, 80–100 g Zucker, 4 Eier, 500 g entsteinte Kirschen. – Süße oder saure Sahne

Die Weißbrotwürfel mit der Milch befeuchten. Butter, Zucker und Eigelbe schaumig rühren und Brotwürfel, Kirschen und den steifgeschlagenen Eischnee daruntermischen. Alles in eine gut gefettete, mit Semmelbröseln ausgestreute Puddingform füllen und etwa 60 bis 70 Minuten im Wasserbad kochen. Form unter kaltem Wasser abschrecken, Pudding stürzen und mit ungeschlagener Sahne darüber anrichten.

Brotpudding

1/10 l Weißwein, 2 Eßl. Rum oder Weinbrand, 100 g geriebenes Schwarzbrot, 4 Eier, 60 g Zucker, 2 Eßl. Rosinen, 60 g geriebene Mandeln oder Haselnüsse, ½ Teel. Zimt

Weißwein und Rum oder Weinbrand unter das geriebene Schwarzbrot mischen. Eigelbe und Zucker schaumig rühren, Rosinen, Mandeln, Zimt und das angefeuchtete Schwarzbrot dazugeben. Eiweiße steifschlagen und darunterheben. Puddingmasse in eine gut gefettete Puddingform füllen, gut verschließen und im Wasserbad 60 Minuten kochen. Pudding stürzen und mit einer Hägenmarksoße, Rezept s. Seite 79, servieren.

Reispudding

½ l Milch, Salz, 20 g Butter, 125 g Milchreis, 2–3 Eier, 30–40 g Zucker, 3–4 Eßl. gemahlene Haselnüsse, 125 g Johannisbeeren, 1 Banane, 2 Päckchen Vanillinzucker

Die Milch mit wenig Salz und Butter zum Kochen bringen. Den gewaschenen Reis dazugeben und bei milder Hitze etwa 30 Minuten ausquellen lassen. Eigelbe und Zucker schaumig rühren, Haselnüsse, vorbereitete Johannisbeeren und Bananenstückchen hinzufügen und unter den etwas abgekühlten Reis mischen. Den steifgeschlagenen Eischnee unterziehen. Die Masse in eine gut gefettete, mit Vanillinzucker ausgestreute Puddingform füllen. Form gut verschlossen in kaltes Wasserbad setzen und den Pudding bei geringer Hitze etwa 75 Minuten kochen.
Dazu paßt eine Schokoladensoße.

Obstpudding

600 g Stachelbeeren oder ausgesteinte Zwetschgen, 100 g Butter oder Margarine, 4 Eier, 60–80 g Zucker, 125 g Semmelbrösel, ½ Päckchen Backpulver, 150 g Mehl, 8 Eßl. Milch, 1 Messerspitze Zimt, Saft einer halben Zitrone, 1 Päckchen Vanillinzucker, 2 Eßl. kleingehackte Haselnüsse, saure Milch

Die Stachelbeeren oder Zwetschgen vorbereiten. Butter, Eigelbe und Zucker schaumig rühren, Semmelbrösel, das mit Backpulver vermischte Mehl, die Milch und die Gewürze daruntermischen. Zuletzt den steifgeschlagenen Eischnee und das Obst hinzufügen. Die Puddingmasse in eine gut gefettete, auf dem Boden mit Haselnüssen und an den Wänden mit Semmelbröseln ausgestreute Puddingform füllen. Form gut verschließen, in kaltes Wasserbad stellen und den Pudding etwa 60 bis 70 Minuten kochen. Diesen sofort mit saurer Milch übergossen anrichten.
Das schmeckt vorzüglich.

Grießpudding mit Quark

2–3 Eier, 50 g Zucker, 50 g Butter, Salz, 200 g Quark, 200 g Grieß, 2 Eßl. Rosinen oder Sultaninen, 1 Eßl. kleingehacktes Orangeat oder Zitronat, abgeriebene Zitronenschale. – Mandelstifte, frische oder eingemachte Früchte

Die Eigelbe mit Zucker, Butter und Salz schaumig rühren. Quark, Grieß, Rosinen oder Sultaninen, Orangeat oder Zitronat sowie die Zitronenschale zugeben. Steifgeschlagenen Eischnee unterziehen, Puddingmasse abschmecken und in eine sorgfältig gefettete, mit Semmelbröseln bestreute Puddingform füllen. Diese gut verschließen und den Pudding etwa eine Stunde im Wasserbad kochen. Deckel entfernen. Dampf kurz abziehen lassen, Pudding stürzen, mit Mandeln bestecken und Früchten garnieren.
Dazu kann ein Kompott gereicht werden.

Für die Süßen
Nachspeisen

Die Schwäbin ist erfinderisch und versteht es auch, mit wenig Mitteln ein einfaches Mittagessen dadurch zu verbessern, daß sie einen ausgezeichneten Nachtisch serviert. Selbst ein Süßigkeitsmuffel wird guter Laune, und die Kinder freuen sich.
Es gibt gute Puddingkombinationen und Obstsalate. Auch mit Quark, Joghurt und Obst ist ein Nachtisch schnell zubereitet. Soll es einmal etwas Besonderes sein, gibt es einen Eisbecher mit Früchten oder Eis mit einer heißen Schokoladensoße zugedeckt, eine Weincreme oder ein Himbeer-Dessert.

Schichtpudding mit Einlage

1 Päckchen Vanillinpuddingpulver, 1 Päckchen Schokoladenpuddingpulver, 1 l Milch, 4 Eßl. Zucker, Apfelbrei, eingemachte, entsteinte Kirschen, Pfirsiche oder anderes Obst

Die verschiedenen Puddings nacheinander wie auf den Beuteln angegeben kochen. Im Wechsel in eine Schüssel füllen und eine oder auch zwei dünnere Lagen mit Apfelbrei oder kleingeschnittenen Kirschen, Pfirsichen oder anderem Obst, gut abgetropft, dazwischengeben.

Apfel-Pudding

½ l Milch, 2 Eßl. Zucker, 1 Päckchen Vanillinpuddingpulver, 6 Eßl. Apfelbrei, 1 Eiweiß

Einen Vanillepudding kochen. Wenig abgekühlt den Apfelbrei und den steifgeschlagenen Eischnee daruntermischen.

Quarkpudding

½ l Milch, 1 Päckchen Vanillinpuddingpulver, 2 Eßl. Zucker, 250 g Sahnequark, einige Ananasstückchen aus der Dose

Mit wenig Milch das Puddingpulver anrühren. Die restliche Milch zum Kochen bringen und nach Anweisung den Pudding zubereiten. Kurz etwas kalt rühren und dann den Quark daruntermischen. Mit Ananasstückchen garnieren. Anstelle von Ananas kann auch jedes andere Obst verwendet werden.

Fruchtsaft-Pudding

500 g Johannisbeeren, 500 g Stachelbeeren, 200 g Zucker, 5/4 l Wasser, 90 g Mondamin

Das vorbereitete, gut gewaschene, abgetropfte Obst mit dem Zucker in dem Wasser sehr weich kochen und durch ein Haarsieb streichen. Den aufgefangenen Saft, wenn er nicht ausreicht, auf einen Liter mit Wasser auffüllen. Mondamin mit wenig Wasser anrühren und den kochenden Saft damit binden. Gut durchkochen lassen. In eine mit kaltem Wasser ausgespülte Schüssel füllen und kalt stellen. Kurz vor dem Anrichten stürzen.
Dazu gibt es eine kalte Vanillesoße.
Es sieht hübsch aus, wenn der rote Pudding mit einem Teil der Soße übergossen wird.
Es kann auch 1 Liter beliebiger roter Fruchtsaft verwendet werden.

Schaumknöpfle

½ l Milch, 2 Päckchen Vanillin-Soßenpulver, ½ Stange Vanille, 3 Eßl. Zucker, 2 Eiweiße, 4 gestr. Eßl. Puderzucker

Die Milch mit dem angerührten Vanillin-Soßenpulver und dem ausgekratzten Vanille sowie Zucker zum Kochen bringen. Eiweiße steifschlagen, Puderzucker zufügen und so lange weiterschlagen, bis der Eischnee ganz steif ist. Mit Kaffee- oder Eßlöffel Schnee-Eier (Schaumknöpfle) formen, auf die leicht kochende Soße setzen und zugedeckt etwa 2 Minuten ziehen lassen.
Warm oder kalt als Dessert servieren. Vorteilhaft ist, Vanille-Soße mit den Schaumknöpfle über frischem Obst anzurichten.

Schokoladengrieß

40 g Zucker, 1 Päckchen Vanillinzucker, 40–50 g geriebene Schokolade oder Kakaopulver, ½ l Milch, 60 g Grieß, 2 Eiweiße, 4 Eßl. Frucht-Cocktail aus der Dose

Zucker, Schokolade oder Kakaopulver mit etwas Milch anrühren. Restliche Milch zum Kochen bringen, Schokolade und Grieß einrühren. Letzteren etwa 5 Minuten quellen lassen. Abgekühlt die steifgeschlagenen Eiweiße unterziehen und die Speise in eine mit kaltem Wasser ausgespülte Schüssel füllen. Kaltstellen. Mit Frucht-Cocktail garniert dann anrichten.
Dazu gibt es eine Vanillesoße.

Zimtcreme mit Früchten

⅛ l süßer Rahm, 2 Stangen Zimt, 80 g Zucker, 3 Blatt weiße Gelatine, 4 Eßl. heiße Milch, ⅛ l saurer Rahm, 4 Scheiben Ananas oder 4 Eßl. Rumtopffrüchte

Den süßen Rahm mit dem Stangenzimt und dem Zucker erhitzen. Die Gelatine einweichen, ausdrücken, in der heißen Milch unter Rühren auflösen und unter die Zimtmilch rühren. Die Zimtstangen entfernen und das Creme abkühlen lassen. Den sauren Rahm erst, wenn das Creme steif wird, daruntermischen. Das Dessert auf Tellerchen verteilen und mit den abgetropften Ananasscheiben oder Rumtopffrüchten garnieren.

Mandarinenzauber

1 Dose Mandarinenspalten, 1 Päckchen Schokoladencreme ohne Kochen, 2 Tassen Milch, 4 Eßl. Eierlikör, einige kleingehackte Haselnüsse

Die Mandarinenspalten abtropfen lassen. Die Schokoladencreme nach Anweisung in die Milch einrühren und cremig schlagen. Die Mandarinenspalten im Wechsel mit dem Schokoladencreme in eine Schüssel oder in Gläser füllen und kalt stellen. Kurz vor dem Servieren Eierlikör darüber verteilen und mit Haselnüssen garnieren.

Ananastöpfle

4 Eßl. Mandelstifte aus dem Beutel, 1 Päckchen beliebigen Pudding, ½ l Milch, 2 Eßl. Zucker, 1 Eiweiß, 4 Scheiben Ananas, 4 kandierte Kirschen

Vier Tassen mit kaltem Wasser ausspülen und die Mandelstifte auf den Tassenböden verteilen. Den Pudding nach Anweisung zubereiten und den steifgeschlagenen Eischnee, wenn der Pudding etwas abgekühlt ist, darunterheben. In die Tassen füllen und kalt stellen. Vor dem Anrichten auf jede Tasse eine Scheibe Ananas legen, den Pudding stürzen und mit den kandierten Kirschen garnieren.

Rote Sauermilchspeise (Errötendes Mädchen)

¾ l Sauermilch, ½ Becher saurer Rahm, 40 g Zucker, 5 Blatt rote Gelatine, 250 g entsteinte Sauerkirschen, Brombeeren oder beliebiges anderes Beerenobst, evtl. Mandelstifte

Die Sauermilch mit Rahm und Zucker schaumig rühren. Die eingeweichte, ausgedrückte und mit 3 Eßlöffel heißem Wasser aufgelöste Gelatine dazugeben und mit dem Schneebesen oder elektrischen Handrührgerät schlagen, bis die Speise schaumig, besser noch fast steif ist. Über dem Obst in einer Schüssel anrichten und mit Mandelstiften garnieren.
Die Sauermilchspeise kann auch zuerst in eine Schüssel gefüllt und dann mit Obst garniert werden. So oder so ist es eine erfrischende Speise, und zwar nicht nur an heißen Tagen.

Zitronenschaum

3 Eiweiß, 100 g Zucker, 1 ganzes Ei, Saft von 1½ Zitronen

Die Eiweiße mit 30 g Zucker zu steifem Schnee schlagen und beiseitestellen. Restlichen Zucker mit dem ganzen Ei schaumig schlagen, Zitronensaft zufügen und mit dem Schneebesen bei geringer Hitze schlagen, bis sich am Rand Kochblasen bilden. Das Creme wird schaumig und dick. Topf vom Herd nehmen, Eischnee unterziehen und kalt servieren.

Stuttgarter Weincreme

1 gestrichener Eßl. Mondamin, 3/8 l herber Weißwein, 60 g Zucker, Saft von 2 Zitronen, 1 ganzes Ei, 3 Eigelbe, 4 Eßl. halbierte Erdbeeren oder ganze Himbeeren

Mondamin mit wenig Wein anrühren. Restlichen Wein mit Zucker, Zitronensaft, ganzem Ei und Eigelbe darunterrühren und bei geringer Hitze mit dem Schneebesen so lange schlagen, bis die Masse dicker wird. Dann sofort vom Herd nehmen, in eine Schale füllen und mit Erdbeeren oder Himbeeren garniert anrichten.

Feines Schokoladencreme

90 g Mondamin,
60 g Kakao,
1 l Milch,
100 g Zucker,
1/8 l steifgeschlagene Sahne

Mondamin und Kakao mit etwas Milch anrühren. Die übrige Milch mit Zucker zum Kochen bringen, das Kakaogemisch unter stetem Rühren zufügen und cremig kochen. Die Schlagsahne unter das etwas abgekühlte Schokoladencreme heben.

Anstelle von Schlagsahne kann auch Eischnee von 2 Eiweißen genommen werden.

Bauchstecherle, Buabaspitzle

1 kg gekochte Kartoffeln, 1 Ei, 1 Prise Salz, etwa 150 g Mehl, Backfett, Zucker und Zimt

Die am Tage vorher gekochten Kartoffeln schälen und reiben. Ei, Salz und soviel Mehl daruntermischen, bis die Zutaten zusammenhalten. Wird zuviel Mehl genommen, kann etwas süßer Rahm daruntergeknetet werden. Aus dem gut durchgekneteten Teig fingerlange Würstchen formen und in heißem Fett schwimmend zu schöner Farbe backen. Mit Zucker und Zimt bestreut, ein geschätzter Nachtisch.

Anstelle von Zucker und Zimt kann auch Apfelbrei dazu gereicht werden.

Grießflammeri

1 l Milch, 100 g Zucker, 1 Stück Butter, Zitronenschale, 125 g Grieß, 4 Eier, Mandelstifte aus dem Beutel. – Himbeersaft

Die Hälfte der Milch mit Zucker, Butter und Zitronenschale zum Kochen bringen. Die restliche Milch mit Grieß und Eigelben glattrühren und unter Rühren in die kochende Milch geben. Bei geringer Hitze etwa 5 Minuten quellen lassen. Zitronenschale entfernen. Eiweiße zu steifem Schnee schlagen und zuletzt, wenn der Flammeri etwas erkaltet ist, daruntermischen. Die Grießmasse in eine mit kaltem Wasser, mit Mandelstiften bestreute Form oder Schüssel gießen und kalt stellen. Vor dem Anrichten stürzen.
Dazu Himbeersaft reichen.

Himbeer-Dessert

350 g frische Himbeeren, 4 Eßl. Kroatzbeer-Likör, 4 Blatt weiße Gelatine, ¼ l Schlagsahne, 2 Eßl. Krokant oder Schokoladenstreusel (Beutel)

Die verlesenen Himbeeren, von denen einige zum Garnieren zurückzubehalten sind, im Mixer oder auch nur mit einer Gabel pürieren. Kroatzbeer-Likör dazugeben. Die in kaltem Wasser eingeweichte und ausgedrückte Gelatine in einem Eßlöffel heißem Wasser auflösen und dann unter die Himbeeren mischen. Das Dessert kalt stellen und die Schlagsahne unterziehen, wenn es anfängt steif zu werden. Mit einigen zurückbehaltenen Himbeeren oder Krokant oder Schokoladenstreuseln garnieren.

Äpfel in Vanillesoße

4 Äpfel, 3 Eßl. kleingehackte Haselnüsse, ½ l Vanillesoße

Die Äpfel schälen, vorsichtig aushöhlen und halbweich kochen. Mit Marmelade und Haselnüssen füllen und in Vanillesoße anrichten. Kalt reichen.

Quarkcreme mit Pfirsichen

250 g Sahnequark, 1 Becher Joghurt, 3 Eßl. Zucker, 200 g Pfirsiche aus dem Glas

Quark mit Joghurt und Zucker cremig rühren. Abgetropfte Pfirsiche in Scheiben schneiden oder im Mixer pürieren und erst dann unter das Quarkcreme mischen, wenn dieses gleich serviert wird.

Bananen-Quark

250 g Rhabarber, 1–2 Bananen, 150 g Quark, Milch, 1 Eßl. Orangen- oder Zitronensaft, 1 Eßl. Schokoladenstreusel

Den Rhabarber schälen, in kleine Stücke schneiden und ganz kurz ohne Wasser mit wenig Zucker dämpfen. Bananen in Scheiben schneiden und etwas Orangensaft oder Zitronensaft darüberträufeln. Den Quark mit wenig Milch schaumig schlagen und Rhabarber und Bananen daruntermischen. Mit Schokoladenstreuseln garnieren.

Joghurt-Kaltschale

3 Becher Joghurt, 2 Eßl. Quark, 4 Eßl. Zucker, 500 g beliebiges Beeren- oder auch eingemachtes, abgetropftes Obst

Joghurt mit Quark und Zucker schaumig rühren. Obst vorrichten, kleiner schneiden oder im Mixer pürieren, auf Teller verteilen und das Joghurtgemisch darübergeben. Gut gekühlt auf den Tisch bringen.

Obstsalat Annette

3 saftige Äpfel, 1 Banane, 1 Grapefruit, 2 Eßl. kleingehackte Hasel- oder Walnüsse, 3–4 Eßl. Zucker

Die geschälten, vom Kernhaus befreiten Äpfel und die geschälte Banane in dünne Scheibchen schneiden. Grapefruit schälen, die weiße Haut so gut es geht abziehen und die Spalten in kleine Stücke schneiden. Alles mit den Nüssen in einer Schüssel gut vermischen, Zucker darüberstreuen und vor dem Anrichten gut durchziehen lassen. Kalt servieren.

Melonensalat

1 Honigmelone, 500 g Erdbeeren, Zitronensaft, 1 Päckchen Vanillinzucker, Zucker

Die Honigmelone vierteln, die Kerne mit einem Kaffeelöffel herausnehmen, das Fruchtfleisch von der Schale lösen und in kleine Stückchen schneiden. Die Erdbeeren vorbereiten, waschen, abtropfen lassen, größere zerkleinern und unter die Melonenstücke mischen. Nach Belieben mit Zitronensaft, Vanillinzucker und Zucker abschmecken.

Birnen mit heißer Schokoladensoße

1 Dose Birnenhälften, Saft von 2 Zitronen, 1 Tafel bittere Schokolade

Die Birnenhälften abtropfen lassen, auf Teller verteilen und etwas Zitronensaft darübergeben. Schokolade zerkleinern und bei geringer Hitze unter Zugabe von wenig Wasser erhitzen, umrühren und heiß über die Birnen verteilen. Sofort servieren.

Schwarzwald-Eisbecher

8 Eßl. entsteinte Sauerkirschen aus dem Glas, 4 Eßl. Kirschwasser, 1 Haushaltpackung Vanille-Eis, 2–3 Eßl. Krokant aus dem Beutel, 1/8 l Schlagsahne, blättrig geschnittene, bittere Schokolade

Die abgetropften Sauerkirschen mit Kirschwasser marinieren. Vanille-Eis in Würfel schneiden, und im Wechsel mit den Sauerkirschen und Krokant in hohe Gläser füllen. Diese mit Schlagsahne und darüber mit Schokoladenblättchen garnieren.

Das schwäbische Vesper

Das geflügelte Wort »Lieber meh esse, als z'wenig trenka« hat hier unbedingt seine Berechtigung. Es wird gerne gevespert im Schwabenländle, am Vormittag und am Nachmittag. Das 16-Uhr-Vesper spielt sogar eine größere Rolle als das Abendbrot, ja verdrängt es heute zuweilen ganz, wie man immer wieder feststellen kann.
Beim Vormittagsvesper freut man sich auf eine Laugenbrezel, die schwäbische Spezialität, die nicht genug gepriesen werden kann. Dazu gibt es dann möglichst eine hausgemachte, frische oder geräuchte Schinkenwurst, eine Leber- oder Griebenwurst oder ein Stück Schwartenmagen, Preßwurst, den Fleisch- oder Leberkäse. In südlicher gelegenen Landgebieten mit vorwiegend katholischer Bevölkerung wurde der Leberkäse vor Ostern in der Kirche geweiht.
Belegte Brote sind nicht gefragt. Die Wurst wird geschnitten und ohne Butter zur Laugenbrezel, einem Laugen- oder Doppelwecken oder einem Stück Brot gegessen. Dazu wird meist Bier und nur noch selten Most getrunken.
Am Nachmittag sieht das Vesper dann etwas anders aus. Es wird in einem Wirtschäftle eingenommen, und man läßt sich jetzt ein Ripple oder einen sauren Zipfel (Rezept s. Seite 67), ein Knöchle, eine Tellersulz, ein Stück Schwarzwälder Rauchfleisch oder, weil es etwas billiger ist, einen Ochsenmaulsalat, ein Paar »Saiten« oder »Rote«, auch einmal einen Kräuter- oder sauren Backsteinkäs auf den Tisch stellen und verzehrt es mit Genießerfreude.
Beim Vesper ist der Schwabe wortkarg. Er schont die Zunge, wenn's ums Reden geht und hält es mit den Viertelesschlotzern, die schweigend genießen. Ab und zu beschließt ein Schwarzwälder Kirsch, ein Himbeergeist, Brombeergeist, Mirabell- oder Zwetschgenwasser die Stunde. Man trinkt das hochprozentige, feurige Wasser bedächtig, es wird nicht in einem Zug hinuntergekippt. »Wer's nunderstürzt, ischt a Rindviech«, sagt man auf der Alb.
Eine andere Art des Vesperns, ja eine sehr beliebte Art, sind im Herbst die Fahrten ins Remstal oder Bottwartal, in die bekannten Weinorte wie zum Beispiel Stetten, Schnait, Uhlbach, Beutelsbach, Groß- und Kleinbottwar, Korb, Steinreinach u. a. zum Neuen Wein und Zwiebelkuchen. Fröhlich plaudernd sitzt man zusammen und genießt den »Süßen« oder »Räsen«, den herrlich duftenden, frischge-

backenen und noch warmen Zwiebelkuchen. Es ist ein köstliches Vesper, und der Wein schmeckt fast dann am besten, wenn er »bizzelt«.

Als d'r Herrgott d'Erd hat g'macht,
hat er selber drüber g'lacht,
weil s'Remstal ihm so gut gelunga,
daß d'Engele vor Freud hent g'sunga.

Er hat dabei an alles denkt
für Hunger und für Durst was g'schenkt
mit seine Reba, Felder, Wiesa,
hat g'sagt: so Leutla, tuat's genießa.

Drum ist net bloß im Schwobaland
s'Remstäle überall bekannt,
von Bayern bis in's Preußisch nei
ist es bekannt durch seinen Wei.

Wer den versucht, sich drüber freut,
ist wohl verschieda, grad wie d'Leut,
da besta trinkst, i tät drauf wetta,
beim Ochsawirt in Stetta.

Zu lesen im »Ochsen« zu Stetten

Rote Wurst, gebraten

1 Paar Rote, 1 kleine Zwiebel, 15 g Fett

Die Würste 15 Minuten in kochendheißem Wasser ziehen lassen. Die Zwiebel schälen, in dünne Scheiben schneiden und zusammen mit den gut abgetropften Würsten im Fett kurz braten.

Stuttgarter »Früchtle«

1 längliches Brötchen, heißes Sauerkraut, eine lange Stuttgarter Kochwurst (Bockwurst) oder eine Bauernbratwurst

Das Brötchen aufschneiden und auf die eine Hälfte einen Eßlöffel heißes Kraut geben. Die heiße oder gebratene Wurst darüberlegen und das Brötchen zusammenklappen. Ein gutes Vesper!

Schwarzwälder Vesperteller

1 Stück Speck, Schwarzwälder Rauchfleisch, kerniges, im Holzofen gebackenes Brot

Die Zutaten werden auf einem Holzbrett angerichtet. Es ist der Brauch, daß dazu ein Schwarzwälder Kirschwasser oder Himbeergeist getrunken wird.

Saurer Backsteinkäse
für 1 Person

100 g Backsteinkäse, Salz, Pfeffer, edelsüßes Paprikapulver, 1 Eßl. Öl, 2 Eßl. Weinessig, Zwiebelstückchen

Den Backsteinkäse in dicke Scheiben schneiden und eng auf eine kleinere Platte schichten. Aus Gewürzen, Öl und Weinessig eine würzige Salatsoße rühren und diese über die Käsescheiben verteilen. Darauf achten, daß alle Käsescheiben von der Marinade etwas abbekommen. Mit Zwiebelstückchen und einem Hauch Paprika garnieren. Dazu gibt es Schwarzbrot.

Romadur mit Zwiebelringen
für 1 Person

75–100 g Romadur, Salz, Pfeffer, 2–3 Eßl. Weinessig, 1–2 Eßl. Öl. – 1 in Scheiben geschnittene Zwiebel

Romadur in Scheiben schneiden und auf einem Teller anrichten. Salz, Pfeffer, Weinessig und Öl zu einer Marinade rühren, würzig abschmecken und über die Romadurscheiben gießen. Mit Zwiebelringen garnieren.
Dazu Schwarzbrot oder Laugenbrezeln reichen.

Bunte Tellersülze

2 Liter Kalbskopfbrühe, Essig oder Weißwein, Salz, 2 Eiweiße, weiße Gelatine, Schinken- oder Wurstscheiben, Eischeiben, in Scheiben geschnittene, gekochte gelbe Rüben, ein paar Erbschen, Gurkenstückchen, rote Paprikastreifen

Von der erkalteten, einen Tag alten Kochbrühe das Fett entfernen. Die Brühe erhitzen und mit Essig oder Weißwein, wenn notwendig, auch mit etwas Salz, würzen. Die Eiweiße leicht schaumig schlagen und zusammen mit der kleingestoßenen Schale der Eier unter Rühren in die Brühe geben und kurz aufkochen lassen. Die Sülze zudecken und so lange auf die Seite stellen, bis sich das Eiweiß zusammengezogen hat und die Sülze fast klar ist. Diese dann durch ein gebrühtes Siebtuch durchlaufen lassen, und zwar so oft, bis sie möglichst ganz klar geworden ist. Sollte die Sülze am andern Tag nicht fest sein, kann man eingeweichte ausgedrückte Gelatine (auf 1 Liter rechnet man 8–10 Blatt) zufügen.
Suppenteller im Wechsel mit Schinken-, Wurst-, Eischeiben, gelbe Rübenscheibchen, einigen Erbschen und Gurkenstückchen, nach Belieben auch mit roten marinierten Paprikastreifen sowie Sülze füllen, kaltstellen und gestürzt reichen.
Dazu wird Bauernbrot, am besten eingenetztes gegessen, das heute leider nur noch selten hergestellt wird.
Mit Bratkartoffeln ein erfrischendes Sommerabendgericht.

Ochsenmaulsalat

1 Ochsenmaul, Salzwasser, Essig, 1–2 Eßl. Öl, Salz, Pfeffer, 1 kleingehackte Zwiebel, Ochsenmaulbrühe

Das Ochsenmaul in Salzwasser weichkochen, noch heiß die Knochen entfernen (ausbeinen) und zwischen 2 Brettchen bis zum Erkalten pressen. In feine Scheiben schneiden und mit einer Marinade aus Essig, Öl, Salz, Pfeffer, Zwiebelstückchen und je nachdem auch etwas Brühe, etwa 4–6 Eßlöffel, anmachen. Gut durchziehen lassen.

Im badischen Raum spricht man hier von Maul- und Fueß-Salädel, da noch ein Ochsenfuß mitgekocht wird.

Gebackener Frischrahmkäse

300 g Doppelrahm-Frischkäse, 1 Ei, 4 Eßl. Weckmehl, 100 g Ausbackfett. – Johannisbeergelee oder Preiselbeerkonfitüre

Den Doppelrahm-Frischkäse kurz in das Verdampferfach des Kühlschranks geben, leicht anfrieren lassen und in 4 Teile schneiden. Diese dann in dem verquirlten Ei und Weckmehl wenden und in heißem Fett rundum zu schöner Farbe backen. Mit Johannisbeergelee oder Preiselbeerkonfitüre garnieren und sofort noch heiß auf den Tisch bringen. Das Gelee oder die Konfitüre kann auch gesondert dazu gereicht werden.

Dazu gibt es getoastetes Weißbrot.

Selbstgemachter Preßkopf

2 Kalbsfüße, 2 Schweinsfüße, 500 g Schweinerüssel, 1 gesalzenes Schweineohr, 3–4 l Salzwasser, Weinessig, 1–2 Zwiebeln, etwas Sellerie, 1 Stange Lauch, 2 gelbe Rüben, 1–2 Lorbeerblätter, einige Nelken, Pfeffer

Die gut gewaschenen Kalbs- und Schweinsfüße mit dem ebenfalls gewaschenen Schweinerüssel und Schweineohr im Salzwasser, dem noch etwas Weinessig zugefügt wurde, zum Kochen bringen. Die Brühe abschäumen, die vorbereiteten Gemüsezutaten und nach Geschmack etwas Pfeffer dazugeben und so lange kochen, bis das Fleisch weich ist und vom Knochen geht. Das Fleisch von den Knochen entfernen, in kleine Stückchen schneiden und die Knochen in der Brühe nochmals auskochen. Die Brühe entfetten, durchsieben und eine mit kaltem Wasser ausgespülte Form im Wechsel mit dem abgekochten Fleisch und der Brühe (flüssige Sülze) füllen. Jede Lage erst erstarren lassen, ehe die nächste folgt. Den Preßkopf kaltstellen und stürzen.

Gefüllter Saumagen für 10 Personen

1 kleiner Saumagen (Schweinemagen), 750 g magerer Schweinebauch ohne Schwarte, 2 Zwiebeln, 750 g gemischtes Hackfleisch, 1000 g Bratwurstbrät, 2 Wecken, 4–6 Eier, Salz, Pfeffer, Majoran, Fett

Den Saumagen vom Fleischer gut reinigen lassen und dann noch über Nacht wässern. Schweinebauch nach dem Waschen mit den geschälten Zwiebeln durch den Fleischwolf drehen. Hackfleisch, Bratwurstbrät, die eingeweichten, ausgedrückten und zerzupften Wecken und Eier dazugeben und alles gut vermischen. Würzig abschmecken. Die Masse in den Saumagen füllen, nicht zu prall, damit er nicht platzt, und die Öffnung gut zubinden. In reichlich leicht kochendem Wasser 3 Stunden mehr ziehen als kochen lassen. Den Magen während der Kochzeit ab und zu wenden. Gut abgetropft, kurz in Fett anbraten oder auch unangebraten in Scheiben aufschneiden. Der so gefüllte Saumagen eignet sich gut zum Einfrieren.

Dazu gibt es Brot und Wecken und, wie in Biberach üblich, noch eine Soße.

Von der schwäbischen Gastrologie

Schwôbaleut dent et gern hudla,
D'Hetz' ischt et nôch ihrem Senn;
Schwôba send wia gfüllte Nudla:
D'Hauptsach', dia ischt e n n a dren!

D'Schwôba send oft o'durchsichtig –
Grad wia Leaberkäs, woißgott:
Gel, do woiß mr au nia richtig,
Was dr Metzger 'neigmantscht hot!

Schwôba send wia Weckaklößle:
Auße fescht ond enna weich,
Tragat se au b'häbe Hösla –
Hehlenge send se oft reich!

Schwôba derf mr et dô suacha,
Wo bloß's Geld gilt ond 's schö' Häs;
Schwôba send wia Zwiebelkuacha:
Schmackhaft, aber a bißle räs!

Backstuben-Spezialitäten

Im Schwabenland hat jede Landschaft ihre Eigenheit und die Bäcker backen ihre Wecken (Brötchen) auf ganz verschiedene Weise.
In Stuttgart ist der »Doppelwecken« ein Begriff, in Heilbronn spricht man vom »Blechwecken«, in Reutlingen vom »Kimmicher« (Wasserwecken mit Kümmel) und in der Biberacher Gegend heißt der Wecken »Netzbäck«. Aber die Laugenbrezel stellt sie alle in den Schatten, denn sie ist über die Grenzen des Landes hinaus bekannt und beliebt. Am köstlichsten schmeckt sie ganz frisch, noch warm aus der Backstube, aufgeschnitten und mit Butter bestrichen. Die tüchtige Schwäbin friert warme Laugenbrezeln auch gerne ein, um sie für Gäste zu einem Glas Wein immer parat zu haben. Im Backofen sind sie schnell aufgetaut.
Es gibt Städte, zum Beispiel Reutlingen, auch Memmingen und besonders Ulm, die ihr eigenes Gebäck haben.
Die Reutlinger haben ihre »Mutscheln«. Sie sind ein gutes Kaffeegebäck, wie Sterne geformt, und einmal im Jahr, in der Woche nach dem Erscheinungsfest, feiert Reutlingen den Mutscheltag.
Memmingen hat sein »Memminger Brot«.
In Ulm aber backt der Bäcker den durch den Volksmund berühmt gewordenen »Ulmer Spatz«. Er lehrte einst mit einem Strohhalm im Schnabel die Bauleute des Ulmer Münsters, wie man einen Balken durch das Tor bringt. Dem Konditormeister Tröglen in Ulm, der im 19. Jahrhundert lebte, gefiel diese Geschichte wohl besonders gut. Auf jeden Fall entstand unter seinen Händen der »süße« Ulmer Spatz aus Schokolade und auch Marzipan. Heute wird der Ulmer Spatz überwiegend aus demselben Teig wie die beliebten Laugenbrezeln hergestellt. Er ist so groß wie ein Brötchen, apart geformt und trägt als Wahrzeichen anstelle eines Strohhalms ein durch den Teig gestecktes, kleines Holzstäbchen.
Die Ulmer haben auch ein ganz besonderes Zuckerbrot, das sogenannte »Ulmer Brot«.
Noch zwei solcher Spezialitäten seien hier erwähnt, die »Crailsheimer Horaffen« und die »Ravensburger Seelen«. Mit den Namen lebt manches alte Brauchtum fort. So gab es die »Seelen« zum Gedächtnis eines Toten an dessen Beerdigungstag.

Ein traditionsgebundenes Weihnachtsgebäck (»Gutsle«) sind die »Springerle«. Die Model hierfür sind aus Holz geschnitzt. Sie stellen teilweise Dinge aus dem täglichen Leben, Blumen, Kränze oder Tiere dar, manchmal auch geschichtliche Ereignisse. Alte Model sind eine Rarität, und wer sie noch besitzt, schätzt sie hoch.
Auch das dunkle, süße »Hutzelbrot« (Schnitzbrot) hat seine Geschichte. Ein Weihnachtsfest war früher ohne dieses Schnitzbrot nicht denkbar. Getrocknete Birnen, Zwetschgen, Feigen, Rosinen, Orangeat und Zitronat sowie Nüsse werden hineingebacken. Der große schwäbische Dichter Eduard Mörike hat ihm in seinem »Stuttgarter Hutzelmännlein« ein Denkmal gesetzt. Köstlich ist die Schilderung vom Hutzelbrot (Schnitzbrot) des Schustergesellen, das nie ausgeht, solange er sich immer ein Stückchen in seinem Ränzlein aufbewahrt. Immer wieder ruft des Dichters Männlein: »Gut, gut, gut is' dem Hutzelmann sein Brot!«
Vergegenwärtigen wir uns aber nochmals die Brezel. Sie ist ein uraltes Fastengebäck. Eine sehr beliebte Art ist die »Neujahrsbrezel«. Sie wird aus Hefeteig mit Butter und einer Prise Salz hergestellt und in verschiedenen Größen geformt. Am Neujahrsmorgen steht sie frischgebacken auf dem schwäbischen Frühstückstisch.

Aus der eigenen Backstube

Wo auch immer die schwäbische Hausfrau schaltet und waltet, wird nicht nur gerne gekocht, sondern auch mit viel Eifer und Liebe gebacken. Ein Beispiel gibt hier die schwäbische Dichterin Ottilie Wildermuth, die im letzten Jahrhundert als Ehefrau eines Gymnasialprofessors in Tübingen lebte. Sie war neben ihrer schriftstellerischen Arbeit gleichzeitig auch eine unermüdliche Hausfrau, Köchin und Backkünstlerin. Von der noch zu ihrer Zeit hochgerühmten Stuttgarter »Landschaftsköchin«, der Frau Löfflerin, Verfasserin eines für viele schwäbische Hausfrauengenerationen vorbildlichen Kochbuches, erzählt sie, daß die Frau Löfflerin einst wundervolle Aufsatztorten und Pasteten an die Tafel des »gar alten Königs« geliefert habe.

»Ich habe in des Lebens Lenze
Kochkunst studieret mit Gewinn
Lang eh' ich dacht an Lorbeerkränze
Bei'r Tochter der Frau Löfflerin.
Gern koche ich mit eignen Händen
dem werten Gast sein Leibgericht,
Und Poesie und Prosa einet
Dann so ein praktisches Gedicht.«

Ottilie Wildermuth

Das war damals. Und noch heute vergeht kaum ein Wochenende, von den Festtagen ganz zu schweigen, an denen nicht ein selbstgebackener Kuchen oder ein süßes Kleingebäck auf dem Tisch steht. Sagt sich Besuch an, dann wird das Gebackene nicht gekauft, nein, es ist Ehrensache, daß es aus der eigenen Küche kommt. Eine Höflichkeitsbezeigung für die Gäste.
Die traditionsbewußte Schwäbin ist stolz auf die alten, handgeschriebenen Backrezepte, die sich Generationen hindurch vererbt haben, und denen sie so manches gelungene Werk verdankt. Doch hindert sie dies nicht, jederzeit neue, zeitgemäße Rezepte auszuprobieren und im Freundeskreis auszutauschen. Eigene Ideen werden hinzugebracht. Welche schwäbische Hausfrau möchte nicht den besten Kuchen, die schönste Torte und die leckersten und verführerischsten Weihnachtsgutsle besitzen! Mit wieviel Sorgfalt werden die »dünnen Kuchen« zubereitet, Kuchen mit dünnen Böden, Käsekuchen, Obstkuchen, Torten und auch sättigende Kuchen, ein Hefenkranz, Streuselkuchen, Gugelhopf, Butterkuchen oder Zwiebelkuchen. Doch man geht auch mit der Zeit und verwendet, wenn es schnell gehen muß, Tiefkühlteig und Backmischungen.
Im Schwabenland wird das ganze Jahr hindurch gebacken, nicht nur süße Kuchen, nein, wer Zeit und Lust dazu hat, verzichtet sogar ab und zu auf das Brot vom Bäckerladen und backt es wie in alten Zeiten wieder selbst.
Die Schwäbin hat Freude am Selbstgebackenen und bereitet damit allen Freude, die von dem gelungenen Werk genießen. So kommt es, daß ihre vielgerühmte Backkunst seit eh und je weit im Lande und darüber hinaus hoch im Kurs steht.

Hefeteig
Grundrezept

25 g Hefe (1 Würfel oder 1 Päckchen Trockenbackhefe), ⅛–¼ l Milch, 80 g Zucker, 500 g Mehl, 80–100 g Butter oder Margarine, ½ Teel. Salz, 1 Ei

Bei der Zubereitung des Hefeteigs ist es wichtig, daß alle Zutaten gleichmäßig erwärmt sind und die Hefe frisch ist. Trockenhefe, wie auf dem Päckchen angegeben, ansetzen.
Wird der Teig mit dem elektrischen Handrührgerät zubereitet, ist kein Vorteig notwendig.
Die frische Hefe zerkleinern, mit etwas lauwarmer Milch und einem Eßlöffel Zucker glattrühren. Das Mehl in eine Schüssel geben, in die Mitte eine Vertiefung drücken, das Hefegemisch hineingeben und an einem warmen Ort gehen lassen. Dann die restlichen Zutaten, Fett in kleine Stücke schneiden, dazugeben und mit der Hand oder dem Knethaken so lange schlagen, bis sich der Teig von der Hand oder der Schüssel löst. Schüssel zudecken und den Teig an einem warmen Ort gehen lassen. Nach 1 ½ Stunden etwa hat sich der Teig verdoppelt. Teig auf einem bemehlten Backbrett in die gewünschte Form bringen, auf ein gefettetes und leicht bemehltes Blech legen, nochmals etwa 20 Minuten gehen lassen und im vorgeheizten Backofen bei Mittelhitze, 200–225°, zu schöner Farbe backen. Die Backzeit beträgt etwa 30 Minuten.
Der Teig eignet sich vorzüglich zum Einfrieren, was einem bei Zeitmangel sehr zugute kommt.

Mürbteig Grundrezept

200–250 g Mehl, 60 g Zucker, 100–125 g Butter oder Margarine, 1 Prise Salz, 1 Ei

Das Mehl auf ein Backbrett geben. In die Mitte eine Vertiefung drücken, Zucker, Ei, Salz und in kleine Stückchen geschnittene Butter oder Margarine dazugeben. Die Zutaten mit den Händen zu einem glatten Teig zusammenkneten und für etwa 30 Minuten in den Kühlschrank stellen. Dann auf dem bemehlten Backbrett auswellen und in eine gefettete Springform mit Rand legen.

Die Zutaten können auch alle der Reihe nach in eine hohe Schüssel gegeben und auf niedriger Schaltstufe mit dem elektrischen Handrührgerät verknetet werden. Den Teig dann vor der Weiterverwendung kaltstellen.

Bei Zeitmangel kann auch eine fertige Backmischung oder tiefgekühlter und aufgetauter Mürbteig verwendet werden.

Biskuitteig Grundrezept

4 Eier, 4 Eßl. kaltes Wasser, 150 g Zucker, 100 g Mondamin, 100 g Mehl, 1 Teel. Backpulver

Die Eier trennen und die Eiweiße mit Wasser ganz steif schlagen. Zucker einrieseln lassen und nochmals gut durchschlagen und die Eigelbe dazugeben. Mondamin mit Mehl und Backpulver vorsichtig darunterheben.

Wird mit dem elektrischen Handrührgerät gearbeitet, dann Eiweiße und Wasser in eine hohe Schüssel geben und auf der höchsten Schaltstufe steif schlagen. Zucker unter Schlagen dazugeben. Auf die niedrigste Schaltstufe zurückschalten, die Eigelbe und zuletzt das mit Mehl und Backpulver vermischte Mondamin darunterziehen.

Teig in eine mit gefettetem Pergamentpapier ausgelegte Springform geben und, wenn er für einen Tortenboden verwendet wird bei Mittelhitze, 200° im vorgeheizten Backofen etwa 12 Minuten backen.

Biskuit stürzen und das Papier abziehen.

Rührteig
Grundrezept

150–200 g Butter oder Margarine, 150 g Zucker, 3–4 Eier, abgeriebene Schale einer ungespritzten Zitrone, 1 Päckchen Vanillin-Zucker, 500 g Mehl, 1 Päckchen Backpulver, etwa ⅛ l Milch

Butter oder Margarine schaumig rühren. Zucker dazugeben und so lange rühren, von Hand oder mit dem elektrischen Handrührgerät, bis keine Zuckerkörner mehr zu spüren sind. Eier, Geschmackszutaten, das mit Backpulver vermischte Mehl und löffelweise so viel Milch dazugeben, bis der Teig schwer, also reißend vom Löffel fällt. In eine gefettete, mit etwas Mehl bestäubte Form füllen und im vorgeheizten Backofen bei 180° etwa 60 Minuten backen. Garprobe machen, denn der Kuchen ist erst dann fertig, wenn kein Teig mehr an einem Holzstäbchen oder Spicknadel hängen bleibt. Kuchen fällt nicht zusammen, wenn er zum Abkühlen im Blech bleibt.
Unter diesen Teig kann auch noch Zitronat, Rosinen oder kleingehackte Haselnüsse gemischt werden.
Dieser Teig eignet sich, wenn die Hälfte der Zutaten genommen werden, als Boden für Obstkuchen oder auch Kleingebäck. Mit Schokoladen- oder Zitronenglasur überzogen, schmeckt das Gebackene sehr gut.

Brandteig
Grundrezept

¼ l Wasser oder Milch, 1 Prise Salz, 40–50 g Butter oder Margarine, 150 g Mehl, 4–5 Eier, 1 Messerspitze Backpulver

Wasser oder Milch mit Salz und Butter oder Margarine zum Kochen bringen. Das Mehl auf einmal dazugeben und den Teig schnell und kräftig rühren, bis er glatt ist und sich vom Topf löst. Mit dem elektrischen Handrührgerät kein Problem. Topf von der Herdplatte nehmen, 1 Ei darunterrühren, dann etwas abkühlen lassen und die restlichen Eier sowie Backpulver dazufügen. Der Teig muß glänzen, vom Löffel reißen, und zwar so, daß noch Spitzen an ihm hängen bleiben. Er darf nicht zu flüssig sein, sonst geht das Gebackene nicht auf. Dann 1 Ei weniger nehmen.
Teig in einen Spritzsack füllen und auf das gut gefettete Blech kleine Türmchen oder auch Schnecken spritzen. Oder mit einem Eßlöffel Häufchen abstechen und diese auf das Blech setzen. Dann im vorgeheizten Backofen bei 200–225° etwa 30 Minuten backen. In den ersten 20 Minuten die Backofentüre nicht öffnen.
Aus diesem Teig werden Kaffeeküchle (Windbeutel) oder auch Eclairs hergestellt.

Blätterteig
Grundrezept

250 g Mehl, 250 g Butter, 1 Prise Salz, etwa ⅛ l Wasser

Alle Zutaten auf einem Backbrett durchkneten, auswellen, zusammenschlagen und ruhen lassen. Kaltstellen. Diesen Vorgang des Auswellens und Zusammenschlagens sowie Kühlstellen 4mal wiederholen. Je öfter diese Touren wiederholt werden, je feiner und blättriger wird der Teig.

Dieser Blätterteig eignet sich vorzüglich für Kleingebäck, das dann auf ein trockenes Blech gelegt und im vorgeheizten Backofen bei 225–250° etwa 30 Minuten gebacken werden muß. Den Backofen nicht öffnen.
Statt des selbstgemachten Blätterteigs kann der fertige Blätterteig aus der Tiefkühltruhe verwendet werden. Das spart Arbeit und viel Zeit und ist genauso gut.

Quarkblätterteig
Grundrezept

150 g Mehl, 150 g trockener Quark, 150 g zimmerwarme Butter oder Margarine, 1 Prise Salz

Alle Zutaten auf ein Backbrett geben und zu einer glatten Masse kneten. ½ Stunde kalt stellen. Teig dann dünn auswellen, zusammenschlagen und wieder auswellen. Dies zweimal wiederholen. Teig auf ein gefettetes Blech legen und im vorgeheizten Backofen bei 220° auf der mittleren Schiene etwa 20 Minuten backen.
Dieser Teig eignet sich sehr gut für Kuchenböden oder Kleingebäck.

Rhabarberkuchen mit Sahneguß

250 g Mehl, 125 g Butter oder Margarine, 60 g Zucker, 1 Ei, 3–4 Eßl. Weckmehl, 1 kg Rhabarber, 3–4 Eier, 125 g Zucker, ⅛ l saurer Rahm, 4 Eßl. Grieß

Aus Mehl, Butter, Zucker und Ei, wie im Grundrezept auf Seite 204 beschrieben, einen mürben Teig kneten, auswellen und in eine gefettete Springform mit Rand legen. Weckmehl darüberstreuen. Rhabarber schälen, in kleine Stücke schneiden und ganz kurz im eigenen Saft kochen. Den abgetropften Rhabarber auf den Kuchenboden legen. Eier trennen, die Eigelbe mit dem Zucker schaumig rühren, Rahm und Grieß daruntermischen und eventuell noch 1 oder 2 Eßlöffel von dem aufgefangenen Rhabarbersaft. Die Eiweiße steif schlagen, darunterheben und den Guß über den Rhabarber verteilen. Den Kuchen bei 200° im vorgeheizten Backofen etwa 40 Minuten backen.

Erdbeerkuchen mit Quarkcreme

Mürbteig-Grundrezept, Seite 204, 250 g Sahnequark, Zitronensaft, 4–5 Eßl. Zucker, 750 g frische Erdbeeren, 5 Blatt weiße Gelatine

Den Mürbteig, wie im Grundrezept beschrieben, zubereiten, auswellen und in eine gefettete Springform mit kleinem Rand legen. Im vorgeheizten Backofen bei 200° etwa 15–20 Minuten backen. Vor dem Backen einige Male in den Teig einstechen. Damit wird vermieden, daß sich der Boden wölbt.

Für den Belag Quark mit Zitronensaft und Zucker schaumig rühren. 250 g vorbereitete, abgetropfte und zerkleinerte Erdbeeren mit einer Gabel zerdrücken und unter den Quark mischen. Gelatine einweichen, ausdrücken und im Wasserbad mit 1 Eßlöffel Wasser unter Rühren auflösen. Dann unter die Quarkcreme rühren und auf den erkalteten, blind gebackenen Mürbteig streichen. Den Kuchen mit den restlichen Erdbeeren belegen.

Käse-Obstkuchen mit Streusel

Mürbteig-Grundrezept Seite 204, 2–3 Eßl. gem. Haselnüsse, 4 Pfirsichhälften, 4 Eier, 100 g Zucker, 250 g Sahnequark, ¼ l Sauermilch, 1/16 l süßer Rahm, 1 Eßl. Mondamin, Streusel: 2 Eßl. zerlassene Butter, 2 Eßl. Mehl, 2 Eßl. Zucker, ½ Teel. Zimt

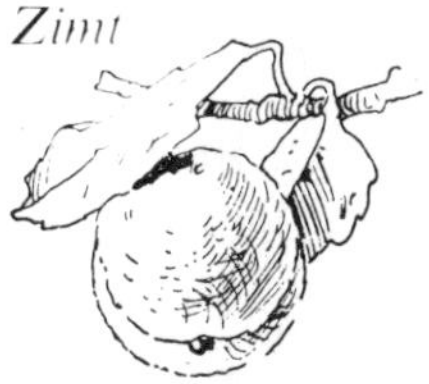

Den Mürbteig, wie im Grundrezept beschrieben, zubereiten und damit eine gefettete Springform mit Rand belegen. Haselnüsse oder Weckmehl darüberstreuen. Die Pfirsichhälften, wenn aus dem Glas, gut abtropfen lassen, in kleine Stücke schneiden, am besten Scheiben und darauf verteilen. Eigelbe mit Zucker cremig rühren, Sahnequark, Sauermilch, Rahm und Mondamin dazugeben und daruntermischen. Eiweiße steif schlagen und unter die Quarkmasse heben. Diese über das Obst verteilen. Für die Streusel die Zutaten verrühren, mit den Händen zerbröseln und gleichmäßig den Kuchen damit abdecken. Diesen im vorgeheizten Backofen bei 200° 50–60 Minuten backen.

Anstelle von Aprikosen können auch entsteinte Sauerkirschen oder Stachelbeeren oder eine dünne Schicht Apfelbrei verwendet werden.

Träubleskuchen

Mürbteig-Grundrezept Seite 204, 500 g Johannisbeeren, Guß: 4 Eier, 80 g Zucker, 80 g Mehl, 4 Becher Joghurt

Den Mürbteig zubereiten, auswellen und in eine gefettete Kuchenform legen. Die Johannisbeeren waschen, abtropfen lassen, die Stiele entfernen und die Beeren auf den Kuchenboden verteilen. Für den Guß die Eier trennen, Eigelbe mit Zucker schaumig rühren und Mehl und Joghurt zufügen. Die Eiweiße steif schlagen und darunterziehen. Über die Johannisbeeren verteilen und den Kuchen im vorgeheizten Backofen bei 200° etwa 40 Minuten backen.

Heidelbeerkuchen

1 Paket tiefgefrorener Blätterteig, 500–750 g frische Heidelbeeren, 1 Beutel Mandelstifte oder Mandelblättchen, Zucker

Den aufgetauten Blätterteig auswellen und in eine leicht gefettete Kuchenform legen. Die ausgesuchten Heidelbeeren darauf verteilen und den Kuchen ohne Zucker im vorgeheizten Backofen bei 200–225° etwa 10 Minuten backen. Dann die Mandelstifte oder Mandelblättchen darüberstreuen und den Kuchen weitere 15 Minuten backen. Zucker erst darüberstreuen, wenn der Kuchen erkaltet ist. Es empfiehlt sich, auf den Kuchenboden Weckmehl oder gemahlene Haselnüsse zu streuen, da Heidelbeeren sehr viel Wasser ziehen.

Zwetschgenkuchen Schwabenart

Hefeteig-Grundrezept Seite 203, 1½–2 kg frische Zwetschgen, 100 g geriebenes Schwarzbrot, Butterflocken, Zucker und Zimt

Den Hefeteig wie beschrieben zubereiten und schlagen. Nach dem Gehen etwa fingerdick auswellen und auf ein großes gefettetes Kuchenblech legen. Mit den gewaschenen und ausgesteinten Zwetschgen dicht belegen. Schwarzbrot darüberstreuen, einige Butterflocken daraufsetzen und den Kuchen im vorgeheizten Backofen bei 200–225° etwa 30 Minuten backen. Zucker und Zimt erst auf den noch warmen Kuchen streuen.

Weck-Kirschkuchen s. unter »Kirschenmichel«, Seite 152

Grieß-Kirschenkuchen

1 l Milch, 175 g Grieß, 50 g Butter, 5 Eier, 100 g Zucker, 50 g geschälte, gemahlene Mandeln, 1 Teel. Zimt, 1 kg frische Kirschen

Die Milch zum Kochen bringen, Grieß unter Rühren einrieseln und dann quellen lassen. Die weiche, zerkleinerte Butter, Eigelbe, Zucker, Mandeln und Zimt daruntermischen. Die vorbereiteten Kirschen dazugeben. Eiweiße steif schlagen und erst, wenn die Masse etwas abgekühlt ist, daruntermischen. Die Grießmasse in eine gut gefettete Springform füllen und im vorgeheizten Backofen bei 175–200° etwa 60 Minuten backen.

Schwäbischer Apfelkuchen

200–250 g Mehl, 80 g Zucker, 100–125 g Butter oder Margarine, 1 Ei. Belag: 1 kg saftige, säuerliche Äpfel, 2 Eßl. Zitronensaft, ¼ l süßer Rahm, 4 Eier, 60 g Mondamin, 100 g Zucker

Aus den erstgenannten Zutaten einen mürben Teig kneten und damit eine gefettete Springform mit Rand belegen. Die Äpfel schälen, in Schnitze schneiden und auf dem Teigboden verteilen. Zitronensaft darüberträufeln. Für den Guß Eigelbe und Zucker verrühren, Mondamin und Rahm daruntermischen und über den Kuchen gießen. Diesen im vorgeheizten Backofen bei 200° etwa 40 Minuten backen.

Einfacher Apfelkuchen

½ Würfel Hefe oder ½ Päckchen Trockenbackhefe, ⅛ l lauwarme Milch, 250 g Mehl, 40 g Zucker, 50 g Butter oder Margarine, 1 Prise Salz, 1 Ei. Belag: 1 kg säuerliche Äpfel, 40 g vorbereitete Rosinen, Zucker und Zimt, Butterflocken

Aus den erstgenannten Zutaten einen Hefeteig schlagen, wie im Grundrezept auf Seite 203 beschrieben. Den Teig nach dem Gehen auswellen und auf ein gefettetes, leicht bemehltes Kuchenblech legen. Die Äpfel schälen, in Schnitze schneiden, Kernhaus entfernen und auf den Boden legen. Rosinen darüberstreuen, auch Zucker und Zimt, einige Butterflocken daraufsetzen und den Kuchen im vorgeheizten Backofen bei 200° etwa 30 Minuten backen.

Anstatt Äpfel können auch Zwetschgen und anstatt Rosinen dann Mandelstifte verwendet werden.

Traubenkuchen

Mürbteig-Grundrezept Seite 204, 750–1000 g grüne Weintrauben, Guß: 6 Eiweiße, 150 g Zucker, 100 g gemahlene Haselnüsse oder Mandeln

Den Mürbteig zubereiten, auswellen und in eine gefettete Springform mit Rand legen. Mit den gut gewaschenen, abgezupften und abgetropften Weintrauben belegen. Die Eiweiße sehr steif schlagen, Zucker dazugeben und dann die Haselnüsse oder Mandeln daruntermischen. Den Guß auf den Weintrauben verteilen und den Kuchen im vorgeheizten Backofen bei 175–200° etwa 70 Minuten backen.

Gestürzter Apfelkuchen

30 g Butter, 2 geh. Eßl. Zucker, ½ Teel. Zimt, 6–8 größere saftige Äpfel, 50 g Walnußkerne, Teig: 100 g Butter oder Margarine, 125 g Zucker, 1 Päckchen Vanillin-Zucker, 2 Eier, Saft einer halben Zitrone, 125 g Mehl, 75 g Mondamin, 2 gestr. Teel. Backpulver

Den Boden einer im Durchmesser 26 cm großen Springform mit Alu-Folie bedecken, die flüssig gemachte Butter daraufgeben und Zucker und Zimt darüberstreuen. Die Äpfel schälen, in dickere Ringe schneiden, das Kernhaus entfernen und auf die Zuckerschicht verteilen. Die kleingehackten Walnußkerne, auch Walnußhälften darübergeben und mit den restlichen Apfelringen abdecken. Für den Teig Butter oder Margarine mit Zucker schaumig rühren, Vanillin-Zucker, Eier, Zitronensaft und das mit Mondamin und Backpulver vermischte Mehl daruntermischen. Auf die Äpfel streichen und den Kuchen bei 175–200° etwa 45 Minuten backen. Dann stürzen und die Folie abziehen.

Zwieback-Kuchen

1 Paket Zwieback, 1/1 Dose Apfelbrei, Schokoladen- oder Vanillepudding aus ½ l Milch

Den Boden einer gefetteten Springform mit großen und kleinen Stückchen Zwieback auslegen, auch die Zwischenräume. Den Apfelbrei erhitzen, sofort darüber verteilen und mit den restlichen Zwiebackstücken abdecken. Aus Milch, Zucker und Puddingpulver nach Anweisung einen Pudding kochen und auch diesen sofort heiß darübergeben. Der Zwiebackkuchen muß, bis man ihn aufschneiden kann, einige Stunden, am besten über Nacht, auf die Seite gestellt werden.

Biskuitrolle

Biskuitteig siehe Grundrezept Seite 204, beliebige Marmelade (250 g), 2–3 Eßl. Weinbrand, Puderzucker

Die Biskuitmasse, wie im Grundrezept beschrieben, schlagen und etwa 1 cm dick auf ein mit gefettetem Pergamentpapier ausgelegtes Blech streichen. Bei guter Hitze, 200–225° im vorgeheizten Backofen 10–12 Minuten backen. Auf ein mit Zucker bestreutes Backbrett oder Küchenhandtuch stürzen, das Pa-

pier sofort abziehen, den Biskuit schnell mit Marmelade, die man mit Weinbrand verfeinert hat, bestreichen und aufrollen. Mit Puderzucker bestäuben.
Die Rolle kann auch mit Sauerkirschen oder Erdbeeren, die mit Schlagsahne vermischt wurden, gefüllt werden. Lecker ist beides.

Hefenzopf

1½ Würfel Hefe oder 1½ Päckchen Trockenbackhefe, etwa ⅜ l lauwarme Milch, 100 g Zucker, 750 g Mehl, 125–150 g Butter oder Margarine, Salz, 2 Eier, abgeriebene Schale von einer ungespritzten Zitrone, 75 g Sultaninen, 1 Eigelb, Hagelzucker, 1 Beutel Mandelstifte

Wie im Grundrezept auf Seite 203 beschrieben, einen Hefeteig bereiten und die Zitronenschale sowie die Sultaninen noch darunterkneten. Nach dem Gehen in 3 Teile teilen, diese zu einer langen Rolle formen, einen Zopf flechten und in ein gefettetes, leicht mit Mehl bestäubtes Kuchenblech legen. Mit Eigelb bestreichen, mit Kristallzucker und Mandeln bestreuen und nochmals etwas gehen lassen. Den Zopf im vorgeheizten Backofen bei Mittelhitze, 200–225°, etwa 40 Minuten backen.
Aus demselben Teig wird auch der Hefenkranz zubereitet nur mit dem Unterschied, daß der Zopf zu einer Rundung, kranzförmig, gelegt wird. Damit der Kranz die Form behält, ist es ratsam, in die Mitte eine kleine, gefettete Schüssel zu stellen.
Beide können heiß noch mit einer Puderzuckerglasur überzogen werden.

Butterkuchen

Zutaten zum Hefeteig, wie im Grundrezept beschrieben, Seite 203, 150 g Butter, 6 Eßl. Zucker, 1–2 Eßl. Zimt

Den Hefeteig zubereiten. Nach dem Gehen etwa 2 cm dick auswellen und auf ein gefettetes, leicht mit Mehl bestäubtes Blech legen. Den Teig nochmals 15 Minuten gehen lassen und dann mit der flüssig gemachten Butter bestreichen. Zucker und Zimt vermischen und darüberstreuen. Den Kuchen im vorgeheizten Backofen bei Mittelhitze, 200–225° etwa 25 Minuten backen. Warm servieren.

Schwäbischer Streuselkuchen

25 g Hefe (1 Würfel oder 1 Päckchen Trockenbackhefe), ¼ l Milch, 65 g Zucker, 500 g Mehl, 80 g Butter oder Margarine, Salz, 1–2 Eier. Streusel: 80 g Butter, 80 g Zucker, Zimt, 100 g Mehl, 50 g kleingehackte Haselnüsse oder Mandeln

Den Hefeteig, wie im Grundrezept beschrieben, zubereiten. Den Teig nach dem Gehen fingerdick auswellen, auf ein gefettetes Backblech legen, nochmals etwa 10 Minuten gehen lassen und mit einer Gabel einige Male einstupfen. Für die Streusel Butter etwas erhitzen. Zucker, etwas Zimt, Mehl und Haselnüsse oder Mandeln vermischen, die flüssige Butter dazugeben und rühren, bis sich kleine Klumpen bilden. Diese noch etwas mit den Händen zerreiben und auf dem Kuchenboden verteilen. Den Kuchen im vorgeheizten Backofen bei 200–225° 25–30 Minuten backen.

Zur Abwechslung können bei den Streuseln Haselnüsse oder Mandeln auch weggelassen, der Kuchen nach dem Erkalten durchgeschnitten und mit Schokoladenpudding gefüllt werden.

Haselnußring

Hefeteig Grundrezept Seite 203, 40 g Butter. Fülle: 150 g gemahlene Haselnüsse, 50 g Zucker, 1 Päckchen Vanillin-Zucker, ⅛ l süßer Rahm. Guß: 1 Töpfchen Schokoladen-Fettglasur, 50 g kleingehackte Haselnüsse

Den Hefeteig, wie im Grundrezept beschrieben, zubereiten und schlagen. Nach dem Gehen fingerdick zu einem rechteckigen Stück auswellen und mit zerlassener Butter bestreichen.

Für die Fülle die Zutaten gut mischen, den Teig damit bestreichen, von der breiten Seite her aufrollen und in eine gut gefettete Ringform legen. Nochmals gehen lassen. Bei guter Hitze im vorgeheizten Backofen, 200–225° etwa 40 Minuten backen. Den gestürzten erkalteten Kuchen mit der erhitzten Schokoladen-Fettglasur überziehen und mit den kleingehackten Haselnüssen garnieren.

Ulmer Brot

1 Würfel Hefe oder 1 Päckchen Trockenhefepulver, ¼ l lauwarme Milch, 500 g Mehl, 80 g Zucker, 40–50 g Margarine, Anis oder Anisöl, 1 Prise Salz, 1 Ei. – 2 Eßl. Rosenwasser

Den Hefeteig, wie im Grundrezept auf Seite 203 beschrieben, mit etwas Anis oder Anisöl zubereiten. Den Teig nach dem Gehen 1 cm dick auswellen, größere runde Küchlein ausstechen, diese in Halbmonden zusammenlegen und dicht nebeneinander in eine gefettete Kapselform stellen. Das Ulmer Brot noch einmal gehen lassen, mit Eigelb bestreichen, in der Mitte der Länge nach einen tiefen Einschnitt machen und dann im vorgeheizten Backofen bei guter Hitze, 200–225° etwa 50 Minuten backen. Noch heiß mit Rosenwasser bestreichen.

Das Brot erkaltet in dünne Scheiben aufschneiden.

Schwäbischer Zwiebelkuchen

200 g Mehl, 10 g Hefe, 1 Teel. Salz, 2 Eßl. Schmalz, etwa ⅛ l lauwarme Milch. Zum Belag: 2 Pfund in kleine Stücke geschnittene Zwiebeln, 100 g Speckwürfel oder Fett, 4–5 Eßl. Mehl, 3–4 Eier, ¼ l saurer Rahm, Salz, Kümmel

Aus den erstgenannten Zutaten einen Hefeteig bereiten und diesen nach dem Gehen ausgewellt in eine runde Kuchenform legen. Zwiebeln mit den Speckwürfelchen oder Fett hellgelb dämpfen. Mehl mit den Eigelben, dem Rahm, Salz und Kümmel glattrühren, Zwiebeln zufügen und zuletzt den steifgeschlagenen Eischnee untermischen. Dieses Zwiebelgemisch auf dem Kuchenboden verteilen und den Kuchen im vorgeheizten Backofen bei guter Hitze 30–40 Minuten backen. Er wird warm gegessen.

Dazu gibt es neuen Wein oder auch Most.

Anstelle des Hefeteiges kann für den Kuchenboden auch ein mürber Teig verwendet werden.

Salzkuchen

Hefeteig für eine runde Kuchenform, ¼ l saurer Rahm, 2 Eier, 1 Prise Salz, 1 Eßl. Mehl, Kümmel, 100 g in Würfel geschnittener Speck

Eine gefettete Kuchenform mit dem Teig belegen. Für den Belag Rahm, Eier und Salz zu dem Mehl geben, glatt rühren und gut schlagen. Auf dem Teig verteilen, Kümmel und Speck darauf streuen und den Kuchen im vorgeheizten Backofen zu schöner Farbe backen. Dieser Salzkuchen wird warm gegessen.

Gugelhopf

25 g Hefe (1 Würfel oder 1 Päckchen Trockenbackhefe), ¼ l Milch, 80–100 g Zucker, 500 g Mehl, 150 g Butter oder Margarine, Salz, 3 Eier, 100 g Rosinen, abgeriebene Schale von einer ungespritzten Zitrone, Weckmehl oder gemahlene Haselnüsse, Puderzucker

Nach dem Grundrezept auf Seite 203 einen Hefeteig bereiten und ½ Teel. Salz sowie die Eier, die gewaschenen und getrockneten Rosinen und die Zitronenschale darunterkneten. Den gegangenen Teig in eine gefettete, mit Weckmehl oder gemahlenen Haselnüssen ausgestreute Gugelhopfform geben. Zum nochmaligen Gehen an einen warmen Ort stellen und dann im vorgeheizten Backofen bei 200–225° etwa 45–55 Minuten backen. Den Kuchen vorsichtig stürzen und mit Puderzucker bestäuben.

Marmorkuchen

200 g Butter oder Margarine, 250 g Zucker, 4–5 Eier, 1 Päckchen Vanillin-Zucker, 1 Päckchen Backpulver, 500 g Mehl, ¼ l Milch, 3 Eßl. Kakaopulver, Puderzucker oder 1 Töpfchen Schokoladen-Fettglasur

Die Butter oder Margarine mit Zucker und Eier schaumig rühren. Vanillin-Zucker, das mit Backpulver vermischte Mehl und langsam die Milch darunterrühren. Den Teig in 2 Hälften teilen und unter die eine Hälfte das Kakaopulver mischen. Eine gefettete Gugelhopfform im Wechsel mit dem hellen und dem dunklen Teig füllen und ganz leicht mit dem Rührlöffel darüberstreichen. Den Kuchen im vorgeheizten Backofen bei 175–200° 60–70 Minuten backen. Abgekühlt den Kuchen stürzen und mit Puderzucker bestäuben oder mit Schokoladenglasur überziehen.

Sonntagskuchen

250 g Butter oder Margarine, 150 g Zucker, 1 Päckchen Vanillin-Zucker, 4 Eier, 1 Teel. Weinbrand oder Rum, 250 g Mehl, 1 gestr. Teel. Backpulver, 100 g geschälte, gemahlene Mandeln oder Haselnüsse, 75 g kleingeschnittene, bittere Schokolade, 50 g in kleine Würfel geschnittenes Zitronat. – Puderzucker

Die Butter oder Margarine mit Zucker und Vanillin-Zucker schaumig rühren und Eier und Weinbrand dazugeben. Mehl mit Backpulver und Mandeln oder Haselnüssen vermischen und nach und nach in kleinen Mengen unterrühren. Zuletzt Schokolade und Zitronat dazugeben und den Teig in eine gefettete, mit Pergamentpapier ausgelegte Kapselform füllen. Im vorgeheizten Backofen bei 175–200° etwa 60 Minuten backen. Probieren, ob der Kuchen ganz durchgebacken ist. In der Form etwas abkühlen lassen und dann vorsichtig auf ein Kuchengitter stürzen. Mit Puderzucker bestäuben.

Bundkuchen

250 g Butter oder Margarine, 200 g Zucker, 5 Eier, 1 Prise Salz, 500 g Mehl, 1 Päckchen Backpulver, abgeriebene Schale von einer ungespritzten Zitrone, ¼ l saurer Rahm, 60 g vorbereitete Sultaninen. – 200 g Puderzucker, 2–3 Eßl. Zitronensaft oder Rum

Die Butter oder Margarine mit dem Zucker schaumig rühren. Die Eier trennen, Eigelbe, Salz, das mit Backpulver vermischte Mehl und die abgeriebene Zitronenschale dazugeben. Ebenso den Rahm und die Sultaninen und alles gut verrühren. Eiweiße steifschlagen und darunterziehen. Den Teig in eine gut gefettete Gugelhopfform füllen und im vorgeheizten Backofen bei 175–200° etwa 60 Minuten backen.

Den gestürzten und erkalteten Kuchen mit der Zitronen- oder Rumglasur überziehen. Dazu den Puderzucker mit Zitronensaft oder Rum glatt rühren.

Dieser Kuchen läßt sich, in Folie verpackt, lange aufbewahren.

Haselnußkuchen

125 g Butter, 150 g Zucker, 4 Eier, 250 g gemahlene Haselnüsse, 50 g Mehl, ½ Päckchen Backpulver

Butter, Zucker und Eigelb schaumig rühren. Haselnüsse und das mit Backpulver vermischte Mehl daruntermischen. Eiweiße steif schlagen und darunterheben. Teig in eine gut gefettete kleinere Kapselform füllen und den Kuchen im vorgeheizten Backofen bei 175° langsam, etwa 50–60 Minuten backen.
Der Kuchen ist sehr empfindlich, es empfiehlt sich die Backofentüre nicht vorzeitig zu öffnen.
Den Kuchen erst wenn völlig erkaltet aus der Form nehmen. Durch die Feuchtigkeit der Nüsse trocknet der Kuchen nicht aus und daher läßt er sich gut einige Tage aufbewahren. Er schmeckt besonders gut und sieht lecker aus, wenn er noch mit einer Zitronenglasur, 200 g Puderzucker mit 2–3 Eßlöffel Zitronensaft glatt rühren, überzogen und mit ganzen Haselnüssen garniert wird.

Torten

Erdbeertorte

3 Eier, 3 Eßl. Wasser, 125 g Zucker, 120 g Mehl, 1 Teel. Backpulver, 3 Eßl. Weinbrand oder Zitronensaft. Belag: ¼ l geschlagener süßer Rahm, 2 Päckchen Vanillinzucker, 500–750 g frische Erdbeeren, 50 g blättrig geschnittene Mandeln, 10 g Butter

Den Biskuitboden nach Grundrezept, Seite 204 zubereiten und in einer Springform bei 200–225° backen. Erkaltet mit Weinbrand oder Zitronensaft beträufeln und mit dem sehr steif geschlagenen, mit Vanillin-Zucker gesüßten Rahm bestreichen. Die Schlagsahne so einteilen, daß auch noch der Rand bestrichen werden kann. Die Torte mit den vorbereiteten, wenn notwendig auch zerkleinerten, gut abgetropften Erdbeeren belegen. Die Mandeln hell in der heißen Butter rösten und auf die Erdbeeren streuen.
Die Erdbeertorte kann auch anders serviert

werden. Den Biskuit quer durchschneiden, mit einem Vanille-Quark-Creme (Vanillepudding mit 250 g Sahnequark vermischen) füllen und damit auch die Oberfläche bestreichen. Mit Erdbeeren belegen und einem klaren Tortenguß überziehen.

Quarksahne-Torte

250 g Mehl, 125 g Butter oder Margarine, 60 g Zucker, 1 Ei. Fülle: 750 g Sahnequark, 8 Eier, 100 g Zucker, 3–4 Eßl. Mondamin, Saft von einer Zitrone, ¼ l süße Sahne

Aus Mehl, Fett, Zucker und Ei einen mürben Teig nach Grundrezept Seite 204 zubereiten und in eine gefettete Springform legen. Den Rand hoch belegen, da die Torte aufgeht. Zur Fülle Eigelbe mit Zucker gut verrühren, Sahnequark, Mondamin und Zitronensaft dazugeben, auch die Sahne und alles gut vermischen. Eiweiße steif schlagen und zuletzt darunterheben. Die Quarkmasse auf den Teigboden verteilen und die Torte im vorgeheizten Backofen bei 200° etwa 60 Minuten backen. Die Torte wird besonders hoch, wenn nach etwa 20 Minuten Backzeit die Fülle vom Rand mit einem spitzen Messer bis fast zum Boden eingeschnitten wird. Während der letzten 20 Minuten ist es ratsam, die Torte mit Pergamentpapier abzudecken. Sie könnte eine zu braune Oberfläche bekommen, und das schmeckt nicht gut.
Die Torte, ehe sie aus dem Blech genommen wird, etwas abkühlen lassen. Zugluft vermeiden.
Sehr gut schmeckt diese Käsetorte auch, wenn noch 100 g in Rum oder Weinbrand getränkte Rosinen vor dem Backen darübergestreut und leicht eingedrückt werden. Ebenso gut sind Mandelstifte.

Schwarzwälder Kirschtorte

125 g Butter, 125 g Zucker, 1 Päckchen Vanillezucker, 5 Eigelbe, 100 g abgezogene, gemahlene Mandeln oder Haselnüsse, 125 g geriebene Schokolade, 60 g Mehl, 65 g Mondamin, 2 Teel. Backpulver, 5 Eiweiße, 8 Eßl. Kirschwasser, 200 g Kirschmarmelade oder 1 Glas eingedünstete, entkernte Sauerkirschen, ½ l Schlagsahne, 1 Eßl. Schokoladenblättchen

Butter, Zucker, Vanillezucker schaumig rühren. Eigelbe, Mandeln, geriebene Schokolade dazugeben und das mit Mondamin und Backpulver vermischte Mehl daruntermischen. Eiweiße steif schlagen und darunterheben. Teig in eine gefettete Springform geben und im vorgeheizten Backofen bei 200° etwa 20–25 Minuten backen. Nach dem Erkalten zweimal durchschneiden, den unteren Kuchenboden mit Kirschwasser beträufeln und mit Kirschenmarmelade bestreichen oder mit gut abgetropften Sauerkirschen belegen. Den zweiten Kuchenboden darüberlegen, mit Schlagsahne bestreichen und gut die Hälfte zum Garnieren zurückbehalten. Den dritten Kuchenboden darüberlegen und die Torte dann mit der restlichen Schlagsahne garnieren. Möglichst auch den Rand. Schokoladenblättchen darüberstreuen. Die Torte im Kühlschrank kaltstellen.

Prinzregententorte

4 Eiweiße, 3 Eßl. Wasser, 100 g Zucker, 4 Eigelb, 60 g Mondamin, 65 g Mehl. Creme: ½ l Milch, 1 Päckchen Vanillepuddingpulver, 4 Eßl. Zucker, 50 g Butter, 50 g bittere Schokolade, 50 g Kakaopulver, 1 Eßl. Weinbrand. – Schokoladen-Fettglasur (1 Töpfchen)

Eiweiße und Wasser sehr steif schlagen, Zucker dazugeben und nochmals kurz schlagen. Dann die Eigelbe darunterrühren. Mondamin und Mehl vermischen und darunterheben. Aus dieser Masse 6–7 Tortenböden auf dem Boden eines gut gefetteten Springblechs im vorgeheizten Backofen bei 200° backen. Für jeden Boden etwa 4 Eßlöffel Biskuitmasse (dünne Böden) auf dem Blech glattstreichen. Nach dem Backen sofort mit einem langen, breiten Backmesser vom Blech lösen und erkalten lassen. Nicht aufeinanderlegen, da die Böden leicht zusammenkleben und beim Auseinandermachen dann brechen.

Für die Fülle wie auf dem Päckchen angegeben, einen Vanillepudding kochen, das Kakaopulver und die aufgelöste Schokolade unterrühren und erkalten lassen. Damit sich keine Haut bildet, ab und zu umrühren. Unter die erkaltete Fülle zuletzt die schaumig gerührte Butter rühren.
Die Tortenböden mit dieser Creme dünn bestreichen und zusammensetzen. Wenn sparsam umgegangen wird, reicht es auch noch den Rand zu bestreichen. Die Torte über Nacht im Kühlschrank fest werden lassen und dann erst mit der aufgelösten Fettglasur überziehen.
Die Fülle schmeckt auch gut, wenn die Butter weggelassen wird.
Die Torte ist eine festliche Torte, schmeckt ausgezeichnet und kann auch eingefroren werden. Zum Auftauen nicht den Backofen benützen, da die Hitze die Torte zerstören würde.

Blitztorte

200 g Butter, 150 g Zucker, 4 Eier, 85 g Mehl, 85 g Mondamin, ½ Päckchen Backpulver, Saft und abgeriebene Schale einer Zitrone. – 3 Eßl. Kristallzucker, 1 Eßl. Zimt, 50 g (1 Beutel) blättrig oder in Stifte geschnittene Mandeln

Butter mit Zucker schaumig rühren. Eier trennen, die Eigelbe dazugeben, gut verrühren und nach und nach das mit Mondamin und Backpulver vermischte Mehl dazugeben. Zitronenschale und Zitronensaft darunterrühren. Eiweiße steif schlagen und darunterheben. Den Teig in eine gut gefettete Springform füllen und mit Zimt vermischten Kristallzucker und Mandeln darüberstreuen. Im vorgeheizten Backofen bei 175–200° etwa 45 Minuten backen. Während der ersten 20–30 Minuten nicht in den Backofen schauen und die Backofentüre geschlossen halten.

Mohrenkopftorte

4 Eier, 100 g Zucker, 125 g Mehl, 1 Teel. Backpulver. Fülle: ⅜–½ l Schlagsahne, 1 Töpfchen Schokoladen-Fettglasur

Die Eier trennen und die Eiweiße steif schlagen. Nach und nach den Zucker dazugeben, dann die Eigelbe und das mit Backpulver vermischte Mehl daruntermischen. Den Teig auf ein mit Pergamentpapier ausgelegtes Springblech streichen und im vorgeheizten Backofen bei 175–200° etwa 20 Minuten backen.
Den erkalteten Tortenboden einmal durchschneiden. Den unteren Boden dick mit Schlagsahne bestreichen und den anderen darüberlegen. Die Torte mit der erhitzten Schokoladen-Fettglasur überziehen.

Gelbe-Rüben-Torte

250 g Gelbe Rüben, 5 Eier, 200 g Zucker, 300 g geschälte, gemahlene Mandeln, 40 g Mehl, 1 Eßl. Zitronensaft oder Rum. Glasur: 150 g Puderzucker, 3 Teel. Zitronensaft, Weinbrand oder Whisky

Die Gelbe Rüben schälen, waschen und raspeln. Eier trennen und die Eigelbe mit Zucker schaumig rühren. Gelbe Rüben zufügen und mit den restlichen Zutaten, von den Mandeln die Hälfte übrig lassen, daruntermischen. Eiweiße steif schlagen, die restlichen Mandeln unterheben und unter den Tortenteig rühren. Den Teig in eine gut gefettete Springform füllen und im vorgeheizten Backofen bei 175–200° etwa 60 Minuten backen. Torte in der Form abkühlen lassen.
Den Puderzucker mit Zitronensaft, Weinbrand oder Whisky glattrühren und die erkaltete Torte überziehen. Die Torte vor dem Anschneiden über Nacht stehen lassen.

Schneckennudeln und Ravensburger Seelen

25 g Hefe (1 Würfel oder 1 Päckchen Trockenbackhefe), 1/8–1/4 l lauwarme Milch, 60–80 g Zucker, 500 g Mehl, 80 g Butter oder Margarine, 1 Prise Salz, 1–2 Eier. – 60–100 g Butter, Zucker und Zimt, 75 g vorbereitete Rosinen oder Sultaninen, 2 Eigelbe. Glasur: 125 g Puderzucker, 2–3 Eßl. Zitronensaft

Den Hefeteig, wie im Grundrezept beschrieben, zubereiten. Den gegangenen Teig etwa 1 cm dick auswellen, 25 cm lange Streifen abschneiden, mit zerlassener Butter oder Milch bestreichen, mit Zucker und Zimt und gewaschenen, wieder getrockneten Rosinen oder Sultaninen bestreuen und aufrollen. Nun mit den Eigelben bestreichen, nochmals kurz gehen lassen und bei Mittelhitze, 200–225° im vorgeheizten Backofen etwa 25 Minuten backen. Heiß mit Glasur bestreichen.

Für Seelen von Teigstücken eine lange dünne Wurst formen, 10 cm lange Stücke abschneiden, zur Hälfte umbiegen und ein Teigende zwei bis drei Mal um das andere wickeln. Seelen nach dem Gehen mit den Eigelben bestreichen und wie eben beschrieben backen und mit Glasur überziehen.

Apfel im Schlafrock

Mürbteig-Grundrezept Seite 204, 6 Äpfel, 4–6 Teel. Himbeermarmelade, 4–6 Teel. Mandelstifte. – 1 Ei, 100 g Puderzucker, 1–2 Eßl. Zitronensaft

Den Mürbteig wie beschrieben zubereiten, messerrückendick auswellen und so große Vierecke ausrädeln, daß darin die Äpfel eingewickelt werden können. Die Äpfel schälen, das Kernhaus ausstechen und mit Marmelade und Mandelstiften füllen. Auf jedes Teigstück einen gefüllten Apfel setzen. Die Teigecken bis zur Mitte des Apfels hochschlagen, leicht andrücken und ein kleines rundes Plätzchen als Deckel daraufsetzen. Den Schlafrock mit verquirltem Ei bestreichen oder auch nur mit Eigelb und die Äpfel im vorgeheizten Backofen bei 200° etwa 20 Minuten backen. Die Äpfel erkaltet mit einer Zitronenglasur überziehen.

Windbeutel, Kaffeeküchle

¼ l Wasser, 50 g Butter oder Margarine, 1 Prise Salz, 150 g Mehl, 4–5 Eier. – Schlagsahne, Puderzucker

Das Wasser mit dem Fett und Salz zum Kochen bringen. Topf von der Herdstelle nehmen, Mehl auf einmal dazugeben und so lange rühren, bis sich ein Kloß bildet und sich vom Topf löst. Mit dem elektrischen Handrührgerät geht dies ganz problemlos. Teig dann etwas abkühlen lassen, die Eier nach und nach unterrühren. Eventuell, damit der Teig nicht zu dünn wird, ein Ei weniger nehmen. Kleine Teighäufchen mit Hilfe von zwei Teelöffeln auf ein gefettetes, mit wenig Mehl bestäubtes Backblech setzen und im vorgeheizten Backofen bei 200–225° etwa 30–40 Minuten backen. Backofen nicht öffnen. Windbeutel nach dem Backen vorsichtig mit einer Schere teilen und auskühlen lassen. Anschließend mit Schlagsahne, einem Vanille- oder auch Quarkcreme füllen und mit Puderzucker bestäuben.

Eberswalder Spritzkuchen

¼ l Wasser, 50–60 g Butter oder Margarine, 40 g Zucker, 150 g Mehl, 4–5 Eier, Ausbackfett. – 100 g Puderzucker, etwa 1 Teel. Zitronen- oder Orangensaft

Wasser, Butter oder Margarine und Zucker zum Kochen bringen. Topf vom Herd nehmen, Mehl hineinschütten und mit dem elektrischen Handrührgerät so lange rühren, bis sich der Teig als Kloß vom Topf löst. Teig in einer Schüssel etwas abkühlen lassen und nach und nach die Eier einrühren. Darauf achten, daß der Teig glatt und glänzend und nicht zu dünn ist. Teig dann in einen Spritzbeutel mit weiter Tülle füllen, kleinere Kränzchen auf gefettetes Pergamentpapier spritzen und diese in das heiße Fett gleiten lassen. Zu schöner Farbe beidseitig ausbacken, auf Küchenkrepp abtropfen und abkühlen lassen.
Puderzucker und Fruchtsaft glattrühren und die Spritzkuchen damit bepinseln.

Gefüllte Biberacher Krapfen

250 g Mehl, 250 g Butter, 1 Prise Salz, 4–5 Eßl. Wasser, 1 Eßl. Rum oder Weinbrand, Eiweiß. – Himbeergsälz, 2 Eigelb

Aus Mehl, Salz, Eigelb, Wasser, Rum oder Weinbrand einen geschmeidigen Teig kneten und kalt stellen. Dann auswellen und die kleingeschnittene Butter daraufgeben. Teig zusammenschlagen, wieder auswellen und dann so zusammenschlagen, daß 4 Schichten aufeinanderliegen, ihn wieder auswellen und nochmals kaltstellen. Je öfter diese Auswellprozedur wiederholt wird, um so besser ist der Teig. Es genügt, wenn die Ruhepausen zwischen 15 und 20 Minuten liegen. Nach dem letzten Auswellen runde Plätzchen, Durchmesser etwa 12 cm ausstechen. In die Mitte einen Klecks Himbeergsälz geben, die eine Teighälfte darüberschlagen, Ränder mit Eiweiß bestreichen, zusammendrücken, Krapfen mit Eigelb bestreichen und bei guter Hitze im vorgeheizten Backofen bei 225–250° etwa 15 Minuten backen.

Wer die Arbeit scheut, kann auch fertigen Blätterteig aus der Tiefkühltruhe verwenden.

Biberach feiert jedes Jahr ein Schützenfest mit jahrhundertealter Tradition, und dazu werden heute noch diese Krapfen gebacken. Sie schmecken warm gegessen köstlich.

Schinkenhörnchen aus Quarkblätterteig

250 g Butter oder Margarine, 250 g Quark, 10%ig, 1 Prise Salz, 250 g Mehl 250 g kleingeschnittener, gekochter Schinken, 1–2 Eigelbe, Kümmel oder Paprika

Die weiche Butter oder Margarine in kleine Stückchen zerteilen, mit dem Quark und Salz zu dem Mehl geben und zu einem glatten Teig kneten. Diesen einmal auswellen, wieder zusammenschlagen und, wenn die Hörnchen sehr gut werden sollen, für einige Stunden in den Kühlschrank stellen. Teig dann dünn auswellen, kleine Vierecke ausrädeln, etwas Schinken daraufgeben, zusammenrollen, Hörnchen formen und auf ein mit kaltem Wasser überspültes Blech legen. Hörnchen mit Eigelb bestreichen, Kümmel oder etwas Paprika daraufstreuen und im vorgeheizten Backofen bei guter Hitze, 225–250°, etwa 12 Minuten backen.

Sarah-Bernhardtle

4 Eiweiße, 250 g geschälte, gemahlene Mandeln, Saft von einer halben Zitrone, 200 g Zucker, ¼ l Milch, ½ Päckchen Schokoladenpuddingpulver, 3 Eßl. Zucker, 125 g Butter, 1–2 Töpfchen Schokoladen-Fettglasur

Ein Eiweiß mit den Mandeln, Zitronensaft und Zucker in eine Schüssel geben und im Wasserbad so lange rühren, bis sich die Masse zusammenballt. Die restlichen Eiweiße steif schlagen und nach und nach unter die abgekühlte Mandelmasse rühren. Auf ein gefettetes Backblech nicht allzu große, jedoch flache Häufchen setzen und bei 150–175° etwa 15 Minuten backen.

Nach Anweisung, wie auf dem Päckchen angegeben, einen Schokoladenpudding kochen. Während des Erkaltens ab und zu umrühren und die in kleine Stücke geschnittene weiche Butter daruntermischen. Die erkalteten Törtchen kegelförmig mit dem Creme bestreichen und mit der flüssigen Schokoladenglasur überziehen.

Zitronenbrezeln

250 g Mehl, 125 g Butter oder Margarine, 100 g Zucker, 1 Ei, Saft und abgeriebene Schale einer ungespritzten Zitrone, 2 Eßl. kleingehacktes Zitronat. – 200 g Puderzucker, 2–3 Eßl. Zitronensaft oder Rum

Die Zutaten nacheinander auf ein Backbrett geben und wie einen Mürbteig zu einem glatten Teig kneten. Diesen etwa ¾ Stunden in den Kühlschrank stellen, dann auswellen, eine lange nicht zu dicke Wurst formen, Scheiben abschneiden, zu einer längeren Stange rollen und dann kleinere Brezeln formen. Auf einem gefetteten Blech oder Backpapier im vorgeheizten Backofen bei 175° etwa 25–30 Minuten backen.
Noch warm mit Puderzuckerglasur bestreichen oder in diese eintauchen (mit der Oberseite).
Die Brezelchen können auch nur mit Eigelb bestrichen und mit Hagelzucker bestreut gebacken werden.

Spitzbuben

200 g Mehl, 100 g Butter oder Margarine, 100 g Zucker, 65 g gemahlene Mandeln. – Hägenmark oder Himbeermarmelade, Puderzucker

Die Zutaten zu einem glatten Teig verkneten, dünn auswellen und runde gezackte Plätzchen in drei Größen ausstechen. Diese auf einem gefetteten Blech im vorgeheizten Backofen bei 200° etwa 15 Minuten backen. Die 3 Größen zu einem Turm zusammensetzen und die Rückseite der 2 oberen mit Marmelade bestreichen. Mit Puderzucker bestäuben.

Spritzgebäck

150 g Butter, 125 g Zucker, 300 g Mehl, 65 g geschälte, gemahlene Mandeln oder Haselnüsse, 1 Ei. – ½ Töpfchen Schokoladen-Fettglasur

Die Butter schaumig rühren und die restlichen Zutaten daruntermischen. Den Teig in eine Backspritze füllen und kleine Kränzchen auf ein gefettetes Backblech spritzen. Über Nacht stehen lassen. Dann im vorgeheizten Backofen bei 175–200° etwa 12–15 Minuten hell backen. Erkaltet mit der im Wasserbad flüssig gemachten Schokoladen-Fettglasur überziehen oder in diese eintauchen.

Springerle

4 Eier, 500 g Zucker, 500 g Mehl, 1 Messerspitze Backpulver, 1 Teel. Anis

Die Eier trennen und die Eiweiße steif schlagen. Zucker und Eigelb dazugeben und mit dem elektrischen Handrührgerät 3 Minuten, wenn keines zur Verfügung steht, etwa 30 Minuten rühren. Das mit Backpulver vermischte Mehl dazugeben und auf dem Backbrett zu einem glatten Teig kneten. Etwa 1 Stunde kalt stellen. Den Teig dann etwa ½ cm dick auswellen und kleinere Stücke in die mit Mehl bestäubte Springerlesform drücken. Die Springerlesform dann leicht klopfen und stürzen, die Ränder ausstechen oder abschneiden und die Springerle auf ein gefettetes, mit Anis bestreutes Blech legen. Die Springerle für etwa 24 Stunden an einen warmen Ort stellen und die Oberfläche abtrocknen lassen. Die Springerle in einem nur schwach vorgeheizten Backofen bei 150°, 20–30 Minuten bei leicht geöffneter Backofentüre backen. Dann die Türe schließen und etwa weitere 20 Minuten backen. Darauf achten, daß die Springerle an der Oberfläche eine schöne weiße Farbe und gleichmäßige Füßchen haben. Das Mehl zuletzt leicht abbürsten.

Es gab einmal eine Zeit, als die Springerle riesengroß gebacken wurden und in ländlichen Gegenden außer ein paar Kerzen der einzige Christbaumschmuck waren. Um die Jahrhundertwende wurden die Figuren auf den Springerle mit bunten Farben bemalt.

Auf einem schwäbischen Gutslesteller dürfen die Springerle nicht fehlen. Mit dem Backen muß zeitig begonnen werden, da das Gebäck am Anfang noch hart ist und erst durch ein längeres Lagern an einem kühlen Ort weich wird.

Kokosbrötle, Kokosnußmakronen

3–4 Eiweiße, 200 g Kokosflocken, 200 g Zucker, 1–2 Eßl. Zitronensaft. – Backoblaten

1 Eiweiß mit den Kokosflocken, Zucker und Zitronensaft in eine Pfanne geben und bei geringer Hitze so lange rühren, bis die Masse lauwarm ist. Die restlichen Eiweiße zu steifem Schnee schlagen und unter die abgekühlte, fast erkaltete Masse mischen. Mit einem Kaffeelöffel auf die Backoblaten kleine Häufchen setzen und diese auf einem Backblech im vorgeheizten Backofen bei 175° etwa 20 Minuten backen.

Zimtsterne

6 Eiweiße, 375 g Puderzucker, 2 Eßl. Zitronensaft, 2 Eßl. Zimt, 1 Prise Muskatnuß, 375 g gemahlene Mandeln

Die Eiweiße sehr steif schlagen, Puderzucker und Zitronensaft dazugeben und zu einer dicken Schaummasse rühren. Davon 5–6 Eßlöffel für die Glasur wegnehmen. Dann die Gewürze und Mandeln daruntermischen, kleinere Portionen auf einem mit Zucker bestreuten Backbrett etwa 1 ½ cm dick auswellen und Sterne ausstechen. Auf ein mit Backpapier ausgelegtes Blech legen und über Nacht trocknen lassen. Mit dem für den Guß zurückbehaltenen Eiweißschaum bestreichen, abtrocknen lassen und im vorgeheizten Backofen bei 150° so lange backen, bis der Guß etwas Farbe bekommen hat.

Butter S

250 g Butter, 150 g Zucker, 7 Eigelb, 500 g Mehl. – Eiweiß oder Eigelb zum Bestreichen, Hagelzucker

Die Butter schaumig rühren, Zucker, Eigelb und Mehl daruntermischen und gut verkneten. Teigstücke zu längeren Würstchen rollen, etwa 5–6 cm lange Stücke abschneiden, zu S formen, auf ein gefettetes Blech legen und über Nacht kühl stellen. Mit Eiweiß oder Eigelb bestreichen, mit Hagelzucker bestreuen und im vorgeheizten Backofen bei 175° etwa 25 Minuten backen. Darauf achten, daß die S zu heller Farbe gebacken werden.

Ausstecherle

375 g Mehl, 180 g Butter, 150 g Zucker, 2 Eier, 1 Päckchen Vanillin-Zucker. – Eigelbe, Zucker und Zimt oder bunter Zucker

Alle Zutaten auf dem Backbrett zu einem glatten Teig verarbeiten und 1 Stunde kühl stellen. Zentimeter dick auswellen, verschiedene Formen ausstechen, auf ein gefettetes Backblech legen. Mit Eigelb bestreichen, Zucker und Zimt oder bunten Zucker darüberstreuen und im vorgeheizten Backofen bei 200° etwa 20 Minuten backen.

Haselnußbrötchen, Haselnußmakronen

3 Eiweiße, 200 g Puderzucker, 150 g gemahlene Haselnüsse, 50 g gemahlene Mandeln. – Backoblaten, einige zurückbehaltene Haselnüsse zum Garnieren

Die Eiweiße ganz steif schlagen, Puderzucker dazugeben und nochmals tüchtig schlagen. Die Schaummasse muß ganz steif sein. Haselnüsse und Mandeln daruntermischen. Das Backblech mit Backoblaten belegen und darauf mit einem Teelöffel kleine Häufchen setzen. Je eine Haselnuß in die Mitte eindrücken. Im vorgeheizten Backofen bei 150° etwa 20–25 Minuten backen.

Sehr hübsch machen sich die Haselnußbrötchen, wenn man etwa 3 Eßlöffel von dem Schaum zurückbehält und sie nach dem Backen noch warm damit bestreicht.

Bärentatzen

4 Eiweiße, 250 g Puderzucker, 1 Eßl. Zitronensaft, 1 Teel. Zimt, 250 g gemahlene Mandeln, 1½ Tafeln bittere, geriebene Schokolade (150 g)

Die Eiweiße ganz steif schlagen, Puderzucker und Zitronensaft dazugeben und so lange rühren, bis die Masse dick ist. Die restlichen Zutaten daruntermischen. Aus dem Teig kleinere Kugeln formen, in ein mit Zucker bestreutes Förmchen (Muschelform) drücken, die Form stürzen und die Bärentatzen über Nacht auf einem gefetteten Backblech abtrocknen lassen. Im vorgeheizten Backofen bei 150–175° etwa 25 Minuten backen.

Die Bärentatzen gehen besonders gut vom Blech, wenn dieses nach dem Fetten noch mit etwas Weckmehl bestreut wird.

Zedernbrot

3 Eiweiße, 300 g Puderzucker, 300 g geschälte, gemahlene Mandeln, Saft und abgeriebene Schale von einer ungespritzten Zitrone.
Guß: 150 g Puderzucker, 2 Eßl. Zitronensaft

Die Eiweiße zu steifem Schnee schlagen und mit Puderzucker und Zitronensaft dick rühren. Mandeln und Zitronenschale daruntermischen. Teig auf einem mit Zucker bestreuten Backbrett auswellen, Halbmonde ausstechen und über Nacht abtrocknen lassen. Dann auf ein gefettetes Backblech legen und im vorgeheizten Backofen bei 175–200° etwa 20 Minuten backen. Puderzucker mit Zitronensaft glatt rühren und das Zedernbrot sofort, also noch heiß, damit bestreichen.

Schokoladenschäumchen

3 Eiweiße, 200 g Puderzucker, 60 g bittere, geriebene Schokolade

Die Eiweiße zu steifem Schnee schlagen, die Hälfte des Puderzuckers dazugeben und darunterschlagen. Die Masse muß ganz steif sein. Dann den restlichen Puderzucker und die Schokolade daruntermischen und von der Masse kleine Häufchen auf ein mit Backpapier belegtes Blech setzen. Die Schäumchen im vorgeheizten Backofen bei geringer Hitze, in fast kühlem Ofen mehr trocknen als backen.
Anstelle der Schokolade kann auch Kakaopulver verwendet werden.

Rosinenbrötle

125 g Butter oder Margarine, 125 g Zucker, 3–4 Eier, 100 g Rosinen, 250 g Mehl

Die Butter oder Margarine schaumig rühren, die restlichen Zutaten dazugeben, gut vermischen und mit einem Teelöffel kleine Häufchen auf ein gut gefettetes Blech setzen. Einige Stunden abtrocknen lassen und dann im vorgeheizten Backofen bei 175–200° etwa 20 Minuten backen.
Es ist ratsam, die Rosinen gut zu waschen und mit Küchenkrepp vor der Verwendung zu trocknen.

Schokoladenlebkuchen

5 Eier, 500 g Zucker, abgeriebene Zitronenschale von einer ungespritzten Zitrone, 60 g geschälte, in Stifte geschnittene Mandeln, 50 g kleingeschnittenes Zitronat, 2 Eßl. Zimt, 1 Messerspitze Nelken, 500 g Mehl, ½ Päckchen Backpulver. Glasur: 1–2 Töpfchen Schokoladen-Fettglasur, einige ganze, geschälte Mandeln

Die ganzen Eier mit dem Zucker schaumig rühren. Die restlichen Zutaten daruntermischen und den Teig 2–3 Stunden kühl stellen. Dann etwa ½ cm dick auswellen, Lebkuchen ausstechen und auf einem gefetteten Blech über Nacht trocknen lassen. Im vorgeheizten Backofen bei 175–200° etwa 35 Minuten hellbraun backen. Erkaltet mit der nach Anweisung flüssig gemachten Schokoladenglasur überziehen und mit einer ganzen, geschälten Mandel garnieren.

Schwäbischer Weihnachtsstollen

etwa 2 Stollen

3 Würfel Hefe oder 3 Päckchen Trockenhefe, ½–¾ l Milch, 250 g Zucker, 350 g Butter oder Margarine, 125 g Rindertalg, 1½ kg Mehl, 200 g in Stifte geschnittene Mandeln, 350 g Rosinen, 400 g Sultaninen, 125 g kleinwürfelig geschnittenes Zitronat. – Butter, Puderzucker

Aus den Zutaten, wie im Grundrezept beschrieben, einen Hefeteig zubereiten. Diesen dann so lange an einem warmen Ort gehen lassen, bis er sich fast verdoppelt hat. Den Teig teilen, auf einem mit Mehl bestäubten Backbrett dick auswellen und Stollen formen. Diese auf einem gefetteten Backblech nochmals gehen lassen. Die Rosinen und Sultaninen etwas in den Teig drücken, sie werden sonst beim Backen leicht schwarz, und die Stollen im vorgeheizten Backofen bei 200° etwa 50 Minuten backen.

Die warmen Stollen mit reichlich flüssiger Butter bestreichen und dick mit Puderzucker bestäuben.

Die Stollen können zusätzlich gegen Ende der Backzeit auch mit flüssiger Butter bestrichen werden.

Quittenspeck, Quittenpasten

600 g Quittenmark (weichgekochte, geschälte und durchpassierte Quitten), 600 g Zucker, Saft von 1 Zitrone, Kristallzucker oder Hagelzucker

Das Quittenmark mit dem Zucker bis zum Dickwerden kochen, Zitronensaft dazugeben, den dicken Brei etwa ½ cm dick auf Backpapier streichen und in der Wärme 1–2 Tage trocknen lassen. In 1½ cm breite und 4 cm lange Streifen schneiden oder kleinere runde Plätzchen ausstechen und in Kristall- oder Hagelzucker tauchen.

Schnitzbrot, Hutzelbrot

1½ kg Dörrobst (je 500 g Birnenschnitze, Zwetschgen und Feigen), 60 g Hefe, etwa ⅜ l Schnitzbrühe, 150 g Zucker, 750 g Mehl, 1 Prise Salz, 3 Teel. Zimt, 600 g Rosinen oder Sultaninen, 300 g kleingehackte Walnüsse, 300 g kleingehackte Mandeln oder Haselnüsse, 75 g kleingeschnittenes Zitronat, 50 g kleingeschnittenes Orangeat. Glasur: 1 Tasse Schnitzbrühe, 1 Teel. Mondamin. Garnitur: geschälte ganze Mandeln, kandierte Früchte

Birnen, entsteinte Zwetschgen und entstielte Feigen lauwarm waschen, trockentupfen, grob zerschneiden und über Nacht einweichen. Birnenschnitze in der Einweichbrühe etwas weich kochen, zu den Zwetschgen und Feigen geben und erkalten lassen.

Hefe in der lauwarmen Schnitzbrühe gehen lassen, Zucker, Mehl, Salz, Zimt und die restlichen Zutaten dazugeben und wie im Grundrezept beschrieben, einen Hefeteig herstellen. Diesen dann gehen lassen, bis er Risse hat, dann 2 oder 3 kleinere Laibe formen, auf ein gefettetes Backblech legen, nochmals etwas gehen lassen und im vorgeheizten Backofen bei 200° etwa 50–60 Minuten backen.

Zur Glasur Mondamin mit der Schnitzbrühe anrühren, aufkochen und damit das noch heiße Schnitzbrot bestreichen. Dieses mit ganzen, geschälten Mandeln und kandierten Früchten phantasievoll garnieren.

Das Schnitzbrot wird aufgeschnitten und mit Butter bestrichen gern zum nachmittäglichen Kaffee gegessen.

Brot aus dem Blumentopf

Das Brot in Ton gebacken, schmeckt ausgezeichnet und ist in der Form hübsch anzusehen. Es muß also nicht immer das Backblech sein, das sonst im allgemeinen zum Brotbacken benützt wird. Ideal ist Ton, der Blumentopf, den es in verschiedenen Größen gibt. Die kleinsten eignen sich ausgezeichnet zum Backen von Brötchen. Eine gute Idee ist auch, das selbstgebackene Brot ohne oder mit Blumentopf zu verschenken. Nun, die Schwäbin ist erfinderisch und originell wie dieses Geschenk.
Vor der Benützung des Blumentopfes sind einige Dinge zu beachten. Der Topf muß backreif gemacht, zuerst unter fließendem Wasser gut gebürstet, dann ausgekocht, getrocknet, mit zerlassener Butter eingefettet und im vorgeheizten Backofen bei 200°, 30 Minuten erhitzt werden. Abkühlen lassen. Wichtig ist, daß der Blumentopf vor dem Füllen gut eingefettet, aber *nie* nach dem Backen abgewaschen wird.

Mischbrot

30 g Hefe, knapp ¼ l lauwarme Milch, 100 g Butter, 1 Becher saurer Rahm, 1 Ei, 1 Eigelb, 500 g Weizenmehl, 250 g Roggenschrot aus dem Reformhaus, 30 g in sehr kleine Würfel geschnittener roher Schinken oder geröstete Zwiebelwürfelchen oder Kümmel oder geschroteter Leinsamen, 1 Eßl. Salz, 1 Teel. Haferflocken. Zum Bestreichen: Butter

Die zerkleinerte Hefe mit etwas lauwarmer Milch glattrühren und dann die flüssig gemachte, aber niemals heiße Butter sowie Rahm, Ei und Eigelb dazugeben und gut verrühren. Die beiden Mehlsorten in einer Schüssel mischen, Schinkenwürfel, Salz und das Hefegemisch dazugeben und zu einem glatten Teig kneten. Je länger der Teig bearbeitet wird, um so besser wird das Brot. Den Teig dann in einen gut eingefetteten Blumentopf, Durchmesser etwa 14 cm geben oder auch auf 2 kleinere Töpfe verteilen. Haferflocken darüberstreuen und leicht andrücken. Zum Gehen an einen warmen Ort stellen. Den Topf nur ¾ voll füllen, da der Teig ja noch Platz zum Gehen haben muß. Das Brot im vorgeheizten Backofen bei Mittelhitze, 200°, auf der untersten Schiene 40–50 Minuten backen. Heiß mit zerlassener Butter bestreichen.

Register